郑欣淼文集

太和充满

郑欣淼说故宫

郑欣淼 著

北京出版集团
北京出版社

图书在版编目（CIP）数据

太和充满 ：郑欣淼说故宫 / 郑欣淼著. — 北京：
北京出版社，2023.5
（郑欣淼文集）
ISBN 978－7－200－17517－2

Ⅰ．①太… Ⅱ．①郑… Ⅲ．①故宫博物院—介绍
Ⅳ．①G269.263

中国版本图书馆 CIP 数据核字（2022）第 205075 号

郑欣淼文集
太和充满
郑欣淼说故宫
TAIHE CHONGMAN

郑欣淼 著
＊
北 京 出 版 集 团
北 京 出 版 社 出版
（北京北三环中路 6 号）
邮政编码：100120

网 址：www.bph.com.cn
北 京 出 版 集 团 总 发 行
新 华 书 店 经 销
北京雅昌艺术印刷有限公司印刷
＊
170 毫米×240 毫米 16 开本 23 印张 308 千字
2023 年 5 月第 1 版 2023 年 5 月第 1 次印刷
ISBN 978－7－200－17517－2
定价：230.00 元
如有印装质量问题，由本社负责调换
质量监督电话：010－58572393
责任编辑电话：010－58572383

前言

已经600年的故宫与近百年的故宫博物院，在中国、在世界的地位和影响不言而喻，它几乎是中国为数不多的、不需要过多语言甚至是不用"翻译"就能走向世界的文化符号。

正因如此，介绍故宫与故宫博物院的各类书籍可谓汗牛充栋、层出不穷。也正如1000个读者眼中就有1000个哈姆雷特一样，每个作者笔下的故宫、故宫博物院都有着这样那样的不同。

故宫是说不完、写不完的。

这本书由故宫的"物""事""人"三部分组成。"故宫物"即故宫（包括紫禁城古建筑与文物珍藏），这是实实在在的物质文化遗产；"故宫物"也包括故宫博物院，它依故宫而建，是故宫遗产的管理者，通过博物馆这个公共文化机构，履行着保护、整理、研究、展示故宫遗产，传承、弘扬中华优秀传统文化的责任。"故宫事"即故宫博物院的各种举措、各项工作，这些大大小小的事，是故宫生命力勃勃律动的体现，是当代中国人保护这一人类文化瑰宝的业绩与水平的反映。其实，在笔者看来，故宫、故宫文物、故宫博物院也都是由

1

"事"构成的。"故宫人"即在故宫工作的人及与故宫有关的人。事是人干的，故宫博物院的历史，在某种意义上说就是人的历史。笔者以为，这三个部分紧密相连。

故宫、故宫文物、故宫博物院作为"物"的三个方面，本身都是很大的题目，有着丰富的内容。为了避免一般知识性的介绍，笔者这里结合自己在故宫的工作实践和研究体会，提出一些新的观点或认为值得重视之处，自是一孔之见，亦为献曝之意。

书中所写到的"故宫人"，自然都是在故宫博物院史上占有一定地位或有相当贡献的人。余生也晚，无缘亲睹许多老前辈的风采，但却认真了解过他们的事迹，甚至写过有关文章；"虽不能至，然心向往之"，应该不是泛泛之谈。其中有幸交往过的先生，笔者则试图从不同角度去叙说或记述，不拘一种写法，因篇幅所限，往往觉得言犹未尽。

需要说明的是，在"故宫人"中，为了条理清晰，根据人物特点及贡献，设了七个类别，以便有大致的区分。但其中不少人难以简单列入某一类。如马衡先生，他当过院长，又是学问大家；他对故宫的捐献，无论数量还是质量都相当可观。鄞县（今宁波鄞州区）邱隘盛垫的马氏是文化家族。马裕藻、马衡、马廉、马鉴、马准五个亲弟兄，是20世纪二三十年代中国教育界著名的"五马"，马裕藻、马廉二位还被聘为故宫博物院专门委员会委员。就是说，在前六个类别，马衡及"三马"都是可列入的。但马衡先生最重要的贡献，无疑是在十八年院长任上与故宫同人对中华文化瑰宝的典守，于是就列进了"院长侧影"。又如孙瀛洲先生，他捐献的数千件文物是无价之宝，同时他又是瓷器鉴定大家，现在被列入"景仁荣榜"。沈兼士、朱家溍等也是学术大家，则列入"名门风采"。这当然留下难以周全的遗憾。看来，任何分类都有它的局限性。但不管列入哪一类，笔者在述说时，都注意对他们的业绩做全面的介绍，以尽量弥补分类带来的局限性。

　　前辈专家单士元、朱家溍两先生写故宫之作，堪称经典，已立下了一个标杆，使故宫后来者不敢率尔落笔。因此，当笔者准备提笔写故宫时，便有些踌躇了。但是，传播故宫文化是社会的需要，是故宫人的职责，也应是两位老先生的心愿。笔者以老前辈为榜样，虽是小书，也不敢马虎，尽力而为；遂不揣浅陋，将自己的一些体会和认识与读者交流分享，亦期得到指正。

　　书名中"太和充满"四个字，为故宫宁寿宫区颐和轩内乾隆帝的一个题匾，今存原地。"和"是中国传统文化的核心价值理念。"太和"即"大和"，是和的最高境界。太和殿是紫禁城最重要的建筑。在中国，帝制被推翻已一百余年，紫禁城也早已变成"故宫"。穿过历史的风雨，拂去往昔的烟尘，太和殿仍巍然屹立。金光闪闪的"太和"二字，作为中国"和"文化的重要载体和象征，它所蕴含的中国智慧、理念，以其历久弥新的普世价值，散发着恒久的魅力，连接着昨日与今天。

郑欣淼

2021年8月10日

于故宫清稽查内务府御史衙门旧址

目录

CONTENTS

第三编　故宫人

故宫物

故宫古建筑与故宫文物作为物质文化遗产，一个是不可移动的，一个是可移动的，它们一起构成了完整的故宫遗产。在此基础上建立的故宫博物院，以保护故宫遗产、研究与展示故宫文化为其根本职志。

故宫遗产是有生命的。经历过风雨和蜕变的故宫，承袭着中国的传统文化，今天又接续着我们的现代文明。故宫遗产是民族的，也是世界的；是传统的，也是现代的；是历史的，也是未来的。

故宫

　　"故宫"是明清两代的皇宫，又叫"紫禁城"。严格说来，紫禁城这个名称，大约是明代立国百年后才有的叫法，此前则称"皇城"。此后，它虽经多次重修和扩建，但仍保持了初时的格局。从1420年建成至1912年清朝统治结束，先后有明代14位和清代10位皇帝在此执政，诸多中国重大历史事件都与这一空间紧密联系。它是见证明清之际中华文明发展的重要历史场所。"故宫"，即旧时的宫殿。1912年末代皇帝溥仪退位后，"故宫"一词逐渐代替"紫禁城"，专指明清时期的宫殿建筑。1925年故宫博物院建院后，"故宫"则成为紫禁城宫殿建筑和故宫博物院的简称。

一、从南京到北京的皇宫

　　中国历史上第一个由南而北统一全国的王朝是定都于南京的明朝，明永乐皇帝为巩固自己的权力中心和进取北方边疆而迁都北京，建造了宏伟、壮丽的紫禁城。这是中国历代都城东移北上的终点。它直接影响了明朝的历史，也对此后的中国政治发展产生了深远影响。

　　皇帝居住和理政的皇宫是皇权统治赖以安身立命之本，是国家的中枢，是宫廷建筑的核心。皇宫的建设自然是迁都的前提。从永乐四年（1406）开始准备，永乐十四年（1416）正式动工，永乐十八年（1420）十一月，北京宫殿城池告成。"初营建北京，凡庙社、郊祀、坛场、宫殿、门阙，规划悉如南京，而高敞壮丽过之。"（《明太宗实录》卷二百三十二）北京宫殿也沿用了南京宫殿的名称。永乐十九年（1421），都城正式由南京迁到北京。

故宫是在经过全面规划、长期准备、周密计划、充足备料的基础上认真地施工建成的，其中也体现了令人钦敬的工匠精神。

在总体规划方面，文献多记载泰宁侯陈珪、工部侍郎吴中和太监阮安的规划设计才能；而据故宫古建专家于倬云先生研究，实际上贡献最大者为蔡信。他有瓦木各作的丰富知识、精湛的设计才能，使设计和施工紧密结合，因此他的设计方案为各作所敬佩。营建北京宫殿的石、瓦、木作的匠师代表人物是陆祥、杨青和蒯祥。陆祥石作技术高超、操作认真，他所掌管的北京宫殿坛庙石活都能雕琢精细，尺寸严格，工精料实，一丝不苟。从钦安殿的白石勾栏到三台螭首的"千龙吐水"，都可以看出他的精湛技术。瓦工杨青擅长估算，精于调配工料。他的工料估算对完成宫殿施工起了很重要的统筹作用。蒯祥的父亲曾主持过南京宫殿的木作工程，他在少年时代随父学艺，后到北京主持宫殿的施工。在古代木构建筑的营建中，由于很多用料的尺寸都是以斗拱的模数计算出来的，因而木骨架的设计是各种专业设计的基准。蒯祥既能绘图、设计，又有操作技术，因此人们称他为"蒯鲁班"。

修建故宫的建材主要是木、砖、石。它们的征集和制作是相当艰巨的任务。

以砖瓦为例，其用量大不仅在于房屋之多、城垣之大，而且与一些特殊的工程做法是分不开的。如庭院地面，至少墁砖3层，甚至墁上7层。全部庭院估计需用砖2000余万块。城墙、宫墙及三台用砖量更大，估计所用城砖数达8000万块以上。其中有一种澄浆砖，在制坯前，先将泥土入池浸泡，经过沉淀，澄出上面的细泥，晾干后做坯。

明人绘《宫城图轴》（南京博物院藏）

澄浆砖质地细，宜用作干摆细磨的面砖。这种细泥澄浆砖主要产自山东临清。

故宫主要宫殿室内地面所铺墁的细料方砖，颗粒细腻、质地密实，敲起来有金石之声，所以叫"金砖"，为苏州所造。制作金砖需经取土、澄泥、造坯、装窑、焙烧、出窑等多个环节，每个环节又需经过更为细致的工序。不仅工序复杂，对时令要求也非常严格。焙烧时又分为软火和硬火两种。不仅烧造过程复杂，金砖铺墁也十分讲究，包括砍磨分位、黏结挤缝和表面处理等三道工序。金砖铺墁之前，务须砍磨分位。铺墁金砖，黏结挤缝需用灰、桐油、白面等料。关于每种材料的用量配比，几斤、几两、几钱都有具体规定。金砖表面处理还需经过水磨、钻生泼墨、烫蜡等几个步骤。因此，凡铺墁金砖必须水磨铺墁方能平整，极其干燥，始可烫蜡。金砖烫蜡对气候要求甚严，先行加工磨平，俟八九月间，金砖干燥时再行烫蜡。如每年九月以后，天气寒冷，金砖不能干燥，难以烫蜡；故俟次年春天金砖干燥时再行烫蜡。烫蜡工序则需黄蜡、黑炭、江米、木柴等料。

人们都知道，故宫宫殿地基为三合土夯基，属"满堂红"式地基基础，十分坚固，但具体结构怎样、做法怎样，则不大清楚。2014年8月，故宫慈宁宫花园东院西侧进行高压线铺设工程，开凿一条南北向的施工沟时，发现一处保存较好、规模宏大、工艺考究的大型宫殿建筑基址。经国家文物局批准，故宫考古研究所对该遗址进行了抢救性考古发掘，发掘总面积670平方米。考古报告说，该基址由地钉、桩承台、磉墩、夯土层、夯砖层等遗迹构成，至迟始建于明早期、废弃于明后期，与始建于明永乐、废弃于明嘉靖时期的大善殿相对应。根据层位关系和遗迹现象，可

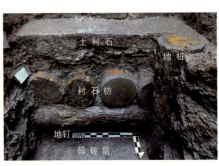

慈宁宫花园东院遗址发现的墩台建筑基础底部木结构垫层与地钉

以推测该宫殿建筑基础的营造工艺顺序为：下挖大型斗形基槽；基槽内打木质地钉，地钉上铺设舞台式桩承台；台上铺土衬石，周边夯筑碎砖；土衬石之上再砖砌建筑磉墩；磉墩之间层层交替铺设夯土层、夯砖层作为拦土墙，磉墩之外的基槽内同时也层层交替铺设夯土层、夯砖层。这种在软质基础上建设大型宫殿建筑的基础做法，与北宋《营造法式》所记载的建筑基础做法基本一致。正因为有了这样一丝不苟的处理，有了如此坚固牢靠的基础，历经600年风雨沧桑的紫禁城宫阙才得以巍然屹立。

　　故宫的排水系统也至今为人所称道。故宫建造之时，对排水系统进行了精密设计和精细施工。北京城地形北高南低，水向东南流。故宫的地面与此相顺应，整体走势亦呈北高南低、中间高两边低，而且略有坡度。这一坡降为自然排水创造了有利条件，使积水能缓慢排泄。故宫内的排水沟渠全部通向内金水河。内金水河流向自西北向

从故宫文渊阁旁流过的内金水河

东南，流经大半个故宫，在故宫东南角流出，汇入护城河；护城河又与北京城水系相连，消纳故宫的雨水。在此基础上，故宫整个排水系统经过统筹规划，设计营造了主次分明、明暗结合的庞大人工排水网络。疏通各个宫殿院落的排水系统，有干沟、支沟，有明沟、暗沟，有涵洞、流水沟等众多排水设施。近年来，每逢北京出现特大暴雨，故宫就会展示难得的"千龙吐水"场景，院内地面也未出现明显积水，显示出其完善的排水系统和强大的排水能力。

二、故宫是明清两朝文化的结晶

清崛起于东北一隅，夺取了大明政权，并逐渐统治了以汉族为主的整个中国，接受了汉文化；他们也没有毁坏明代宫殿，而是利用了现成的紫禁城。有清一代，紫禁城内有多次的重建、新建、改建，这种重建、新建、改建在乾隆时代达到高潮，并且出现了满汉及南北建筑风格的交融。虽然如此，紫禁城在明代形成的总体形制布局、主要建筑群的配置模式，以及中轴线上主体建筑的梁架结构等却都没有改变，并在继承明代宫殿建筑的基础上有所变化与发展，形成了今日紫禁城建筑的规模。

李自成给清人留下了一个破烂不堪的紫禁城。宫内很多建筑被毁。新王朝的统治者只能将就着在紫禁城遗存的建筑中居住和办理朝政。清廷的重要任务是修复宫殿。顺治二年（1645）五月，清廷决定修皇极、中极、建极前三殿。耐人寻味的是，还未动工，清廷首先就把三大殿名称改为太和、中和与保和。

紫禁城的修复，自顺治元年至十四年（1644—1657），主要在原宫殿建筑基址上逐步复建宫阙，其中仅有少数宫殿因毁坏严重又亟待使用，不得不进行重建。为了恢复朝仪，以帝居及后妃居处为主要内容，复建了大内前部之午门、天安门，外朝太和门及前三殿。太和

坤宁宫祭萨满处

殿等三大殿整修工程的竣工，使定鼎北京不久的清王朝结束了以武英殿为施政中心的时期。通过修缮，紫禁城稍具观瞻之雄，外朝、内寝皆有其所。此时的建筑基本上沿袭了明代建筑的格局和规制，概从简朴，没有什么重要更动。

在内廷的整修中，又根据使用的需要进行过一些改建。变化最大的是坤宁宫。坤宁宫位于紫禁城中轴线上，是明朝皇后的寝宫。顺治十二年（1655）仿沈阳盛京清宁宫规制重修。嘉庆三年（1798）仿照盛京清宁宫的规制又进行了改造，变为专供宫中萨满教祭神场所及皇帝大婚的洞房。它也成为紫禁城内最具满族文化特色的建筑。

康熙初年，仍以整修前三殿和后三宫为主。从康熙二十二年至三十四年间（1683—1695），进行了大规模复建。康熙十八年（1679），太和殿因不戒于火又遭焚毁。重建太和殿经历了十余年的准备。太和殿此次重建，以"掌尺寸"的匠头梁九贡献最大。

雍正时期只有13年，紫禁城内修建工程不多，主要有城内西北隅的城隍庙，东一长街之南仁祥、阳曜二门中的斋宫等。雍正年间紫禁城内最大的变化是养心殿功能的转换。从雍正帝开始，养心殿就一直作为清代皇帝的寝宫。养心殿区经不断的改造、添建，成为一组集召见臣工、处理政务、皇帝读书及居住于一体的多功能建筑群。一直到溥仪出宫，清代共有8位皇帝先后居住在这里。

养心殿西暖阁

乾隆帝在位60年，清朝政局稳定、国库财力雄厚，是康乾盛世的高峰，也是紫禁城宫殿建设的高潮。从乾隆元年（1736）的寿康宫工程，至乾隆六十年（1795）的毓庆宫改建，整修和建筑工程几乎从未停止过，据记载共有55项。在这些工程中，对紫禁城最具贡献的还是那些新建筑，重要的有重华宫、建福宫、建福宫花园、雨花阁、宁寿宫、宁寿宫花园等。不仅工程量巨大，而且颇具特色，甚至成为经典之作。乾隆时期，宫中园林、休闲和宗教建筑或设施不同程度地增加，生活气息加浓。

东西六宫之北，各建有五所并排的院落，为皇子住所，统称乾东五所、乾西五所。乾西五所初为皇子所居，清初沿明制，乾隆帝于雍正五年（1727）成婚后居二所；即位后乾西五所改建为重华宫、漱芳斋、建福宫花园。重华宫成为皇帝新年受贺、茶宴、接见外藩与文臣赋诗联句之地。重华宫及其周围建筑之改建具有开创性意义，它在不违背严肃、规整的礼制布局的基础上，力求创造具有生活气息、舒适合用，并有园林意境的宫室空间，对后来清代紫禁城规划有着一定的影响。

　　内廷西六宫之西为雨花阁区，包括雨花阁、梵宗楼、宝华殿、中正殿，是紫禁城中最大的，也是最重要的一处藏传佛教的活动场所。雨花阁是宫中唯一的一座汉藏形式结合的建筑。在紫禁城一片黄色屋面的海洋中，兀立着如此精巧、高峻、蓝金色调屋面的楼阁，不仅是对整个宫殿天际构图的调节，更突显了其艺术魅力。

　　乾隆帝自认最为精美的建筑还是位于紫禁城东北部的宁寿宫区。宁寿宫是清康熙二十八年（1689）在明代仁寿殿、哕鸾宫基址上改建的奉养东朝之所。乾隆三十五年（1770），乾隆帝为履行自己在位不超过其祖父康熙帝61年的诺言，决定在宫中建立太上皇宫殿，作为自己归政后颐养天年的居所。宫址就选在宁寿宫区，于乾隆三十六年（1771）动工，历时五年建成，仍称宁寿宫。

　　宁寿宫全区"左倚城隅直似弦"，占地约5万平方米，周围有高大的红墙。中轴线贯穿南北，仿三大殿、后三宫，前有九龙壁、皇极门、宁寿门，后有皇极殿、宁寿宫、养性殿、乐寿堂、颐和轩、景祺

雨花阁外景

阁等六座中路建筑，是一个缩小的前朝与内廷。中路外又有东路、西路。东路有具备三层台面的畅音阁大戏楼，楼后有书房和三进排房，最后为景福宫及佛日楼、梵华楼两座佛楼。西路是一个幽深的宁寿宫花园，俗称乾隆花园。前后是四个以山景为主相通连的景区，占地6500平方米，间以轩、亭、楼、阁等各式建筑，共有景点20余处，是一处宫殿环抱、别有洞天的"仙境"。位于花园最北端的倦勤斋，室内空间分隔巧妙，装饰装修大量采用竹黄、镶嵌、双面绣等特种工艺，其室内西为方形亭式小戏台，四壁为170平方米的绢本重彩通景画卷所覆盖，系由郎世宁的弟子王幼学等人绘制。

宁寿宫全区建筑类型齐全，俨然一小型紫禁城。又由于吸收了清初百余年来的建筑经验，其造园艺术、修建技术均达到了封建社会的最高峰，也是康乾盛世期宫殿的代表作。档案记载，这一项工程，修建殿宇、楼台、房座共计1183间，除官办松木等价银外，耗银127万余两。

倦勤斋西三间的室内戏台与线法通景画

紫禁城众多的楹联、匾额留下了乾隆帝的印记。紫禁城的殿、堂、宫、斋以及楼、台、亭、阁，一般都有楹联，甚至多副。这些楹联大都出自皇帝的手笔。乾隆时期是紫禁城楹联题写的一个高峰。今天的前三殿、后三宫、东六宫、宁寿宫、御花园各处的楹联大多为乾隆帝所写，至今仍按原状悬挂于宫内各处，抒发着当年主人的心声，记载着宫廷的历史，并以其精美的形式与古建筑融为一体。

总之，要把故宫作为明清两代的文化遗产。这两个中国历史上的重要王朝，既处于我国封建社会行将灭亡的衰落时期，又处在封建专制主义发展的巅峰时期。从社会形态角度考察，其政治、经济、文化有诸多共同点和延续性。故宫作为明清两代的皇宫也充分反映了这一点。故宫不仅是明朝修建的，而且在明清490余年的宫廷史中，长达220余年的明代有着丰厚的积淀；清承明制，例如宫殿建筑、典章制度、宫规习俗等都有其明晰的因革变化过程与痕迹。因此，它在世界文化遗产中被称作"明清故宫"。这个名称有着特定的、丰富的含义。由于清朝离我们现在比较近，清宫留下的遗存相对较多，有些人似乎认为故宫就是清故宫；其实，此前是明故宫，明宫留下的遗存也不少，明清之间的联系不能无视或者割断。

三、故宫的集大成性

建筑是实用艺术的典范，从一个侧面展示着人类文明的发展轨迹。伟大的建筑往往成为一个城市、一个民族甚至一个国家的象征物。中国建筑与其文明一样悠久而辉煌。人们普遍认为，中国古代建筑是"皇宫本位"的建筑体系，宫殿建筑是最能代表中国建筑风格和成就的类型；而紫禁城是中国古代宫殿发展的集大成者。

皇宫是封建帝王发布政令的统治中心和豪华生活、奢侈享受的所在，因此总是力求宏大、壮丽。西汉初年，天下还未定，萧何大发民役营作未央宫，"壮甚"！汉高祖刘邦以为过度，怒责萧何。萧何回答说："天下方未定，故可因遂就宫室。且夫天子以四海为家，非壮丽无以重威，且无令后世有以加也。"刘邦听后大悦。因此，宫殿营造的指导思想是儒家礼制，是尊卑贵贱的等级制度，它鲜明地反映了中国传统文化中注重巩固人间社会政治秩序的特点，特别是体现统治者的权威与财富，也象征着封建王朝的强大。

明清两代是中国封建专制主义发展的高峰，也是封建典制最为完善的时期。这个时候修建的紫禁城，虽然没有未央宫规模宏大，但它却是中国历代宫殿建筑的集大成者，并成为我国古代宫城发展史上现存的唯一实例和最高典范。紫禁城这种集大成性，充分反映在宫殿的规划理念、文化蕴含、审美观念等多个方面。

紫禁城规划设计的指导思想是"天子至尊""国中立宫"，这是皇权建筑语言最集中的体现。《周礼·考工记》记述了周朝的王城规划制度，但这些制度在秦汉的都城及宫殿中没有明显的反映。明朝紫禁城建筑倒成为历史上最符合这一记载的实例。

紫禁城继承了传统的宫城、内城、外城的三重城制度，居都城中央。其主要建筑，可以看到是附会《周礼·考工记》而布置的。例如，前三殿与后三宫的关系体现了"前朝后寝"的制度；位于宫城前面东侧（左）的太庙与西侧（右）的社稷坛，表现了"左祖右社"的制度。又如，奉天、华盖、谨身三殿，反映了"三朝"之制；奉天殿前有大明门、承天门、端门、午门、奉天门五重门，以象征"五门"之制。《国朝宫史续编》又称，内廷部分的乾清、坤宁二宫象征天地，以乾清宫东西庑日精门、月华门象征日月，以东西六宫象征十二辰，以乾东、西五所象征天干等。可见，宫殿建筑除具体的使用功能外，更重要的是以建筑形象表现封建皇权至高无上的地位，体现儒家的理念和封建礼制。反映秩序和等级的"礼"无所不在。它不只体现在总体布局上，也制约和影响着单体建筑，并且通过体量、规模、形式甚至色彩和装饰等的差别而表现出来。

故宫俯瞰

　　如果说秦汉宫殿主要是通过高台建筑形式追求"非壮丽无以重威";那么隋唐宋元四代的宫殿,则通过纵向排列,从空间序列上取得整齐、庄重、威严的艺术效果。而紫禁城正是将以往的实践经验兼收并蓄,成为我国封建社会后期宫殿建筑的典范。在建筑布局上,故宫强调所谓"中正无邪",即中轴对称的方式,从永定门开始,经前门、天安门、端门、午门、太和殿、景山、地安门、鼓楼、钟楼,北京城市和皇家建筑形成一条长约8000米的中轴线。故宫在这条中轴线的中部,其中最重要的建筑外朝三殿和内廷三宫都坐落在这条中轴线上,其余建筑则对称布置左右,形成强烈的反差与对比。同时,故宫以层层推进、步步深入的手法,给人以深远、悠长之感。太和殿是整个宫殿建筑的中心,它不仅占据了最主要的建筑空间,而且在布局和建筑上被建设者调动了种种手段来衬托,集中体现了皇帝至高无上的封建威权,"非壮丽无以重威"在此得到了绝好的印证。

　　紫禁城凝聚着丰富的传统文化,例如风水、阴阳、五行等。风水是古人居住价值观的反映,其外在表现是山水,本质是气。阴阳学说

故宫前朝三大殿

是中国古代的一种宇宙观和方法论。五行的金、木、水、火、土与阴阳是相辅相成的。阴阳学说又是中国古代风水理论的基础。按照风水理论，北面必须有"镇山"，即"靠山"，又要配以水；只有二者的结合，才是完美的福地。于是便在宫城四周开凿护城河，引护城河水入紫禁城，同时将开凿的大量土方运至宫城北侧，堆砌成山，即今天的景山。景山与金水河共同构成紫禁城依山面水的气势，宛如一道天然屏障，守护着紫禁城。金水河的命名又来源于五行学说，因河水从皇城和宫内的西方流入，西方属金，金又生水，故名为金水河。阴阳五行对建筑的影响，主要体现在方位的选定、环境的处理、建筑的装饰、色彩的运用等方面，手法比较含蓄，然而寓意深刻。一条南北中轴线将宫城分为东西阴阳二区，东为阳，五行中属木，色彩为绿，表示生长，因此东部的某些宫殿为太子居住和使用。西为阴，五行中为金，属秋季，生化过程为收，所以部署了与"阴"有关的建筑内容，如皇太后居住的寿安宫、寿康宫、慈宁宫等。对外朝与内廷而言，外朝为阳，内廷为阴，等等。这些都是中国古代建筑与文化融合的特色所在。

　　紫禁城的建筑艺术也体现了中国建筑的特点及中国传统的审美

观念。例如，中国建筑有集群性特点，即建筑物往往是群体的组合，这在紫禁城反映尤为突出。紫禁城实际是个庞大的建筑群，它强调和追求的不是向空中的发展，而是在地面上的延伸和量的积累。辽阔才是伟大，集群方显崇高，这种以平面延伸为壮美的观念体现了中国人的空间意识，同时群体的序列有助于渲染统治王朝的威严。但紫禁城的庞大群体不是散在的，如前所述，它是通过贯穿南北的中轴线，使这些群体呈现极为规则的分布。这种分布也是从尊卑、亲疏的区别出发，由近及远地相对排开，使宫中大量的建筑组成一个轴线突出、主从分明、统一和谐的整体，形成一种中高边低、群星拱月的格局。从伦理层面上说，这种格局体现了儒家的等级观念，把君臣、父子、夫妇等封建伦常关系，通过建筑空间形象体现出来。从审美的层次上看，强调群体组合，强调有序化和对称性，追求平面伸展、主次对称，又是中华民族普遍的审美观的体现。同时，紫禁城中这些大小规模不同的院落和建筑外形的差异又造成多种多样的空间形式，使其在总体的统一和谐中又富于变化，充分体现了中国古代建筑中院落式布局的特点和艺术表现力。

故宫建成后，当时的文渊阁大学士金幼孜作了《皇都大一统赋》称颂："萃四海之良材，伐南山之巨石"；"以相以度，以构宫室。栋宇崇崇，檐楹秩秩。以盖以覆，陶冶埏埴。以绘以图，黝垩丹漆。焕五彩之辉煌，作九重之严密。""超凌氛埃，壮观宇宙。规模恢廓，次第毕就。奉天屹乎其前，谨身俨乎其后。惟华盖之在中，竦摩空之伟构。文华翼其在

乾清门前的铜鎏金狮子

左，武英峙其在右。乾清并耀于坤宁，大善齐辉于仁寿。""左祖右
社，蔚乎穹窿；有坛有庙，有寝有宫。"

　　故宫在历史上还具有重要的政治意义。它既是至高无上的皇帝
威权的反映，也是中国古代中央集权和国家统一的重要象征，是一个
政治符号。在中国历史上，坚持传统的宫殿制度又与政权的继承性、
正统性联系在一起。因而，少数民族建立的全国政权，为求争取汉族
上层分子的支持与合作并减少汉族民众的反抗，在所建政权的形式和
宫殿及都城、礼仪等典章制度方面，都不同程度地比照、效法汉族传
统，尊崇儒家，以表明自己的正统地位。元新建的大都及宫殿就是如
此，而清人则完全使用了明朝的宫殿。当然，历代在宫殿建设上也会
有其自身的一些特色，但基本格局则是逐渐形成并不断完善的。

　　作为皇宫的故宫，是皇权的象征，是封建王朝的中枢所在地，成
为鲜明的政治符号，有着至高无上的地位，它庄严、肃穆，也充满神
秘感。

山墙上仿木的琉璃梁架和博风

四、故宫与明清宫廷建筑

宫廷具有宫室和朝廷的双重含义。由于中国封建社会"家国同构"的政治特征，宫廷的地理范围并不局限于宫城之内。完整的宫廷建筑，既要有宫殿，又必须有坛庙、陵寝以及供王室使用的园囿、行宫等。

明清两代宫廷建筑的主体，是以皇帝居住和理政的紫禁城为核心，还包括以祖社与天坛为代表的礼制建筑、陵寝，以及其他从属性宫廷建筑。从建筑布局上来说，北京皇城就是以紫禁城为中心展开规划设计的，太庙、社稷坛、西苑三海、景山、大高玄殿、皇史宬、中央衙署等在其四周分布，天坛、地坛、日坛、月坛、先农坛等坛庙在其四周散设。西郊的三山五园、散布京城的皇家寺观以及皇家陵寝、各地行宫等，无不与紫禁城关系密切。

例如坛庙，"国之大事，在祀与戎"。明清时期有庞大的祭祀体系。根据历史传统、政治需要与祭祀对象之间的差别，祭祀仪式分大、中、小三祀。明初所定的大祀有圜丘、方泽、宗庙、社稷、朝日、夕月、先农等。清初大祀有圜丘、方泽、祈谷、太庙、社稷，后又加常雩。天地、宗庙、社稷象征国家政权，这三大祀都是由天子主祭的最隆重的祭祀。

又如园囿，清代尤以"西苑三海"、"三山五园"及承德避暑山庄最为精华荟萃，它们不只是帝王游娱之处，也是其长期居住、处理政务之所，兼具"宫"与"苑"的双重功能，曾是重要的政治舞台。清朝从康熙帝开始，诸帝都有暑热时在宫苑理政的习惯。其主要原因是清皇室来自寒凉的东北，不耐酷暑，形成传统心理因素，加之园中水土好、空气清新、环境安静，适于热天理政。勇于创新的康熙帝在《畅春园记》一文中对宫苑理政做了新的诠释，赋予其"文武之道，

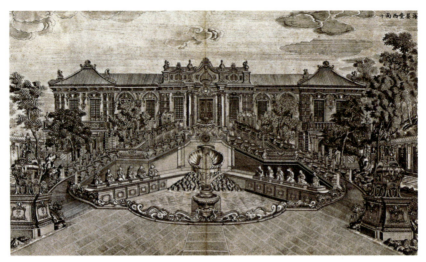

长春园海晏堂铜版画。乾隆五十一年（1786）

"一弛一张"的积极内涵，反映了一种与传统不同的施政理念。

康熙帝作为避暑山庄的缔造者，来过山庄28次，每次驻留一两个月甚至四五个月。乾隆帝在60年的皇帝生涯中，有49年来过避暑山庄。嘉庆帝即位后25年间19次来到避暑山庄。清朝去世的9位皇帝中，顺治、乾隆、同治三帝逝于紫禁城养心殿；其他都逝于紫禁城外的皇家园囿：康熙帝逝于畅春园，雍正帝、道光帝逝于圆明园，嘉庆帝、咸丰帝逝于避暑山庄，光绪帝则逝于西苑瀛台涵元殿。

故宫与其他明清宫廷建筑的这种关系，启示人们不能就故宫认识故宫，而必须树立联系的观点，这就形成了近年来流行的"大故宫"概念，即从整体上理解紫禁城建筑与相关宫廷建筑及其之间的密切联系。

宫廷建筑的类型很多，依据明代历朝实录修纂凡例，它既包括宫殿、园囿、行宫、都城、天地宗庙社稷及一应神祇坛场、山陵，也包括国家和皇家衙署、学校、王府、公主府、王坟、公主坟，还包括敕建和使用国家钱粮及内帑营造的寺观及其他建筑等，它们大部分为"官式建筑"。除故宫外，天坛、颐和园、避暑山庄、明清皇家陵寝也已列入世界文化遗产行列。

由故宫博物院和中国紫禁城学会共同编纂的《明代宫廷建筑大事史料长编》，以编年体的体例将有关明代宫殿、坛庙、陵寝、园囿、行宫等皇家建筑的营造、修

康熙帝题"避暑山庄"匾

缮、使用等文献记载汇编成册。《明代宫廷建筑大事史料长编》已出版洪武至天顺等朝3部12册；《清代宫廷建筑大事史料长编》的顺治、康熙两朝也即将出版。

五、故宫与宫廷文物存藏

在帝制时代，宫廷既是政治中心，也是文化艺术品中心，宫殿建筑与文物收藏自然有着密切的关系。但是在清代，这种关系尤为重要，甚至建筑与文物融为一体、不可分割，具有特殊的意义。出现这种状况，有三方面原因：

宫殿建筑与文物存藏的依存关系

这突出表现在"三希堂"与"四美具"的命名。王羲之的名迹《快雪时晴帖》原放在乾清宫，此为皇帝之正式寝宫。王献之的《中秋帖》则置于御书房。乾隆帝在乾隆十一年（1746）得到王珣的《伯远帖》后，遂在自己进行日常政务的养心殿居所中，辟专室存放这三件晋人名迹，并名之为"三希堂"。他为此写有《三希堂记》，认为这三件书迹不仅是中国书法的"稀世之珍"，而且是分别经过宋、金、元诸代皇室收藏的"内府秘笈"，三帖的重聚因此就有着非凡的

意义。

"四美具"同样具有重要意义。所谓"四美"，即晋顾恺之的《女史箴图》和传为宋李公麟的《潇湘卧游图》《蜀川胜概图》《九歌图》。这4件国之瑰宝，在明代即被董其昌称为"四名卷"，他对此4件巨迹散佚后自己只能得其一而感慨不已。乾隆年间，在有史以来最大规模的艺术品搜集行动中，这4件名品相继进入清宫；至乾隆十一年（1746）夏，"四美"重新团聚。乾隆帝对"千古法宝，不期而会"叹为"不可思议"，非常高兴，御题《蜀川概胜》有"乃今四美具一室，赏心乐事无伦比"的诗句。于是，特在建福宫花园静怡轩辟出专室存放"四美"，并命名曰"四美具"；又命董邦达绘《四美具合幅》，并御题《"四美具"赞》。

清乾隆九年（1744）开始在乾清宫昭仁殿收藏内府善本书，题室名为"天禄琳琅"。"天禄琳琅"便成为这批清代皇室典藏珍籍的代称。"五经萃室"也是一例。乾隆年间，纂修《四库全书》时，南宋岳珂所校刻的《易》《书》《诗》《礼记》被征入宫中，后在"天禄琳琅"的藏书中，找到了宋版《春秋》。乾隆帝很高兴，就在昭仁殿后面的一间屋子专门收藏这五经，题名"五经萃室"。乾隆帝专门写有《五经萃室记》，紫檀边髹漆《五经萃室记》围屏及青玉"五经萃室"印至今还收藏在故宫。

在清宫，还有文渊阁存藏《四库全书》、摛藻堂存藏《四库全书荟要》、养心殿存藏《宛委别藏》等；收藏皇室藏品的殿阁还有古董房（专司收贮典籍、古玩器皿）、建福宫花园（收藏乾隆帝的珍奇文物）、懋勤殿本房（入藏明清官私刻本和抄本）、端凝殿（贮放御用冠袍带履）、

民国时期故宫"天禄琳琅"图书陈列室

南薰殿（尊藏历代帝后暨先圣名贤图像）、交泰殿（收藏御用二十五宝）等。

这些宫殿，与文物存藏的关系自然非同一般。

宫廷文物的陈设性

中国历代御藏文物，向来为集中、分类保管，宋、元、明三代都是如此，宫内有专门保管历代文物的机构。到了清朝则有重大改变，除《四库全书》等典籍有专门储放地外，大多数文物往往分散存放在宫内外的宫殿里，带有陈设性质。

譬如，清代宫中御藏的书画，都著录在一部卷帙繁多的目录《石渠宝笈》中。根据这部目录，可知这些书画分别存藏在包括紫禁城及圆明园、静寄山庄等故宫内外的40处殿堂中，它们既不集中在某一个地方保管，也不按类保管。这样做的目的，应是皇帝的需要，即不论帝王行至任何所在，甚至宫外的园囿，都随时有历代书画可供玩赏。而每一宫殿之中所保管的书画，历代的山水、人物、花鸟、释道诸重要门类都占有相当的数目。

清宫藏书也有这个特点。除一些专门藏书地外，在皇帝、后妃、皇子生活的居所及其常临之处，也会陈设数量不等的书籍。如宫内的乾清宫、重华宫、养心殿、寿皇殿、上书房、颐和轩、漱芳斋、御花园和慈宁宫花园等。宫外的颐和园、圆明园、香山、玉泉山、盘山、热河等各处行宫、园囿也都陈设有不少重要的图书和佛典，有的地方储书多达数百种、万余册，有的处所还备有书目和排架图。至今，故宫图书馆还保存有《古董房书目》《毓庆宫书目》《长春宫书目》《养心殿陈设书目并排架图》等20余种，以及《热河都统恭呈前宫各殿陈设书目清册》等。

故宫博物院现收藏的清代《内务府宫殿陈设档》是清宫内务府每年对其所辖各处殿堂陈设物品进行清点时所立的陈设清册，共含康熙三十三年（1694）至民国十一年（1922）陈设档682册。陈设档真实

储秀宫陈设

地反映了清代宫殿陈设的特点与变迁情况，对研究清代宫廷陈设规律、帝后生活以及恢复宫廷原状陈列等具有重要价值。例如，据嘉庆七年（1802）十一月所立《养心殿西暖阁陈设档》，其中三希堂"紫檀木炕桌一张"上的陈设为"汉玉九喜筒一件（紫檀木座，乙，内插笔二支、钱维城字无名画扇一柄），青白玉葫芦洗一件（有缺，紫檀木座），青白玉三羊一件（有缺，紫檀木座），白地龙凤瓷圆盒一件（紫檀木座），青白玉钟一件（有缺，紫檀木座），汉玉筒一件，白玉螭虎花插一件（有缺，紫檀木座），刻字澄泥砚一方，紫檀木刻字匣盛汉玉水盛一件（珊瑚匙，紫檀木座，甲），冻石图章笔山一件（上刻诗，紫檀木座），汉玉乳钉璧墨床一件（紫檀木座，甲）；'茹古涵晖'紫檀木罩盖盒一件，内盛《御临三希文翰》册页一册、汉玉六件；犀角花篮一件，内盛硝石花（紫檀木座）"。

重逾1万斤的"大禹治水玉山"，于乾隆五十二年（1787）八月安设在宁寿宫乐寿堂以后，除前几年因乐寿堂维修曾临时移动，修复后又返回原来的位置外，到今天230多年间再没有过丝毫的挪动。这座玉山与乐寿堂就这样联结在一起。

原状佛堂

故宫原有独立佛堂35处、暖阁佛堂10处，其中雨花阁、宝华殿、宝相楼、吉云楼、佛日楼、梵华楼等20多处至今保存比较完好；不仅建筑完整，而且室内保留的清代匾联、供案、神佛造像、佛塔、供器、法器、唐卡、壁画等基本维持原样。

现存清宫佛堂的建造年代，除少数为明代遗留的佛殿（如英华殿）和清初顺治帝、康熙帝所建的慈宁宫后殿外，几乎全部为乾隆时期新建，或在旧建筑基础上改建。每座佛堂供奉的主神不同，均有宗教崇拜的不同功用，其内的陈设布局依据格鲁派（黄教）教义，模拟西藏寺庙神殿，所以清宫佛堂内几乎囊括了西藏神

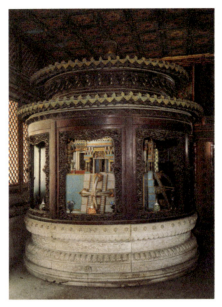

雨花阁内一层坛城

殿中的各类神像、神器。因历史的原因，许多殿堂至今仍保持了乾隆时代的原始状态，从建筑到文物完整地展现了清代原貌，以近似一个凝固的历史空间，如实地反映出清帝对藏传佛教的信仰实况。这是极其珍贵的文化遗存，为故宫所独有。我们现在称之为"原状佛堂"。

例如，作为清宫"六品佛楼"的典型和成熟代表的梵华楼，账上文物1058件，重要文物有一层的6座形态各异、高达2.5米、"大清乾隆甲午年（1774）造"的掐丝珐琅塔；二层的54尊大型铜佛、732尊小型铜佛，每尊佛都有佛名，是庞大且直观的藏传佛教神系。这些原状文物保留了更多的历史信息，具有特殊的重要价值。

六、故宫保护第一要务：防火

木结构建筑最怕火。紫禁城从建成时起，宫殿就屡遭火灾，史书上常有"不戒于火"的记载。因此，故宫保护的第一要务是防火。明

清宫廷防火设施主要是水缸，清晚期有了激桶。

从永乐十八年（1420）到崇祯十七年（1644）明朝倾覆，总计224年，宫内共发生大小火灾45次之多；其中人为28次，雷击17次，平均每5年发生1次。

故宫最为雄伟、重要的奉天、华盖、谨身三大殿，在永乐十九年（1421）、嘉靖三十六年（1557）、万历二十五年（1597），各焚毁一次，俱为雷击引致。单士元先生曾说："似乎老天诚心和'天子'为难，每次火灾都是由于雷电引起。当时无避雷针的科学知识，中国建筑又是木结构，三殿是一组高大的建筑，一失火便延烧无遗，乃至顺廊房一直烧到午门。无论皇帝怎样'修省'也无济于事。今天看来，这是由于建筑高大，缺乏避雷装置和消防设备所致。"

明代在使用北京皇宫初期，制定了比较严格的防火制度，例如"禁中不得举火，虽阁老亦退食于外"，为的是尽可能减少明火。但有次明宣宗朱瞻基得知后，竟下令可以在院子中烹煮膳食。如此，

乾清门前的铜鎏金水缸

阁老们不用退出宫外吃饭了。到天启年间，各宫值房与外廷就没有区别，都设置了厨房举火做饭。上行下效，轻视了防火，是明代宫中火灾频繁的另一个重要原因。内廷的乾清宫、交泰殿、坤宁宫，在明代的270多年间，有4次遭到火灾，皆是人为。第一次是成祖永乐二十年（1422），第二次是武宗正德九年（1514），第三次是穆宗隆庆二年（1568），第四次是神宗万历二十四年（1596）。明正德时的火灾很严重，皇帝还为此下了《罪己诏》。今存中国第一历史档案馆的其中一件成为中国历代帝王《罪己诏》的唯一实例。

明末故宫的最后一把火是李自成放的。崇祯十七年（1644）三月十八日，起自陕北的李自成农民武装起义军围攻北京，从彰义门涌入。崇祯帝与宦官王承恩在煤山自缢。十九日中午，李自成穿着缥衣、头戴毡笠，骑着乌驳马进入午门。他成了紫禁城的新主人，但是为时很短。一个月后，李自成被吴三桂联合清军打败。四月二十九日晚，李自成在武英殿仓促称帝。这一夜又"先运薪木积于内殿，纵火发炮，击毁诸宫殿，通夕火光烛天"。三十日黎明，李自成带着一长串装有金饼的骡车，在大队人马簇拥下离开了紫禁城，故宫在火光中结束了一个时代。

在清代故宫的268年中，共发生大小火灾16次，其中人为9次、雷击7次，平均17年一次。较之明朝减少7成。从史料中可看出，清朝接受了明朝的教训，设立了专职的防火机构，建立了日常的防火值班巡查制度，引进制造了灭火设备——激桶，有关防火的"圣谕"也增多了。

康熙十八年（1679），太和殿因"不戒于火"又遭焚毁。重建太和殿经历了10余年的准备。在备料中，巨材楠木最难筹办，康熙帝决定以塞外"大而可用"的松木取代楠木做殿材。火灾后的第16年，即康熙三十四年（1695），重建太和殿工程才正式启动。越两年，太和殿告成。在复建时有意地增加了防火墙、防火门和防火檐。

道光二十五年（1845），东六宫之一的延禧宫被一场大火烧毁，

延禧宫失火后，清末未完工的灵沼轩框架

只剩下宫门。为此，清廷按《大清律》严厉处置了10余名有关太监。至宣统元年（1909）始在延禧宫开建灵沼轩（俗称水晶宫），至宣统三年（1911）又因国库空虚停建，现在灵沼轩的框架尚存。

清末两次大火带来的损失也不算小。一次是武英殿之灾。自康熙朝始，武英殿就作为刊刻图书之所。同治八年（1869），武英殿"不戒于火"，延烧房屋30余间，书籍版片也焚烧殆尽。另一次是贞度门、太和门、昭德门之灾。光绪十四年（1888）十二月十五日深夜，太和门等焚毁。这离来年正月二十日的光绪帝大婚仅一个多月时间，而太和门局势宏敞、建筑壮丽，若按原式重建已经来不及。此事震惊朝野，认为是不祥之兆。为了不影响原定的大婚吉期，决定在原址赶搭一座彩棚应急，同时由工部会同内务府勘查现场，准备在大婚后实施重建。彩棚按太和门原有形制搭建，《天咫偶闻》记载：

高卑广狭无少差。至檼楠之花纹，鸱吻之雕镂，瓦沟之广狭，无不克肖。虽久执事内廷者，不能辨其真伪。而且高逾十丈，凛冽之风不少动摇。

中华民国时期的故宫也发生过几起火灾，最为严重的是建福宫花园之灾。1923年6月26日，故宫建福宫花园大火，敬胜斋、静怡轩、延春阁一带焚烧殆尽。此处许多殿堂库房都满装当年乾隆帝的珍宝玩物。乾隆帝去世后，嘉庆帝把所有宝物封存起来，有的库房至少100年未打开过。这里还有溥仪结婚时的礼品等。据内务府大臣写给溥仪的报告称，火场清理共捡拾熔化佛像、经版、铜、锡等508袋，金色铜片及残伤玉器等共43项，交中正殿保管，择其较完整者49件上交。建福宫花园火灾过后，溥仪还拿出6万元对参加救火的外国消防队、各水会及宫中大臣、太监进行奖励，同时，致函美国使馆表示感谢。这次火灾损失最大，影响深远，加速了溥仪出宫的进程。

故宫博物院成立后，对安全防火相当重视，成立了专门的守卫队，京师警察厅（后改为市公安局）派驻溥仪所居内廷的消防队仍继续驻守。1931年，故宫首次从北平自来水公司引进自来水。位于前朝的古物陈列所新成立不久即建有消防队，1916年就引进了自来水。

中华人民共和国成立以来，党和政府高度重视故宫消防事业，不断加强基础设施的改造与消防装备的更新，加强制度建设；虽没有出现过大的问题，但仍然发生了不少火险事故，有的还相当严重。

1950年6月，驻院消防队撤离。经批准，故宫博物院成立了专职消防队，规模最大时达到50人。消防队于1969年撤销

1931年，驻守故宫的消防队员在道奇救火车上

后，北京市公安局消防大队派来一个消防分队到院驻守，现扩编为中队。

近年来，随着"平安故宫"工程的推进，故宫消防安全取得了新的进步：一是消防责任体系进一

2003年11月17日，太和殿消防演习现场

步完善，严格执行三级防火责任制，全面推行消防安全"网格式"管理。二是消防安全环境全面改善，特别是从2013年起全院实现禁烟，禁止观众带火种入院。5674个智能感烟点式探测器，113台吸气式火灾探测器与岗亭、安检口等重要部位建立联动，确保了"一处着火，多点响应"。三是消防基础设施进一步完善。正在进行的火灾自动报警系统、高压消防给水系统、古建筑防雷设施等改造工程完成后，故宫消防将提升到一个新的水平。

七、故宫百余年来的新建筑

从中华民国成立到当下的100多年间，古老的故宫增加了4处新的建筑物，其中3处是文物库房。

第一处　宝蕴楼库房

为了保藏奉天、热河二行宫所运来的文物，中华民国于1914年2月建立了古物陈列所。经多方勘察，古物陈列所决定在已烧毁的原咸安宫旧址空地上筹备修建一座先进的文物库房，是为"宝蕴楼"，取蕴藏宝物之意。它由建筑师马荣主持设计，由天合、广利两家木厂承

修；自1914年6月1日开工，至1915年6月竣工，耗时一整年。加以附属工事，共计花费29695元3角1分，由美国退还的庚子赔款支出。宝蕴楼修建使用了大量的珍贵木料，包括拆卸天安门外朝房的木料。宝蕴楼共建设有3层，其中最下层是地下室，总建筑面积2073平方米。

宝蕴楼库房建成以后，古物陈列所20余万件古物皆庋藏于此。

民国初年，建筑选用中式布局，西式装饰成为一种时尚。宝蕴楼采用了封闭的周边式布局，北、东、西面各建一座砖木结构的楼房，均为一楼一基，下部还有半截露明的地下室。其中以北楼为主，体量最大，外观也别致，东西两楼相峙，左右对称，三楼均采用大块的城砖砌筑墙身，屋顶是高耸的四坡式，没有曲线、出檐，不铺琉璃瓦，而是铺以绿灰两色的片石。宝蕴楼的建筑风格具有明显的时代特征，选用西式的外观使其可以运用当时较为现代化的建筑材料和装修风格。砖木结构的楼房较之木建筑更为坚固，在防潮、防震等方面

宝蕴楼（北楼）现状

也更为突出。它同时采用中国传统的院落式建筑布局，这样既与周围建筑保持了相对的和谐，更重要的是保留了中式建筑封闭性好的优势。

2017年，宝蕴楼入选"第二批中国20世纪建筑遗产名录"。

第二处　延禧宫库房

建筑防火险库房为故宫博物院多年之计划。至1931年夏间始筹备就绪。此项工程由彭志云、汪申两人设计，拟围绕延禧宫"水晶宫"的四周建筑库房：（一）利用"水晶宫"东西北三面之空地建筑库房。整个库房呈"凹"字形，分上下两层；库身均用铁筋、混凝土筑成，并配有德国最新式保险钢铁库门；窗有三层，均具有中国式生铁篦子一层、外围铁窗一层、保险护窗铁板一层。（二）"水晶宫"改为库内特别展览室。周围添装汉白玉石栏杆，补齐、修补门窗及内部装修，顶子改筑铁筋、混凝土的中国式驼架。（三）库房大楼外观采用传统宫殿式，屋顶覆以黄色琉璃瓦，油饰按照宫中旧式办理。

这一年4月，故宫博物院召开第一次建筑仓库委员会会议，议定库房建筑设计方案。6月，组织库房工程招投标。经半年之营建，延禧宫防火险库房于次年春间落成，费用共20万元。新建成的延禧宫库房，在建筑材料和内部结构上是完全按照当时防火险库房的要求来设计营建的。除了库房屋顶的琉璃瓦件由北平琉璃窑厂烧制外，延禧宫库房所用的其他材料大多为现代建筑装饰材料，例

1931年，延禧宫库房西面修建时的状况

如华信工程司承办铁筋材料、协泰铜铁厂承制铁门铁窗、明达商行承装电灯、德商新民洋行采购保险门、自来水公司安装消防水管、天津新通贸易公司购买救火机及附属材料等。

延禧宫库房内景

第三处　地下库房

20世纪80年代至90年代，故宫博物院为了使院藏文物有一个安全、科学的保护环境，在院内修建了地下文物库房，这在故宫博物院发展史上具有里程碑的意义。这是故宫的第三个库房，也是当时国内最大、最先进的现代化地下文物库房。

地下文物库房分为两期建设，一期工程于1986年开工，到1990年竣工，建筑面积为5000多平方米。二期工程从1994年开始，到1997年完工，建筑面积达17000平方米，两期合计面积达22000平方米。地下文物库房设计为地下三层全埋式钢筋混凝土结构，底板和四周采取双层围护，确保地面水和潮气不侵入库内。地库主体按照三级人防标准设防，有战争防护能力，具备抗震能力。故宫地下库房采用了先进的技术设备，其中包括消防系统、防盗系统、空调系统、文物运送系统和计算机自控系统。其中，消防系统采用了火灾自动报警和气体灭火装置，按照防火区域配备了足够的灭火剂。一旦发生火灾，系统可在30秒内完成自动灭火喷洒，在不损伤文物的前提下，迅速、准确地扑灭火灾。而防盗系统从地上到地下已完全达到了"立体化设防"的标准，可确保文物库房的绝对安全。空调系统则采用恒温恒湿机组，由计算机实施全自动控制，保证库内温湿度的控制。库房内现已存贮文物约97万件。

2018年4月17日，"故宫博物院地下库房改造及通道工程"正式启动。改造工程旨在完善地下库房的结构，改善地下库房的防水措施，提升设备的运行能力，增大地下库房的储藏面积；通过建设温湿度分区调控，改善现有一、二期地下库房内温度统一的现状，解决部分文物对保存环境有长期或临时特殊要求的问题等。具体项目包括：一是在原一期、二期地库之间加建地库，面积8285平方米，使地库建筑总规模达到29073平方米；二是建设地库至西河沿文物保护综合业务用房的地下连接通道。该工程计划的完成，对故宫文物保护与管理水平的提升有着重要意义。

此外，1975年，在西华门两侧，紧贴西城墙建造了高度超过16米的5栋楼房。当年是为了遮挡北京饭店东楼对中南海的视线，俗称"屏风楼"，建设之时野蛮地拆除了西华门两侧城墙的马道。"屏风楼"为特殊年代的产物，而且早已失去了当初建造时设想的功能，严重破坏了故宫内外环境和历史景观原貌，违反历史真实性与完整性原则。社会各界与故宫仍在继续努力，呼吁将其早日拆除，以尽快地恢复故宫的本来风貌。

八、故宫是一个文化整体

故宫有着深厚的历史文化内涵，人们可以从不同角度去研究和认识。但是不管怎样，我们都无法回避它作为皇宫时特有的价值与意义。

故宫文化就是宫廷文化、皇家文化，是紫禁城作为皇宫时的文化。故宫文化是丰富多样的，它包括宫殿建筑、宫廷收藏以及宫中的文化活动。当然，这些都离不开宫廷的各种人物，特别是紫禁城的主人——贵为天子的皇帝。

故宫文化有三个特点：

故宫文化属于大传统，是上层的、主流的文化

文化人类学有一个大传统与小传统的概念，主要研究一个文化中

太和殿前的鼎炉

的上层文化和民间文化的关系。以此来看，故宫文化属于大传统，是上层的、主流的文化。

从物质层面看，故宫只是一座古建筑群，但它不是一般的古建筑，而是皇宫。中国历来讲究器以载道，故宫及其皇家收藏凝聚了传统的，特别是辉煌时期的中国文化，是几千年来中国的器用典章、国家制度、意识形态、科学技术以及学术、艺术等积累的结晶；它既是中国传统文化精神的物质载体，也是中国传统文化最有代表性的象征物，就像金字塔之于埃及、雅典卫城神庙之于希腊一样。

故宫文化与社会文化相互影响

故宫文化虽属上层文化、宫廷文化，但与民间文化、地域文化有着密切的关系。皇帝的爱好、宫中的习尚，往往对整个社会产生极大的影响。如清宫重视戏曲活动对京剧的形成就起了推波助澜的作用，特别是乾隆时期四大徽班进京，直接促进了京剧的诞生。反过来，宫

清宫唱戏旧影

中的节令活动也吸收民间的传统习俗，诸如端午龙舟竞渡、七夕祭牛女星君、中秋节祭月、重阳登高、腊月二十三日祭灶神等。当然，其中又有宫廷特色，如每年二月初一，养心殿院内要摆太阳糕以祭日。档案记载，乾隆时太阳糕一个重54斤，一桌共重350斤8两。当时民间亦有此俗，相传自唐代开始。宫廷音乐与民间音乐也有联系，如宫廷音乐中的《导迎乐》和寺庙中、京剧中的《朝天子》以及宫中曲牌《银纽丝》与民间音乐《探亲家》同出一辙，宫中曲牌《海青》竟也在承德寺庙音乐中出现。

故宫文化也包括中外文化交流以及国内各民族文化交流融合的成果

故宫所存清宫遗留外国文物约3万件，包括艺术品（陶瓷、书画、织绣等）、科学仪器、钟表、武备、书籍、生活用品及其他类别。其中多为藩属国贡品及外国礼品，有朝鲜的高丽纸、高丽布，琉球的织物、泥金折扇、漆器、武备，廓尔喀（今尼泊尔）的武器、珊瑚串，缅甸的刀具，西方国家的天文仪器、千里镜、鼻烟、药膏，马戛尔尼使团进贡的自来火枪以及西洋传教士进献的大量钟表及科学仪器等。

这些外国文物种类丰富，相当一部分是艺术珍品，为明清不同时期的收藏，且涉及多个国家，是一个难得的外国文化艺术宝库。这些外国文物大多具有重要的历史价值，往往与一些重大历史事件相联系，是中国明清时期外交史、文化交流史和宫廷史的重要载体与见证。

故宫藏满文精写七卷本《几何原本》。明万历年间，利玛窦与徐光启合译《几何原本》前六卷，首次把古希腊数学名著欧几里得的《几何原本》较系统地介绍到中国。康

故宫藏满文精写七卷本《几何原本》

熙帝对西洋科技有着强烈的兴趣，命法国传教士张诚、白晋以满语为其讲《几何原本》。满文《几何原本》即为张诚、白晋在康熙二十九年（1690）奉敕依他们的满文讲稿编辑而成。陈寅恪先生对此评价甚高，认为《几何原本》一书，"赤县神州自万历至康熙百年之间，已一译再译，则其事之关系于我国近世学术史及中西交通史者至大，尤不可以寻常满文译稿等视之矣"。

清宫宴飨时所用之乐，包括瓦尔喀部（为满族之一部分）乐，朝鲜乐，蒙古乐，回部乐（分金川之乐和班禅之乐，金川之乐又分阿尔萨兰、大郭庄及四角鲁三种形式），番子乐（从曲谱看，属于古老乐种木卡姆音乐，现仍流传于新疆刀郎地区），廓尔喀部乐，缅甸国乐，安南国（今越南）乐等。北京故宫博物院珍藏的清内府泥金精写本《笳吹番部合奏乐章满洲蒙古汉文合谱》共辑蒙、藏少数民族音乐评章和以上国乐章百余首。北京故宫博物院珍藏的《塞宴四事图》描绘了乾隆帝在承德避暑山庄开筵设宴时蒙古族音乐"什榜"的演奏情况，真实地记录了蒙古乐在清宫的使用情况。

故宫文化虽然相当丰富，涉及许多方面，但这些方面之间不是杂乱的、毫无关联的，而是有着紧密的内在联系，是一个文化整体。

所谓故宫是一个文化整体，也就是说，故宫遗产价值是完整的、不可分割的。

故宫是一个文化整体，可从空间和时间两个方面来认识。从空间

来看，紫禁城的千门万户、院藏的各种文物，以及宫殿与文物藏品背后曾经的人和事、种种秘辛内幕、宫廷的文化生活，是一个鲜活的统一体。很显然，离开了宫阙往事，没有了附着其中的历史内涵，那些宫廷旧藏的意义和价值势必受到影响。同样，要保护完整的故宫，不只是72万平方米以内的紫禁城，还要保护与它有密切关系的一些明清皇家建筑，以及它的保护区、缓冲区。从时间来看，故宫藏品虽为清宫旧藏，但其中文物则包括了中国古代文化与艺术的各主要门类，而且反映了5000年的文明史。又以紫禁城为例，它虽然仅建成600余年，却是中国几千年来宫殿建筑的集大成，是历史悠久的中国传统官式建筑的结晶和典范。

认识故宫文化的整体性，要树立"故宫建筑、文物藏品关系密切"的观念。

故宫作为一个巨大的稀世之珍，囊括了所有古建筑、可移动文物以及非物质文化遗产。但故宫古建筑不是一个简单的"壳"，故宫也不只是"藏宝"之所。故宫的每一件文物、每一处建筑，都不是互不相干的、孤立的存在，其中都有人，有宫闱旧事。宫廷文物，它的收藏、陈设保管、整理，以及皇帝的赏鉴题跋，都有故事、有细节、有记载，离不开宫殿，也离不开人；其中蕴藏着生动的人物和事件，且有着这样或那样的联系，它们共同构成了宫廷历史文化多姿多彩的场景与长卷。这就是故宫文化的整体性。

把故宫当作文化整体看待，全面认识故宫的价值，在认识上有个过程，其实质是文物保护理念的不断提升。如对文物概念的认识，从具体的"古玩""古物"到一切历史文化遗存的拓宽，从可移动文物到不可移动的古建筑的重视，从有形文化遗产到无形文化遗产的发展，从保护文物本体到同时重视保护它的环境等，都是不断拓展、逐步提升的。对故宫人来说，还应注意正确认识、妥善处理故宫保护与博物院发展的关系。在努力接受先进的文物保护理念、树立正确的文物观的基础上，认真探求故宫的价值，同时使博物院的内涵更为丰

养心殿东暖阁——垂帘听政处

富，从而更进一步加强文物的保护，突出文物的文化价值，实现文化遗产对当代社会的重要作用。

九、作为世界遗产的故宫

价值是人类评判事物的一种尺度。故宫的价值是其本身所固有的，是客观存在的，也是多方面的；但能否对它进行深刻的、全面的评价，则与人们受一定社会历史条件制约的认识水平有关。

在20世纪20年代，故宫同人就认识到了故宫的世界价值。1928

年，南京国民政府委员经亨颐提出废除故宫博物院、拍卖故宫文物的提案，张继以大学院古物保管委员会主席名义驳斥了此种谬论，其中的一段话，对故宫价值，特别是"世界价值"做了至今看来仍然是十分深刻的阐述：

> 一代文化，每有一代之背景，背景之遗留，除文字以外，皆寄于残余文物之中，大者至于建筑，小者至于陈设。虽一物之微，莫不足供后人研究之价值。明清两代海航初兴，西化传来，东风不变。结五千年之旧史，开未来之新局，故其文化，实有世界价值。而其所寄托者，除文字外，实结晶于故宫及其所藏品。近来欧美人士来游北平，莫不叹为列入世界博物院之数。即使我人不自惜文物，亦应为世界惜之。还观海外，彼人之保惜历史物品也如彼。吾人宜如何努力，岂宜更加摧残？

这段话有三层意思：一是文物为"一代文化背景"之见证，二是"结五千年之旧史，开未来之新局"的故宫文物具有"世界价值"，

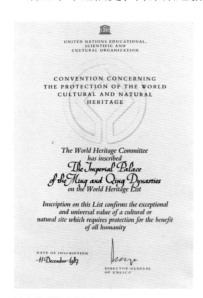

故宫世界遗产证书

三是中国人保护故宫文物就是为世界做贡献。难能可贵的是，文中把故宫宫殿建筑的价值与宫廷文物珍藏同等看待。张继的文章系后来成为故宫博物院秘书长的李宗侗所代拟。

1972年，联合国教科文组织在巴黎通过了《保护世界文化遗产与自然遗产公约》。价值观是文明和文化的核心组成部分。当今人类主体价值观包含的基本内容是和平文化的气氛、文化尊重的关系、全球

共同的持续发展。世界遗产起着诠释全人类主体价值观的作用。

　　1987年，故宫被列入世界文化遗产，是中国第一批列入世界遗产名录的项目。根据2011年世纪遗产第二轮定期报告要求的对遗产突出普遍价值表述的调整，故宫的突出普遍价值为：

　　　　北京故宫博物院是我国古代宫城发展史上的最高典范，是世界上现存规模最大、保存最完整的古代宫殿建筑群。它为中国古代社会的后期发展，特别是礼制文化和宫廷文化提供了独特的见证，在中国文明与文化发展史上具有杰出的历史文化价值。在建筑群体布局、空间序列设计上，它传承和凝练了轴线布局、中心对称、前朝后寝等中国古代城市规划和宫城建设传统特征，成为中国古代建筑制度的典范。其宫殿建筑技术与艺术反映了中国古代官式建筑的最高成就，对清朝三百年间的中国官式建筑产生了广泛的影响。宫内的宗教建筑，特别是一系列的皇家佛堂建筑汲取了丰富的民族文化特色，见证了14世纪之后满、汉、蒙、藏等民族在建筑艺术上的融汇与交流。同时，它所拥有的上百万件的珍贵皇家藏品、皇家生活用具以及大量古代工程技术的文字、图纸、烫样等档案载体，见证了中国明清时期的宫廷文化和典章制度。所有这些珍贵遗存与宫殿建筑群共同构成了突出的世界普遍价值。

　　"文化遗产"概念的引入，突破了传统的"文物"观念的局限性，强化了遗产的环境意识、共享意识，以及全社会都必须承担管理和保护的理念，促使人们从"大故宫"的观念来看待故宫保护。这在故宫保护中得到充分体现。不仅要保护故宫本身，还要保护它的环境。过去只重视对故宫本身的保护，后来认识到了与皇宫连在一起的护城河也是皇宫的组成部分，必须治理；于是就有了20世纪90年代投资6亿元人民币、费时3年的护城河治理，改变了护城河长期存在的脏、乱、差面貌。根据世界遗产委员会的要求，在文化遗产地的周边必须划定"缓冲区"，以保护其周边原有的历史风貌和环境。2005年，故宫缓冲区方案确定，总面积达到1463公顷。这一方案的实施，将使故宫外围环境传统风貌的历史真实性得到有效保护。北京旧城是以故宫为中心规划发展起来的，人们更认识到，北京旧城的整体保护必须重视作为中心区域的故宫的保护。这种不断提升的文物保护意识与理念有力地推动着故宫的整体保护。

"文化遗产"概念对中国文物保护事业也起到了积极促进作用，特别是保护理念、视野的交流与启发。2005年12月，国务院下发了《关于加强文化遗产保护的通知》，并决定从2006年起，将每年7月的第二个星期六定为我国的"文化遗产日"。通知指出："文化遗产包括物质文化遗产和非物质文化遗产。"认为物质文化遗产是具有历史、艺术和科学价值的文物，其具体内容包括现在《文物保护法》公布的"文物"的内涵。在继续保留"文物"用法的同时引入文化遗产概念，绝不是简单的重复；而是对文物概念的丰富、拓展与提升，或者说用一种新的视角来认识文物保护。

从"文化遗产"看待故宫价值，既有物质文化遗产，也有非物质文化遗产。非物质文化遗产主要是传统的文物修复技术以及故宫官式建筑修造技艺，这些非物质文化遗产既是保护故宫及其文物藏品的重要手段，也是故宫文化的重要组成部分。现列入国家级非物质文化遗产的有"故宫官式古建营造技艺"、"古书画修裱技艺"、"青铜器传统修复复制技术"和"古书画人工临摹复制技术"四项。故宫这些传统工艺技

谢辰生（右）、罗哲文先生为"故宫世界文化遗产监测中心"揭牌

术都有着清晰的传承脉络。故宫珍视这些工艺技术，对其进行有效保护，并重视传统工艺与现代技术的结合。

按照世界遗产组织的要求，从2008年7月开始，故宫博物院根据实际启动了遗产监测方案的研究起草工作；2011年12月26日，"故宫世界文化遗产监测中心"正式成立；2012年全面启动监测项目。故宫世界文化遗产监测中心所编的《故宫博物院世界文化遗产监测工作报告（2012年）》，2014年由故宫出版社出版。

十、故宫的活力

1929年10月10日，故宫博物院成立四周年，作为故宫博物院的创始人与理事长，李煜瀛先生有个讲演，回答了如何使故宫博物院成为一个"完全美满"的文化机构的社会期望。他指出，清故宫须成为"活故宫"，"活故宫"的精神在于坚持一个"公"字。（《清故宫须为活故宫》，载《李石曾先生文集》下册，中国台湾"中国国民党中央委员会"编辑出版，1980年5月）

作为文化遗产的故宫，本身就充满活力，这是遗产的生命力。当然，活力也需要激活，需要创造一定的条件促其成长。李煜瀛先生强调的这一"公"字，即发挥故宫博物院公共文化机构的作用，面向公众，社会参与，使故宫成为人们喜欢的故宫。

故宫博物院重视公众教育，努力传播故宫知识，让人们从中认识中华优秀传统文化。学生是故宫教育工作的主体对象。2004年，故宫博物院在全国率先实行中小学生集体参观免票政策，为青少年参观故宫、了解故宫提供了便利的渠道。自2005年至2020年，故宫共为2694批来自全国各地中小学、大专院校等机构的60多万名学生提供了免费参观故宫的机会。与此同时，故宫致力于在讲解工作之外开展多种类型的教育活动，为包括青少年在内的各类观众提供适合的教育项目。通过有主题的、互动型的教育项目，让更多观众了解一个有趣的故宫。十余年来，故宫宣教形成了"以学校教育为基础、以儿童教育为特色、以成人教育求发展"的教育理念，多种类型教育工作全面发展。

2012年起，故宫博物院面向社会公众推出了有计划的系列公益讲座活动，其中以"故宫讲坛"最具代表性。截至2020年底，"故宫讲坛"已累计举办166场，惠及公众逾15000人次。

为更好地服务于前来故宫参观的中外观众，故宫博物院的自动讲解服务历经30多年的发展，不断地探索创新，形成了符合自身特点的自动讲解服务体系，在自动讲解服务的内容、语言及运营模式上具有开创性意义。2008年，故宫讲解语言种类已达40种：中文有普通话、广东话、闽南语、维吾尔语、蒙古语、藏语，外语有英语、日语、法语、俄语、韩语、德语、泰语、阿拉伯语、意大利语、西班牙语、葡萄牙语、印度尼西亚语、印地语、菲律宾语、越南语、柬埔寨语、匈

故宫进行观众问卷调查活动

牙利语、捷克语、斯洛伐克语、波兰语、波斯语、豪萨语、斯瓦希里语、僧伽罗语、希腊语、荷兰语、丹麦语、瑞典语、土耳其语、保加利亚语、罗马尼亚语、芬兰语、马来语、世界语。截至2020年，自动讲解导览器的内容已超过100万字。

以文博培训教育及传播故宫文化为宗旨的故宫学院从2013年成立以来，面向故宫博物院自身、文博行业以及社会和国际持续开展培训教育工作，面向院内员工举办满文高级培训班，承办原文化部、国家文物局、地方市级文物局等单位委托的培训班若干，培养了多批学员，为国内文物博物馆界培养了专业人才和新型管理人才。故宫学院还在景德镇、西安、深圳等七地成立分院，"故宫讲坛"也随之落户七地，产生了积极的社会影响。

故宫博物院在故宫文化传播中，追赶时代潮流，善于运用数字新媒体技术。故宫新媒体团队着力研究受众群体的变化，更新传统文化的传播方式，通过更新官方网站、发送官方微博、开通微信公众号、营销文化创意产品等灵活的线上、线下互动方式，准确地把握青年人的接受兴趣和关注特点，将博大精深的中华文明以富有内涵且饶有趣味的形式推广传播，在年轻网民中积聚了大量人气，成为中华文明网络传播的成功实践。例如"数字故宫社区"中的"数字故宫"在线项目，就包括全景故宫、故宫出品系列App，以及数字展厅的关联、分享与互动，展示故宫博物院在古建筑修缮、藏品保护、观众服务、科学研究、文化传播等各个方面的最新进展、最新成果。端门数字馆从2015年12月开放以来，一直受到观众的欢迎。

故宫博物院的文化创意产品也成为传播故宫文化的一种形式，在社会上引起强烈反响，获得了公众的关注和喜爱。目前故宫累计研发文化创意产品超过1万种，获得相关领域奖项数十种，形成了多元化的故宫文化创意产品系列。故宫发展文化创意产品的宗旨是让文物的故事以公众喜闻乐见的形式深入人心，走进人们的文化生活。许多故宫文化产品，在注重历史性、知识性、艺术性的同时，又强调创意性及

2015 年，故宫博物院出品的 App 获得的各种奖项

功能性，增加了趣味性、实用性、互动性。"朝珠耳机""朕亦甚想你折扇""故宫猫"等风趣幽默的文化创意产品，通过观众期望与文化创意产品升级的互动，使人们真实感受和充分理解到故宫博物院所传递的文化信息。

我们高兴地看到，通过多年来特别是近几年的努力，故宫文化得到大力传播，故宫的良好形象得以树立，故宫更加受到社会关注。人们发现，原来故宫与他们的生活也有这样那样的联系，故宫离他们越来越近了，因此对故宫产生了一种亲近感。故宫的举措经常成为社会热议的话题，而社会对故宫文化的这种关注、重视则像深厚的沃土，成为故宫保持活力的难得的基础。

故宫文物

　　故宫博物院成立，其中所有藏品都来自清宫，所以故宫文物就是清宫文物。后来虽然通过接受捐赠等多种形式增加了不少非清宫文物，但清宫旧藏仍达86%，即其主体还是清宫的，所以习惯上仍称故宫文物。

　　故宫文物包含两类：一类是传统的古物珍玩，如铜瓷书画、各种工艺品及图书典籍等；另一类是反映宫廷典章制度以及日常文化生活、衣食住行的物品，明清档案等，它们大多是当时的实用之物，在今天也是珍贵的文物，有其重要的历史文化价值。我们把前一类称为"古代艺术珍品"，后一类称为"宫廷历史文物"，统称其为"故宫文物"，它们都是可移动文物。

一、清宫收藏的盛与衰

　　收藏作为一种活动，贯穿于人类社会发展的始终。现代重大考古发现证明了史前人类收藏行为的存在。从商代起，王室就重视文物的搜集和保存。殷商的文物多集中于宗庙。周代王室文物、珍品收藏之处名曰"天府""玉府"，并有专职官员负责管理。汉朝的"天禄"、"石渠"和"兰台"，则是汉宫贮藏珍贵文物及图书之所。到

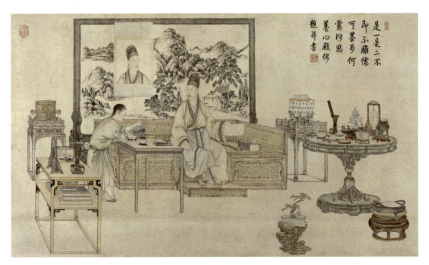

清人绘《弘历是一是二图》（故宫博物院藏）

宋徽宗时，收藏尤为丰富。《宣和书谱》《宣和画谱》《宣和博古图》就是记载宋朝宣和内府收藏的书画鼎彝等珍品的目录。清代帝王重视文物收藏，特别是乾隆帝更使宫廷收藏达到了极盛。清宫收藏除承袭前朝皇室收藏外，还通过征求、进贡、抄没、制作等方式，积累了宏富无比的珍贵文物。

清宫古代艺术珍品收藏，以书画、青铜器、陶瓷为大宗。举书画为例，中国宫廷书画收藏始自汉代，历经魏晋、唐宋、元明，在乾隆年间进行的有史以来最大规模的艺术品搜集活动中，存世的唐、宋、元、明书画几乎收罗殆尽。这是继宋徽宗宣和内府后的最大一次集中。乾隆帝在自己处理日常政务的养心殿居所中，辟"三希堂"专室存放王羲之的《快雪时晴帖》、王献之的《中秋帖》和王珣的《伯远帖》这三件晋人名迹。他又在建福宫花园静怡轩辟出专室存放晋顾恺之的《女史箴图》，及传为宋李公麟的《潇湘卧游图》、《蜀川胜概图》和《九歌图》，并命名曰"四美具"。清宫将所藏书画编纂成《秘殿珠林》与《石渠宝笈》两部巨著，共收录上起魏晋、下至清代中期一千六百年的书画作品一万余件。

清宫收藏除书画、铜、瓷外，尚有其他众多的艺术品珍藏，主要有玉器、珐琅器、漆器、竹木牙角匏器、金银器、玻璃器、石鼓与石器、织绣、照片以及文房用具、鼻烟壶、珠宝、盆景、成扇、古建筑文物等；可以说，包括了中国古代文化艺术的各个主要门类，而且有的是宫中所特有的。这些艺术品虽然也有很多流散，但其主要的部分仍然留存在北京故宫博物院以及台北故宫博物院。

清宫旧藏原由内务府总管。藏品主要收藏在紫禁城，此外热河行宫、盛京（沈阳）故宫、颐和园、圆明园、西苑、景山也都有收藏。其中以紫禁城的乾清宫、重华宫、养心殿、御书房为古书画收藏最集中的殿阁。在故宫、北海、颐和园等地还有皇帝为收藏喜爱的藏品而专门辟出或修建的一些殿阁，如养心殿三希堂、五经萃室、文渊阁、快雪堂、淳化轩、阅古楼、墨云室、玉瓮亭等。除收藏外，皇室藏品还大量陈设于养心殿、圆明园、颐和园内的多处殿阁，藏品在殿阁里陈设的基本情况，在《内务府宫殿陈设档》都有记载。

清自乾隆朝以后，宫廷收藏日渐衰落，主要有两个原因：一是康乾盛世表象下的危机的爆发，内忧外患不断，清朝走向了不可遏止的下坡路，已没有歌舞升平、赏玩游乐的社会环境了。二是即位的嘉庆帝对进贡制度带来的官场腐败有深刻认识，宣谕严禁贡物。

臣工的进贡是清宫收藏的重要来源，特别在乾隆朝，进贡达到了顶峰。嘉庆帝亲政后，在宣布拿办和珅的同时，即宣谕严禁贡物，并免除年节王公大臣向皇帝呈进如意之例。嘉庆帝在上谕中说：

> 再，年节王公大臣督抚等所进如意，取兆吉祥，殊觉无谓。诸臣以为如意，而朕观之，转不如意也，亦著一并禁止，经朕此次严谕之后，诸臣等有将所禁之物呈进者，即以违制论，决不稍贷。

对违禁事件，则坚决查处，严申呈进贡物之禁。在上谕颁发后，当嘉庆帝得知，叶尔羌为进贡而采集的大块玉石在由新疆运送进京时非常困难，立即下令，将"所解玉石，行至何处，即行抛弃，不必前解"。由于嘉庆帝坚决反对和田玉石的进呈，使得乾隆朝价格不菲的和田玉在嘉庆朝身价大跌。清朝宗室大臣、史学家昭梿在《啸亭杂录》中记载了有关情况：

> 今上亲政时，首罢贡献之诏，除盐政、关差外，不许呈进玩物，违者以抗旨论。……时和阗贡玉，辇至陕、甘间，上即命弃诸途中，不许解入。故一时珠玉之价，骤减十之七八云。

以瓷器为例，康乾时是宫廷瓷器烧造的黄金时代，但到嘉庆帝时，不仅先后变卖了库存的康、雍、乾及本朝的瓷器44万余件，而且

2004年5月14日，郑欣淼在大英博物馆文物库房观看固定在墙上的我国古代名画——顾恺之《女史箴图》。清亡以后，大量清宫珍贵文物被劫掠到海外

烧造瓷器的用银一再减少，直至最后10年，连盘碗盅碟等圆器也不再烧造了。这些举措对宫廷收藏产生了重大的影响。

后来，随着国势日衰、外患频仍，宫廷收藏屡遭厄运，大量珍贵文物遭遇劫掠、毁损和流失，但仍留存下相当丰富的文物藏品，成为中华历史文化的实物见证与中华文明的重要载体。

二、清宫收藏的文化传承意义

人类收藏的动机与目的是多方面的。宫廷收藏不仅具有政治意义，还有财富意义，以及文化意义。在中国封建社会，皇权至高无上，财富、权力、尊严集中于皇家。这和西方国家有很大不同。欧洲的历史文化积淀一般不在宫廷，而在教堂。中国则完全不同，宫廷既是政治中心，也是文化艺术中心。皇家的收藏自然是中国历代艺术的瑰宝，是中国人民智慧与创造的结晶。

乾隆帝不仅着力于文物的收藏，而且重视鉴赏，对内府收藏进行了全面性的整理编目。

《秘殿珠林》《石渠宝笈》是对书画作品的分类编目，不但详记作品名称、尺寸、质地、书体、题材内容、本人款识、印记、他人题跋等项，还集中了张照、梁诗正、励宗万、董邦达等一批饱学之士研究、考证、鉴定等语。全书的编纂过程前后长达74年之久，共收录上起魏晋、下至清代中期近1600年书画作品1万余件。《石渠宝笈》是继宋《宣和画谱》

《石渠宝笈》

《宣和书谱》之后的又一部大型内府秘藏书画目录专著；不但反映了清宫书画收藏的宏富精美，也反映了参与鉴定的内廷翰林的鉴赏水平。该书尽管存在诸如真赝错谬、体例欠妥、难于检索等弊端，但仍不失为一部可资了解和研究清宫庋藏历代书画作品的重要参考书。

包括《西清古鉴》《西清续鉴（甲编）》《西清续鉴（乙编）》

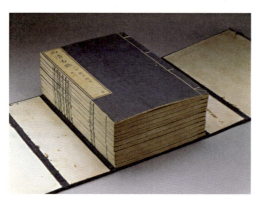

《宁寿鉴古》在内的"西清四鉴"收录了清宫所藏的铜器4074件（另附录31件），其中有铭铜器没有发现重出者，共计1179件，此外有铭铜镜114件。"西清四鉴"虽然在辨伪、断代、释文、考证等方面尚未达到宋人

《西清古鉴》

的水平，但仍有其重要的学术价值，不仅在当时推动了金石学的发展，而且其中保存的珍贵资料，时至今日也是十分难得、无可替代的。

《四库全书》共收书3503种79337卷，约9亿9700万字。它基本上囊括了乾隆以前中国古籍的精品，在一定程度上起了保存、整理和传播中国古代文献的作用。《四库全书》对清代考据学、校勘学、目

录学及辑佚、丛书辑刻等各方面都产生了巨大影响。乾嘉朴学之风自此兴起。《四库全书总目》在目录编撰体例、文献分类、提要撰写和文献考订等方面均有独特成就，是中国古典书目的集大成之作、四部分类法的典范之

《钦定四库全书》

作，在中国目录学史上占有重要地位。《四库全书》分抄7部，其中江南3部（镇江金山寺文宗阁、扬州大观堂文汇阁、杭州圣因寺文澜阁）允许江南士子阅览、誊抄。

乾隆年间，于昭仁殿庋藏宋、金、元、明之精善藏书，编有《钦定天禄琳琅书目》（前编）10卷；嘉庆二年（1797）昭仁殿失火，前编书尽毁，乾隆帝又令再辑宫中珍藏《钦定天禄琳琅书目》（后编）20卷。《钦定天禄琳琅书目》为我国第一部官修善本目录，沿袭汉代以来书目解题传统，在版本著录体例方面多有创见，如记载收藏家印记即为其中一大创举，于清代藏书家讲究版本鉴定、注重善本著录之风影响深远。

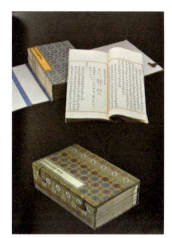

《钦定天禄琳琅书目》

乾隆帝对收集的许多珍贵法书名作，不仅自己摹写欣赏，还热衷于书法艺术的普及推广，命令于敏中、梁国治等大臣组织刊刻了《三希堂法帖》《敬胜斋法帖》《淳化阁帖》等供人临摹。

《三希堂法帖》因刻入养心殿三希堂内所藏王羲之的《快雪时晴帖》、王献之的《中秋帖》、王珣的《伯远帖》等3件稀世墨宝与大量《石渠宝笈》初编法书故名，共收魏晋至晚明153位书家的340件楷、行、草书名作，几乎包括了明代著名丛帖所收的历代珍品。全帖32卷，规模之大、收罗之富，胜过古代任何官刻丛帖，可谓前无古人。此帖原石495块，嵌在北京北海阅古楼壁间。道光

《三希堂法帖》

年间修剔时增刻了花边，现在依旧保存得大致完好。

从中世纪到近代的过渡中，明清两代宫廷所起到的知识构建与传承作用，在宫廷收藏的瓷器中同样有所体现。如对宋代名窑瓷的认知，现代的知识基本来自明清宫廷的传承与晚明博物君子的记述，而后者又是在前者基础上发展的。以乾隆帝为代表的清代宫廷知识分子群在文物收集、鉴定中虽有个别讹错与张冠李戴之事，但总体上继承了明代晚期的相关知识，并以文籍、图谱与器物相对应的方式将这些知识传承下来；尤其是清代宫廷在器物所粘贴的黄签标识的时代、名称，对我们现在的文物研究与考证有着重大意义。

中华民国成立后，古物陈列所与清室善后委员会在接收清宫财产时，所记文物账目率以器物上的黄签和当时宫中的财产分类账目为准。也就是说，故宫博物院关于古代瓷器，也包括其他各类文物的名称均来自清代宫廷积累下来的知识，并传承至今。不过，明清两代宫廷在文物知识之构建、传承、传播方面的作用至今尚未被学术界重视，仍是一个亟待深入研究的问题。

清宫藏品的收集、鉴赏、存藏、留传是一个文化保存、文化累积、文化建设的过程，因而起到了文化传承的作用。

三、清宫文物所有权之争

辛亥革命爆发，清帝溥仪逊位，"暂居"紫禁城内廷。内廷也是清宫文物主要庋藏之处。围绕这些清宫旧藏的所有权问题展开了一场旷日持久的争论和斗争。争论和斗争的过程，也是对这些藏品的性质认识以及赋予新意义的过程，其所有权的最终确定，也就促成了故宫博物院的诞生。

在封建时代，整个天下都是帝王的，皇宫里的所有物品，包括文物珍藏，自然都是帝王的财产，谁也动不得。不仅溥仪认为清宫旧藏是他的私人财产，当时的中华民国政府也理所当然地认为这些文物产权属于皇室。皇室的财产不只在紫禁城，还包括沈阳奉天行宫和热河避暑山庄的珍藏。1914年，民国政府在紫禁城外朝（即三大殿）一带成立古物陈列所，陈列从今沈阳故宫和承德行宫运回的珍宝，共约70万件之多。民国政府认为这些宝藏是皇室私有财产的一部分，又由清室派员约同古玩商家逐件审定估价，有些物品由于是无价之宝和稀世珍品而无法估计。根据皇室与民国政府的双边协议，所有物品中，除了皇室收回的以外，均由民国政府按估定的价格收购；由于财力紧缺，民国政府不能当即支付购买款项，这些宝藏暂被当作民国政府借自皇室的债款（总计3511476元），直到民国政府财力允许彻底支付时为止。

对清宫旧藏是否为皇室财产的争论，开始于20世纪20年代初，这与当时清宫所藏文物珍宝的流失有关。

逊清皇室由于入不敷出，只好靠借债抵押维持。为了还债，筹款的办法之一就是大量拍卖宫中的金银、珍宝、古玩等。拍卖珍宝仍满足不了所需，还经常拿出一些金银珍宝抵押和变价。

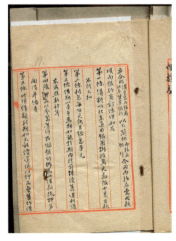

逊清内务府与北京盐业银行所立合同

　　对清室拍卖抵押珍宝一事，北京大学研究所国学门委员会1923年9月26日发布公函表示坚决反对，并认为这些珍宝应由民国政府收回并保管：

　　据理而言，故宫所有之古物，多系历代相传之宝器，国体变更以来，早应由民国收回，公开陈列，决非私家什物得以任意售卖者可比。

　　湖北省教育会1923年11月12日致电内务部，坚决要求制止清室出售古物：

　　窃我国与埃及、希腊、印度同为数千年前古国，其文明久为中西所慕。清室之古物，尤为历代帝室递嬗相传之珍秘，并非一代一人所得私有。合全国五千年之文物，集于首都之清室，一涉

建福宫花园失火后，中正殿首领太监喇嘛马来禄呈报底单

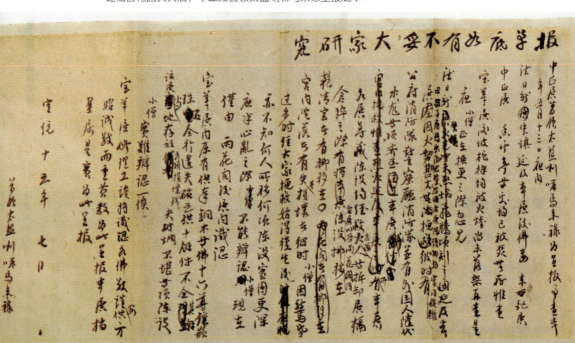

疏忽，不徒散佚堪虞，即立国精神且将无从取征。清室以经费短
绌，转售东邻，不啻将五千年立国精神捐弃一朝，念及此，能勿
痛心。

1923年7月26日，紫禁城建福宫花园大火，此处的许多殿堂、库
房都装满珍宝玩物，火灾造成的损失是巨大的。已有舆论指出，所烧
毁的是国家的财产，与民族历史有关。

对清室珍藏的所有权争论，是与其所具有的特殊价值的认识联系
在一起的。教育界、知识界有关机构呼吁：这些清宫珍藏关乎中国历
史文化，是历代相传之物，应属国有。清室的行径也引起北洋政府的
关注和干预。1924年5月3日，总统曹锟派冯玉祥、颜惠庆、程克等10
人为保存国有古物委员，会同清室所派会员10人，共筹保管办法：

    其所决定者，为凡系我国历代相传之物，皆应属于国有，其
无历史可言者之金银宝石等物件，则可作为私有。属国有者，即
由保管人员议定保管条例，呈由政府批准颁布，即日实行。其属
于私有者，则准其自由变卖，此项保管条例已在起草中，大约明
后日即可提出讨论，俟通过后，即呈由政府颁布。

1924年11月，冯玉祥将军发动北京政变，修正《清室优待条
件》，驱赶溥仪出宫，组织清室善后委员会，顺应了时代需要，受到
普遍拥护。《修正清室优待条件》第五款规定：

    清室私产归清室完全享有，民国政府当为特别保护，其一切
公产应归民国政府所有。

1924年11月，国立八校联席会议接连专门召开会议集中讨论清室
古物保管问题。再次讨论决议：

　　清室古物，于文化上有极大关系，……希望其成立一完全美满之图书馆与博物馆，由国家直接管理，并邀集各机关参加监视，期在公开保存，俾垂久远。

　　但公产、私产怎么划分，以什么作为标准，则是人们所关注的焦点。1924年11月5日，溥仪出宫，《晨报》指出：

　　此公产私产如何划分，划分之后，应由何人点收，何人保存，其标准方法皆不可不从速规定。

　　11月7日，《社会日报》则明确提出以"有无历史的价值及与文化有无关系为标准"。据吴瀛先生《故宫博物院五年经过记》所记，对清宫公私产的具体划分，在实际中并没那么复杂；例如，藏于库内的元宝银，共6333斤，合101328两，因该元宝均镌有"福、禄、寿、喜"字样，每颗均重达10余斤，确系当时清帝用以为犒赏之用者，遂留数颗以为将来陈列展览所用，其余则悉数发还。溥仪两次派人到养心殿取东西，曾要求带走乾隆瓷器及仇十洲的《汉宫春晓图》，委员会未允许，唯取走不少衣物首饰；其所带走的物品详账，已附记在《清宫物品点查报告》第三编第四册《养心殿报告》后。驱逐溥仪出宫时，即点收印玺，搜查他的行李时，发现了藏在其中的《快雪时晴帖》便扣留了下来；因为这是祖先遗留下来的珍贵艺术品，不能视为他的私人财产。

　　这一争论的过程，使社会在清宫珍藏上有了共识：其一，在价值上，这些珍藏反映了中华数千年文明，关乎中国的历史文化，为立国精神的寄托；其二，在所有权上，这些珍藏为历代帝室递嬗相传，并非一代一人所得私有，因此是国家的财产；其三，在保护方式上，应该设图书馆与博物馆，集中保护。故宫博物院于是应运而生。

四、从皇家国宝到中华文化根脉

故宫文物，从过去皇家国宝到今天中华文化根脉的地位，有一个形成、转变并强化的过程。

长期以来，故宫的文物藏品被称为"国宝"。现在人们也把一些极为珍贵的文物称为"国宝"，意为国之瑰宝。

我国文博界用"国宝"称呼相当珍贵的文物，大约与日本的影响有关。日本于1928年就颁布了《国宝保存法》。对重要的文化财富，他们从世界文化的角度考虑，把其中认为具有较高价值的、不同类型的国民之宝指定为"国宝"，有美术工艺品，也有建筑物。在1947年11月29日故宫博物院第七届理事会第一次常务会议上，李济理事就有

清"皇帝之宝"

"'国宝'应如何审定以便保存"的提议。

但是，把故宫文物称为"国宝"，则有别于一般的"国之瑰宝"的概念，有着国宝本身所具有的特殊含义，即皇家收藏的国宝意义。

什么是"国宝"？所谓国宝，指的是国家的宝器，又称国器，是祭祀之器。在古代，"国之大事，在祀与戎"。《周礼·春官·天府》云：

> 天府，掌祖庙之守藏与其禁令。凡国之玉镇、大宝器藏焉。若有大祭、大丧，则出而陈之；既事，藏之。

国之宝器，原本皆指宗庙祭祀之器，这些祭器象征着王位。宗庙

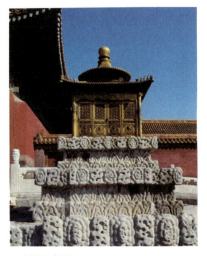

江山社稷金殿

为国家象征，其宝器之存亡，往往作为国家存亡之标志。"国宝"又特指传国玺，更是与国家的统治权联系在一起。

人类收藏的动机与目的是多方面的。源远流长的皇室收藏不是只供皇帝个人赏玩的珍稀艺术品，也不仅是"宜子孙"的一笔宝贵财富；更重要的是，这些藏品所具有的强烈的政治与文化的象征意义。皇室收藏文物，更重视这些文物所寓有的某种至高德行的含义，认为它的聚集可被视为天命所归的象征。因此，皇室收藏与王朝命运紧密联系，这些藏品就成为皇权的象征。因而，清宫旧藏本来就具有国宝的意义。

1925年，故宫博物院成立，象征君主法统的清宫旧藏为人民所共有并同享，为其国宝意义赋予了维系中华民族文化、传续中华文明根脉的新内涵。

特别是抗日战争中故宫文物南迁，进一步强化了故宫文物的文化根脉地位。

1931年，日本发动"九一八"事变，第二年秋天故宫博物院即着手文物南迁的准备工作。1933年，故宫文物南迁消息见诸报端后，舆论哗然，形成反对和支持两种声音。反对的一个主要原因是认为大敌当前，政府应首先保护土地和人民，现在政府却如此重视故宫古物，因为故宫古物是古董，是值钱的才要搬迁。

故宫文物该不该南迁？争论虽然激烈，但其实质是如何看待故宫文物，即这些文物是一般所谓值钱的古物、古董，还是具有特殊的、不可代替的价值？这也是从故宫博物院成立以来就存在的争议。1928年，南京国民政府接管故宫博物院后，就有国府委员提出"废除故宫博物院，分别拍卖或移置故宫一切物品"的议案；理由是，故宫的文物是"逆产"；通过争论，此议案被否决。就在此次故宫文物南迁准备中，北平政务会议却于1932年8月3日做出"呈请中央拍卖故宫文物，购飞机五百架"的决定。经故宫同人多方努力，劝阻拍卖行动，终于制止了这一荒唐决定。

　　故宫文物虽然来自清宫，曾为皇帝个人所有，但"为我国数千年文化艺术之结晶，尤于学术方面关系非浅，即在世界文化上亦占重要之地位"。（《北平学生抗日救国会致故宫博物院函》，1932年8月16日，存故宫博物院档案室）故宫文物不是一般的古物、古董，而是国宝，是民族的历史文化遗产，是文化的根脉。它的价值是不可用币值衡量的，这已成为许多人的共识。故宫文物南迁是基于敌强我弱、抗日战争将是一个持久长期过程的现实所做出的决策。政府方面认为，敌人入侵，失掉土地还有收复的可能，可文物若留在原地不动，只有受毁损的危险，于是不顾一些人的反对，政府仍然坚持进行迁运。

1938年，故宫文物转移北路途中竹排载着文物卡车过河的情形

随着抗日战争的全面爆发以及故宫文物的西迁，故宫文物的安危得到人们的不断关注。8年之中，这批文物万里间关，多次险遭灭顶之灾，例如9000余箱文物由重庆运往乐山而暂寄宜宾沿江码头时，上游乐山及下游泸县皆受到敌人狂轰滥炸，独有处于中间地带的宜宾幸免；长沙湖南大学图书馆自文物搬出后不到4个月即被炸毁；重庆的几个仓库在文物搬出不到1个月，空房也被炸掉；从陕西南郑运往成都时，将存在南郑文庙的文物抢运出才12天，南郑文庙就被敌机投下的7颗炸弹夷平。马衡院长1947年9月3日在北平广播电台所做的《抗战期间故宫文物之保管》演讲中说，像这一类的"奇迹"，简直没有办法解释，只有归功于国家的福命了。或如许多人认为的那样："古物有灵，炸不到，摔不碎。"

抗日战争是中华民族走向振兴的伟大转折，促进了中华民族的觉醒，极大地改变了中华民族的精神面貌。故宫文物是源远流长且从未中断的中华文明的载体与见证，是中华民族重要的文化根脉。所谓"国家的福命""古物有灵"，就是把故宫文物与中华民族的命运连在了一起，与民族独立、民族尊严连在了一起，其中倾注了深沉的民族情感。

故宫文物的保护过程，对抗战精神的形成、民族认同感的增强起到了积极的作用。同样地，伟大、壮烈的抗日战争也进一步确立并强化了这些珍贵的皇家收藏不同寻常的文化根脉的地位。

马衡院长为乐山守护过国宝的寺祠题写的"功侔鲁壁"匾额

因此，故宫文物的这种地位也是历史形成的，是不可代替的。

五、故宫散佚文物的征集

对故宫散佚文物的关注与征集，是在故宫博物院成立之后。1924年以前，在小朝廷内务府大臣和师傅们清点字画时，逊帝溥仪从他们选出的最上品中挑选最好的，以赏赐溥杰为名，把1000多件字画，200余种宋、元、明版书籍陆续运出宫外，存到天津英租界的房子里。后溥仪前往长春的伪满洲国当"皇帝"，他偷运出宫的这批古物就存放在伪皇宫东院图书楼楼下东间，即所谓"小白楼"。1945年8月10日溥仪匆匆出逃长春之后，小白楼遭到了守护伪皇宫"国兵"的哄抢，大批书画被偷运，成为有名的"东北货"。这些流散出来的书画，大部分流往关内，一部分再经香港等地流往国外。

民国时期故宫散佚文物的征集

1925年7月31日，清室善后委员会在点查养心殿时，发现了一沓《赏溥杰单》及溥杰手书的《收到单》。故宫博物院后来将此密件及此前发现的《诸位大人借去书籍字画玩物等糙账》编辑成书，取名《故宫已佚书籍书画目录四种》，向社会公开发行。弁言中称，被溥仪、溥杰兄弟盗运出的书籍字画，"皆属琳琅秘籍，缥缃精品，《天禄》书目所载，《宝笈》三编所收，择其精华，大都移运宫外。国宝散失，至堪痛惜！兹将三种目录印行，用告海内关心国粹文化者"。

抗战胜利后，故宫博物院北平本院接管和收购了一批散失在外的故宫旧有文物和物品。

一是接收溥仪天津旧宅留存的文物和溥修宅中留存的溥仪物品。溥仪宅中文物计1085件，分藏于19个小铁匣和两个皮匣中，其中珍品古玉达数百件之多，如商代鹰攫人头玉佩即为无上精品；宋元人手卷四件，宋马和之《赤壁赋图》卷、元邓文原《章草》卷、元赵孟頫设色《秋郊饮马图》卷及《老子像道德经书》卷；此外，有古月轩珐琅烟壶、痕都斯坦嵌宝石玉碗、嵌珠宝珐琅怀表等，至于黄杨绿翡翠扳指等，更是价值连城。王世襄先生经手了这批文物的接收，他在《锦灰不成堆》一书中对此有详细的记述。

二是接收清宗人府余存玉牒等。北平孔德学校于1947年3月7日，将清宗人府原存满汉文玉牒74册，清代八旗户口册690册、档簿70册，共计834册交给故宫博物院。

三是对"故宫已佚书籍书画"的收集。根据1946年10月21日故宫博物院第六届第二次理事会做出的"溥仪赏溥杰书籍书画如有发现，即由马院长商请在平理事决定后设法收购"的决议，从1947年1月至8月，对发现的散佚书籍书画，均系先由专门委员会审查、选定精品，

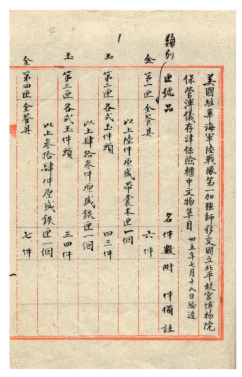

1946年7月18日，美驻华海军陆战队移交的溥仪存津文物草目

评定价格后，再经在平理事谈话会决定，总计6次收购书画、书籍14种，用去收购专款26770元。重要的有宋版《资治通鉴》1部（共200册，另目录16册）、米芾《尺牍》1卷、唐国诠写《善见律》1卷，宋高宗书《毛诗闵予小子之什》（马和之绘图）1卷、《明初人书画合璧》1卷、宋版《四明志》1册、元人《老子授经图书画合璧》、龙鳞装王仁昫撰《刊谬补缺切韵》1卷及雍正帝、乾隆帝等《朱批奏折》41本等。这批书籍、书画都是从东北流入北平的清宫藏品。相对古书画，贮藏在长春"小白楼"的古籍基本上保存完好，损失不大。1948年4月13日，故宫博物院接收了由沈阳故宫博物院转交的这批珍籍82种1241册，又接收了文管会和北平图书馆送来的"天禄琳琅"旧本《经典释文》23册。

《刊谬补缺切韵》（简称《切韵》）是珍贵的书法作品。唐代进士科考试，诗赋用韵要求严格，应试举子入场考试是可以带韵书的。因此，《切韵》及有关《切韵》补缺刊谬本等韵书广为流行。有一叫吴彩鸾的女子，工于书法，一生写了近百部王仁昫撰的《切韵》。清

1947年8月，收购溥仪赏溥杰的唐吴彩鸾写本《刊谬补缺切韵》

宫旧藏《刊谬补缺切韵》，即为唐王仁昫撰，吴彩鸾写本。书的卷首、末钤有宋宣和及清乾隆帝诸玺，收入《石渠宝笈》初编，溥仪未出宫前散佚在外。1947年故宫用法币1亿元购得。此书共24页，楷书体颇具唐书风韵，6万余字。装帧形式为龙鳞装，宋人称为"旋风叶"，是传世仅有的一件古书旋风装的实物。

中华人民共和国成立以来故宫散佚文物的征集

中华人民共和国成立后，十分重视故宫散佚文物的征集。文化部于1952年向全国发出收回故宫文物的通知，通知要求："为了保存这些古代最优秀的文化遗产，经报请政务院文教委员会批准，凡在各地'三反''五反'运动中发现的故宫古物，其已判决没收和已由当地政府收回的，均应及时送缴中央，拨还故宫博物院集中保管。"故宫博物院故宫文物征集的途径，主要是国家拨交、文物收购、接受捐赠等三个方面。

一是国家拨交。由国家有关部门拨交给故宫博物院的文物中，有许多是流失出去的故宫旧藏，如当年溥仪抵押给盐业银行的玉器、瓷器、珐琅器、金印、金编钟等，就是由国家文物局于1953年拨交给故宫，并由故宫博物院工作人员到储藏地点收运回故宫的。

1965年，故宫从溥仪等人交出的1194件物品中，挑选、接收了245件溥仪的物品，包括古文物、稀有珍宝、宫廷用品及价值很高的艺术品等，这些艺术品绝大部分是溥仪留居紫禁城内廷时期，在1924年以前以赏赐名义携出宫外，并由溥仪在服刑期

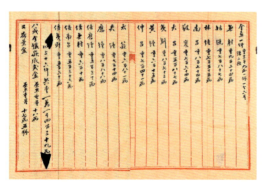

金编钟抵押合同

间随身所带，后向政府主动交出的。其中贵重的有：康熙帝用过的金镶猫儿眼宝石坠，乾隆帝搜集的六朝小玉璧、周朝清玉子、黄玉子、汉玉饰、清朝白玉龙纹佩等，特别是乾隆帝用的三联黄玛瑙闲章（溥仪在《我的前半生》中误写为"三颗青田黄石刻印"）颇为罕见。

慈禧太后的贵重装饰品有白金镶钻石戒指、白金镶蓝宝石戒指、祖母绿宝石白金嵌钻石戒指，碧玺十八子手串、珊瑚十八子手串，金镶翠袖扣，金镶祖母绿宝石领针，等。还有隆裕太后用过的宫廷用品6件。另接收了伪满洲国张景惠等九名战犯的14件文物珍宝。20世纪50年代，国家文物局把五代黄筌的《写生珍禽图》及北宋张择端的《清明上河图》、李公麟的《临韦偃牧放图》、赵伯驹的《江山秋色图》等四件绘画作品经由辽宁省博物馆拨交故宫博物院。

收回的金编钟

　　二是文物收购。从20世纪50年代以来，故宫博物院确定了以故宫流失出去的珍贵文物为主，兼及中国历代艺术珍品的文物收购方针；国家在资金上给予支持，购回了大量珍贵文物。收购的途径主要有文物商店、古玩铺、文物收藏者和拍卖公司等。20世纪50年代初，国家动用了大量外汇，从香港购回"三希堂"中的"二希"——王献之的《中秋帖》和王珣的《伯远帖》以及唐代韩滉的《五牛图》、五代南唐顾闳中的《韩熙载夜宴图》、五代南唐董源的《潇湘图》、宋徽宗赵佶的《祥龙石图》、南宋李唐的《采薇图》、南宋马远的《踏歌图》、元王蒙的《西郊草堂图》及倪瓒的《竹枝图》等一批名珍巨品。

　　20世纪50年代至70年代初是故宫购藏文物的高峰期。为此，故宫专门设立了"文物征集组"，并引进文物鉴定方面的专门人才。当时社会上流散文物多，琉璃厂一带的古董店得到一件珍贵文物后，首先是送故宫，这就为故宫创造了一个大量购进珍贵文物的极好机会。截至2005年12月底，共购得53971件，其中一级文物1764件。特别是书画珍品，如隋人书的《出师颂》、唐周昉的《地宫出游图》、唐颜真卿的《竹山堂连句》、宋王诜的《渔村小雪图》、宋刘松年的《卢仝烹茶图》、宋马和之的《鹿鸣之什图》、宋夏圭的《雪堂客话图》、宋马远的《石壁看云图》、宋张先的《十咏图》、宋欧阳修的《灼艾帖》、宋苏轼的《三马图赞》、宋米芾的《兰亭序题跋》《苕溪诗》，以及元、明、清书画精品，其中一些为清宫旧藏。

　　1951年11月5日，周恩来总理批准赎回押于香港外国银行的晋王献之《中秋帖》和王珣《伯远帖》各一件，拨交故宫博物院收藏。

　　三是接受捐赠。截至2007年底，北京故宫博物院共接受捐赠文物、文物资料及图书约33900件（套），其中有一些清宫流失出去的珍贵文物。特别是张伯驹先生捐献的西晋陆机的《平复帖》、隋展子虔的《游春图》以及唐李白的《上阳台帖》、唐杜牧书《张好好诗》、宋黄庭坚书《诸上座帖》、宋蔡襄的《自书诗》、宋范仲淹书《道服赞》、元赵孟𫖯草书《千字文》等书画巨品，极其珍贵。

六、故宫文物的六次清查

从1924年至2010年，故宫共进行了五次全面的文物点查清理，彻底地查清了文物的庋藏家底。

第一次　清室善后委员会时期对清宫物品五年多的点查

1924年11月5日，逊清皇帝溥仪被逐出紫禁城。1924年11月20日，清室善后委员会正式成立，宣布紫禁城完全收归民国政府，并着手对清宫文物进行系统的查点。直至1930年3月，清宫物品点查方告结束，登记造册，出版了《故宫物品点查报告》6编28册，清宫遗留之物共计117万余件，包括三代鼎彝，远古玉器，唐、宋、元、明各代的书法名画，宋、元陶瓷、珐琅、漆器、金银器、竹木牙角匏，金、铜宗教造像以及大量的帝后妃嫔服饰、衣料和家具等。除此之外，还有大量的图书典籍、文献档案等。这些文物成为1925年成立的故宫博物院的藏品。当然，清宫旧藏的数量远不止这些，当时有些殿堂尚未清点，清点过的一些物品，因计算方法的原因，与实际数量亦有不少出

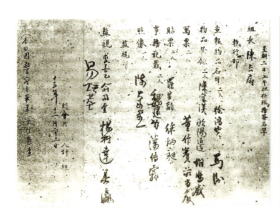

清室善后委员会出组单与签牌

《故宫物品点查报告》

入。例如故宫的一些档案，原来是按包扎，以一包为一件，实际上一包之中所含的物件等，多者竟达一二百件。

第二次　南迁初期对平、沪两地文物的三年半点查

1933年故宫文物南迁上海后，发生了"易培基盗宝"案。这是一起冤案。由于这起案件的影响以及新旧院长的交替，故宫对南迁文物以及北平本院文物进行了一次全面的点查。1933年7月，理事会议讨论存沪文物的安全问题，议决成立临时监察组织。1934年1月，行政院下令点查平、沪两地文物。故宫博物院为此制定了《点收文物出组须知》和《点收存沪文物规则》。

运沪文物的点查从1934年1月开始，1937年7月完成。这些文物自北平装箱运出时，清册上只记了品名与件数，没有编造详细清册。这次点收则是按箱登记，核对检验，铜器、玉器、牙器都要记明重量；瓷器还要标明颜色、尺寸（包括口径、底径、腹围、深度等），款式，有无损伤，巨细靡遗。点查的同时，又按照马衡院长制定的"全材宏伟""沪上寓公"八字，分别重造三馆一处南迁文物的编号与箱号。点验过的文物全部钤盖上"教育部点验之章"。此外，又将每日点查结果汇集整理为《存沪文物点收清册》，并油印装订，成为故宫

南迁文物最完整的著录，其品名、编号、数量等款目资料，目前仍具有重要的参考价值。

北平故宫本院留存文物的点查于1935年7月全面开始，1936年10月结束。

其做法为仅登录品名及件数，虽不如上海清查详尽，成果仍极为丰硕。凡清室善后委员会于仓促中遗漏的，或载于清室旧目从未发现的皆逐件检出，并予以补号登录；文物种类因而骤增数千，件数则不下数万。

第三次 "文革"结束后对库藏文物的十年整理

这次整理自1978年至20世纪80年代末。"文革"期间，故宫的文物保管工作停顿。恢复工作后，清理了一级藏品，健全了一级品档案。1978年，恢复保管部建制，重新制定了《库藏文物进一步整理七年规划》和《修缮库房的五年规划》。这次整理的主要任务，是把库房中过去还没有完成和没有做好的工作继续做好。具体工作是：划分级别、鉴定年代、给文物贯号、做好文物排架、补齐文物卡片、核对文物数字。此次整理的难点是实物、账卡、单据上的混乱。混乱的原因，主要是以前的工作指导思想上有"甩包袱"的想法，将批量的、认为重复品太多的文物单拨调出来，准备做"拨交"出去用，因此打乱了原来按年代、级别、类型分类存放的基础；加之"文革"中工作中断，长期无专人管理，使库房工作的许多头绪没能有效地衔接上，出现了一时的混乱。这次整理先后用了十年完成。大部分分类库房在完成整理后都进行了小结，并通过了保管验收组的验收。

第四次 20世纪末地下文物库房建成后的十年核查

这次检查自1991年至2001年。1990年，故宫博物院地下库房第一期工程完工，1997年第二期建成。从1991年到2001年的十年中，院藏文物的60%从地面库房搬向地下库房。地面库房的大迁移和大调整，几乎移动了所有文物。院内先后制定并修订了《故宫博物院文物出院出库管理制度》、《故宫博物院藏品管理条例》和《故宫博物院地下藏品库房管理细则》等，提出并实施了"对移入地下库房的藏品进行分类验收和更换院内在陈文物提单"的工作，核查文物数字，登录文物信息，解决历史遗留问题，分清保管与陈列责任；为进一步摸清家底，实现数字化管理打下坚实的基础。

第五次 21 世纪初的七年文物清理

经过几代故宫人的整理、鉴别、分类、建库等，基本上做到账目比较清楚、管理制度逐步健全。但是，由于宫廷藏品及遗物数量巨大、种类繁多、存贮分散，以及过去对文物认识的局限性等原因，虽进行过多次清理，仍存在某些文物账物不相符合、许多重要的宫廷藏品未列为文物、一些库房尚待进一步清理、院藏文物还没有一个确切数字的问题。故宫博物院认识到，只有弄清故宫藏品的种类和确切数量，才能对其有效地实施保护，才能对它的内涵、特点以及价值有更为全面、准确的认识，也才能对它进行更为深入的研究和挖掘。这是博物馆的基础工作，是科学管理的前提；同时，故宫的丰富藏品是中华民族珍贵的文化财产，故宫博物院代表国家进行保管，弄清这些财产的底数并认真妥善地加以保管，是对国家、对民族负责任的表现，是不容许有半点疏忽与懈怠的。

故宫博物院通过调查研究、充分讨论，决定从 2004 年到 2010 年，用七年时间对全院文物藏品进行一次全面、彻底的清查，弄清楚"家底"到底有多少。时任文化部部长的孙家正同志于 2004 年 9 月 2 日做了批示："故宫文物的清理是一项基础性浩大工程，是加强保护、陈列、展示、研究等各项工作的前提。意义重大，责任重大。要有全面的规划、科学的操作程序，明确的责任和严格的纪律。此项工作与古建的维修结合进行，工作量巨大，同志们会很辛苦，但意义深远、责无旁贷。此件可改写成一份《文化要情》上报党中央、国务院领导同志知悉。"

　　文物清理的目标是家底清楚、账物相符、科学管理。按照七年规划，第一，要完成在册近百万件文物的账、卡、物三核对，完善名称、定级、计件及统计工作，解决历史遗留问题，确定准确的文物数量，更换院在陈文物的提单，建立定期审核和更换提单的制度。第二，对在册或不在册的文物资料进行认真整理，根据《中华人民共和国文物保护法》给予登记、造册、统管，符合文物标准的要提升为文物；仍为资料的，也应予建账，妥善保管。第三，对近20万册古籍善本、特藏及院藏20多万块珍贵的书板，逐步完成整理、核对、定级、编目，登录文物信息系统，使之纳入全院文物管理。第四，在认真清理的基础上，搞清家底。适时编印《故宫博物院文物藏品总目》和《故宫博物院文物珍品分类大系》（后来出版时定名为《故宫博物院藏品大系》），向社会发行。在搞好文物藏品清理的同时，还要提高文物管理的信息化水平，重视文物藏品的修复与抢救，加强对文物库

《故宫博物院藏品大系·书法编》

房的建设与管理，探索并完善文物管理新体制，等等。

故宫的文物清理工作，其成果有以下四点：

第一是解决了总账与分类账不一致的问题。文物管理处所管全院文物藏品总账与各部门所管各自门类的分类账存在部分不一致的情况。解决这些问题，库房人员需要根据总账、分类账的记录，与库房卡片、实物进行核对，之后查阅相关单据，找出差错的原因，核实后对总账或分类账进行相应修改。具体来说有四方面的问题：

藏品管理权限移交、提陈手续不清的问题。如毛泽东主席委托中办转交故宫收藏的"钱东璧临兰亭十三跋卷"，先由保管部工艺组的国内礼品库保管，后移交至书画组管理。移交时，老号未销，又冠了新号，导致总账与分类账数字不符。

数字、计件不一致的问题。如"清乾隆点翠嵌珠钿花"，总账为四件，而分类账则为一份。经过核实，统一了计件。

类别错误。类别错误主要是由于藏品号登录错误而产生。九龙壁瓷器库有不少类别错误的情况，如总账记为铜镜的文物，分类账记为"清雍正青花山水人物罐"等。经过核对，找出错误原因，对账目进行了修改。

拨、销情况不一致的问题。此问题多发生在总账与分类账重复品撤销分号上。如"明黄团龙缎"，总账记录拨出分号二一七，而分类账记录拨出的为分号二七一。经核实，分号二一七仍然在库，属调拨错误。又如"楠木边油画山水围屏"，分类账上记录拨给了民族文化宫，但总账未有记录。为此，专门到民族文化宫查找到了该件文物，证明是总账漏登了拨交记录。

第二是解决了账物不符的问题。故宫建院以来，历经坎坷，其间文物藏品拨入拨出、借入借出、销号处理、文物资料提级和降级等多有反复，情况极为复杂。在此过程中，库房人员任何一点的疏漏或登记报批不规范都可能造成账物的不一致。同时，很多账物不符的现象都是由于账目统计标准不一致造成的。解决账物不符的问题，是本次清理验收工作的重点，也是最大的难点之一。任何一个问题的解决，都离不开库房人员耐心细致、坚持不懈的查找。其中的工作，既包括对库房内文物的仔细核对，也包括对相关文物、账目单据的追查。有时，还需要库房人员根据有限的线索进行缜密的分析和推论，才能得出准确和令人信服的结论。具体来说，解决了有账无物、有物无账、登记错误、调拨错误四个方面的问题。

第三是完善了文物管理体制。主要是解决个别门类文物交叉管理问题。由于历史上形成的文物分类不完善，故宫个别同一门类的文物分散于不同的科组或部门进行管理，给账、卡、物三核对造成了困难。这一问题的解决仅靠本类库房、本科组甚至本部门的努力，运作起来也很费劲。因此我们确定了由相关部门或科组作为牵头单位，组织跨组、跨部门的力量协同查找，收到了成效。同时，为了完善文物管理体制，由院里统一协调，根据文物藏品的属性，对相关科组和部门文物交叉的问题统一进行了管理归属权的变更。

文物管理处作为全院文物总账的管理者，之前也一直管辖着一些珍宝等门类的文物和资料，账物未能实现分离。此次清理，文物管理处将原来所辖文物和资料，根据文物属性，分别移交给了宫廷部、古器物部、古书画部、古建部，共计131962件，实现了文物、账物的完全分开管理。

第四是彻底清查了全院文物藏品。过去，由于认识的局限性，许多珍贵的宫廷遗物长期被忽略，从未进行过系统点查与整理，或没有真正纳入文物账进行管理。这次把这一类文物和资料全部纳入清理范围，在清理过程中不放过库房的任何死角，逐一进行登记，对以往作为资料或"非文物"的藏品，根据重新鉴定，已有相当数量被提升为文物，统一进入文物管理系统。不仅将过去从未进行过系统整理的藏品，如对13万件清代钱币、22703件清代帝后书画等进行了系统整理；而且对所有资料藏品进行了重新鉴定、研究，完成了共计180122件资料藏品的提升工作。

整理前的武英殿书板

新提升为文物的藏品中，如织绣类文物里有来源于"文革"时期从北京房山上方山、云居寺中收缴的数千件经书的封面，它们绝大多数是纪年准确的明代织物，且品类众多、织工精细、纹样精美、保存完好，这在全国博物馆同类藏品中也十分罕见和难得，对研究明代丝织品具有重要意义。又如888件盔头、鞋靴，过去未当作文物管理，从戏曲演出看，盔头和鞋靴与身上的戏衣一样，都是传统戏装"行头"的有机组成部分，同样具有历史价值，这次列入了文物。还有反映清代官员觐见皇帝制度的近万件红绿头签、反映皇宫警卫制度的上千件腰牌等，也在本次清理中提升为文物。

古籍、古建类藏品首次纳入文物管理序列。古籍类藏品之前虽得到妥善保管，但在保管形式上沿用了图书馆界的做法，未按文物要求

整理后的武英殿书板

管理，也是故宫唯一没有定级的藏品。图书馆将这些古籍、善本、书板按照文物管理要求进行了清点。19个文物库房的564713件文物、38348件资料，共计603061件（册、块、幅、包等）藏品终于全部清点完毕，并按照文物管理要求完成了相应账目的编制和录入工作。这是自1925年故宫博物院图书馆建立以来最全面、最彻底的一次大清点。

古建部的文物库房是在原古建部实物存放地的基础上，于2004年文物建档工作开始后建立的，起初只有一本简单账目，基础工作非常薄弱。通过此次清理，古建部不仅完全按照院里对文物核对工作的要求，完成了古建实物4180件的清理核对，还对所核查文物进行了信息收集，对每一件核查过的藏品都按照要求冠以文物资料号，增写了卡片，形成了一套较为完整翔实的、便于增添和调用的古建文物资料电子账目。

2010年12月28日，"故宫博物院2004—2010年藏品清理工作总结表彰会"隆重召开。历时七年之久的故宫博物院藏品清理工作终于圆满结束了。经过清理，故宫藏品总数达到了1807558件，其中珍贵文物1674490件、一般文物115491件、标本7577件。这是故宫自建院以来在文物藏品数量上第一次有全面、科学的数字。这是故宫向国家、向社会交出的一份合格的财产账，也标志着故宫博物院的藏品管理工作进入一个历史性的新阶段。约500卷的《故宫博物院藏品大

2010 年 12 月 28 日，七年文物清理工作总结表彰大会召开，故宫博物院院领导与获奖人员合影

系》同时开始出版，《故宫博物院文物藏品总目》从2013年1月陆续在故宫网站向社会公布。

故宫博物院文物藏品是个动态的概念，以后还会有所变化，但这次清理是最基本的基础建设。

第六次 2014年至2016年的三年文物清理

2012年10月1日，国务院印发了《关于开展第一次全国可移动文物普查的通知》（国发〔2012〕54号），决定从2012年10月到2016年12月，对我国境内（不含港澳台地区）全部国有单位收藏保管的文物进行全面普查登记。故宫博物院继而开展了第六次文物清理（2014—2016）工作，又称"三年藏品清理"。

虽然第五次藏品清理完成了"账、卡、物"三核对，但仍然有大量的后续工作需要开展，部分藏品需持续和深化清理，如院藏"乾隆御稿"，基本包含了乾隆帝一生的诗文作品，既有御笔稿（朱笔），也有大臣誊写稿（墨笔），仍基本按年编号，尚未按诗文或页数进行仔细整理。又如甲骨，故宫博物院收藏总数初步估计有22463件，占世界现存殷墟甲骨总数的18%，属于世界第三大甲骨收藏单位。目前，仅《甲骨文合集》著录1440片，绝大部分未进行科学化的整理与保护，更遑论对甲骨内容的研究和探讨。

三年藏品清理由"乾隆御稿""明清尺牍""瓷片、窑址标本""旧存瓷器""甲骨""石碑""散置全院各处的文物箱柜架""旧有席、垫、褥等文物资料""清宫老照片""清宫老照片玻璃底片""古建库房整理""石刻构件""原存材料""古建筑及其附属物品登记""部分无收藏价值的藏品报请国家文物局退出藏品序列"等15个工作项目组成。

经过3年努力，与2010年相比，增加藏品55132件。其中增加较多的文物门类包括：新整理的乾隆御稿与尺牍726件，新整理的甲骨类文物16511件，新整理的陶瓷类文物4425件、标本7808件。

七、故宫的非文物处理

故宫本是皇宫，自有其日常生活需要的大量物品，其中有的也为赏赐之用，主要来自贡品。因积累数量颇多，为防止霉变，清廷往往将其折价变卖。如档案记载，雍正十二年（1734），缎库所贮高丽布3万匹发卖，获银22880两。乾隆年间，两次折价出售安南进贡的漆扇；乾隆三十一年（1766），茶库的70余万张高丽纸，以头号纸每张价银4分、二号纸每张3分、三号纸每张2分变价。

故宫博物院成立就接收了这些东西，主要是茶叶、皮货、绸缎、布匹、药材等。据那志良先生回忆，光茶叶就装了7个屋子。

故宫博物院建院初期境况艰难、财政拮据。1926年5月，故宫博物院维持员庄蕴宽就以个人名义向银行借款3万元以作为故宫日常开支，本定于1927年1月到期偿还，但因故宫实在无力还款而延搁下

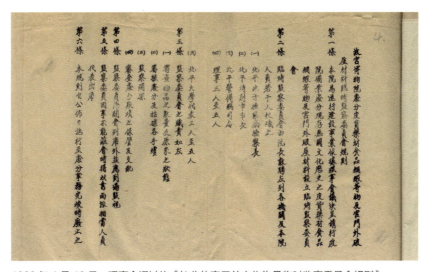

1929 年 4 月 10 日，理事会通过的《处分故宫无关文化物品临时监察委员会规则》

来，直到1936年才由政府解决。维持会时期，就曾决定处理一批与历史文化无关的物品，如金沙、银锭、茶叶、药材、绸缎等，以弥补院内日用开支，但因北洋政府令阻而未能实现。

1931年夏，处理事宜正式开始，其中绸缎、皮货每周公卖一次，而普洱茶、燕窝等物则交出版物发行所代售。至1932年，处理永寿宫金沙、养心殿金叶及部分药材等，处理永寿宫、景仁宫无关文化与历史的金质器皿，共得款487300余元。每次售物所得价款随存银行，开立基金专户，备用于博物院建设事业、宣扬流传事业及一切扩充事业，不得用于办公用费及薪金。每次结束后，都将经过情形缮印成册，刊印了《故宫博物院三次标卖残废金质器皿经过情形》专册，分送有关机关及社会各界，以便公众监督。

非文物处理造成了故宫博物院院长易培基的下台。1932年8月29日，故宫处分金质器皿完事后，有人突向北平政务委员会检举，并控告易培基院长侵占、盗卖古物。10月，监察院监察委员周利生、高鲁奉命来院调查此事，历时两周。1933年1月7日，周利生、高鲁向南京国民政府政务官惩戒委员会提出弹劾易培基出售金器违法。加上文物南迁工作，1933年3月停止每周公卖活动，发行所代售茶叶事照旧进行。易培基院长的罪名，最后则变成了盗窃故宫珍宝。

故宫南迁文物暂存上海时，也曾着手处理南迁文物中的非文物。主要是皮货，共

1931年6月18日，秘书处处分金沙、金叶等物品的通知

有41箱，内有两箱系全装衣片，又两箱系全装皮货及衣片，除衣片外，共计皮货8704件，内除貂尾2917尾外，计皮货5787件。这些皮货，除成衣件之皮外，整只兽皮实占多数，如整貂、整狐等，虽品类相同，而质地优劣不一，经按其品质分等级，将貂皮分为白貂、大毛貂、板貂、次大毛貂、次板貂五级；将狐皮分为白狐、次玄狐、刷狐三级，由驻沪办事处提前点收，并经先后三次聘请南北两地专家鉴定品名、估定价格。故宫博物院理事会多次讨论这一提案，并组织了皮货处分委员会，以马衡院长、李济理事、周诒春理事为委员，请行政院，内政、教育两部派员参加，由常务理事监标。后经调查，当时市情与原标价相差甚远，南北两地专家的估价也差距不小，遂决定暂缓处分，以免损失。

1959年，故宫博物院南京分院处理花盆246箱，应该是南迁非文物的唯一一次正式处理。

故宫非文物的大规模处理是1954年至1959年。

1953年5月，时任文物局局长的郑振铎亲自拟写了《故宫博物院改进计划的专题报告》，说到故宫博物院：

> 在非文物物资中，以皮筒九万九千七百七十一件，瓷器两万九千七百四十三件，绸缎三万三千六百件，杂灯两万八千五百五十六件，丝绦两万六千二百五十件，玉石料一万五千四百八十二件，武器一万一千三百五十九件为大宗。其中有使用价值者，凡五十一万一千二百四十六件。已破烂不堪，无使用价值者，凡两万八千四百四十件。共占用房屋三百三十八间。其他，散置各宫殿廊庑中，尚未整理分类物品，凡三十六万余件，占用房屋一千六百十三间，计占故宫全部建筑百分之四十八。估计此项未清理的物品中可能有一部分是文物。（《郑振铎文博文集》，文物出版社，1998年）

　　1954年，故宫博物院制定了以清理文物、处理非文物、紧缩库房、建立专库为主要内容的《整理历史积压库存物品方案》以及《清理非文物物资暂行办法》，开始了全面整理工作。工作分两个步骤进行。第一步，从1954年至1959年，主要是清理历史积压物品和建立文物库房，成立了处理非文物物资审查小组，政务院批示由中央监察委员会、最高人民检察院、最高人民法院、文化部社会文化事业管理局及故宫博物院组成故宫博物院非文物物资处理委员会，先后共处理各种非文物物资70万件又34万斤。对全院库藏的所有文物，参照1925年的《故宫物品点查报告》和1945年的《留院文物点收清册》，逐宫进行清点、鉴别、分类、挪移并抄制账卡。在整理中，从次品及"废料"中清理出文物2876件，其中一级文物500余件，如商代三羊尊、宋徽宗《听琴图》及一批瓷器等都极为名贵。第二步，从1960年至1965年，按照《以科学整理工作为中心》的规定，对藏品进一步鉴别、划级，建立全院的文物总登记账，并核实各文物专库的分类文物

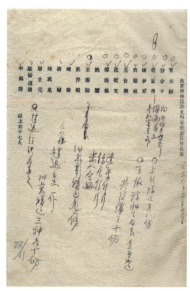

故宫博物院非文物审查委员会名单　　　　到会委员签名簿

登记账。

　　故宫非文物处理是必要的，取得了有目共睹的成绩，但也有遗憾，不少宫廷遗物被当作非文物做了简单处理；例如处理宗教画，拆毁乾隆年制的八旗甲胄卖铜钉、革，清代2万多幅帝后书画作品也没有被当作文物对待。为了适应展览需要，或因其他原因，撤除一些殿堂的原状陈设或改造其内部格局；例如皇极殿、奉先殿的室内原状陈设被撤除并处理给另外的文物单位，乾清宫东西侧的端凝殿、懋勤殿、上书房、南书房等处的室内原状皆被拆除等（朱家溍：《忆单士元兄》，《中国文物报》，1998年7月10日）。

　　这反映了当时的一种文物观念及人们对宫廷遗产价值的看法，应该说是20世纪50年代中国文物博物馆界普遍的认识水平的反映。当然，我们不能苛求于前人。在不断提高认识的基础上，故宫博物院从20世纪80年代后期以来，对所留存的非文物物资和资料进行了认真的清理，原已注销的一些文物又收库保存；21世纪初的文物清理则是在充分认识宫廷历史文物价值的基础上进行的。

1954年11月，故宫拟处理的非文物（木器类）

八、故宫的宫廷历史文物

宫廷是封建社会国家的中枢，是朝廷的中心。故宫因此存有大量宫廷历史遗物，如卤簿仪仗、乐器舞具、宫廷冠服、八旗盔甲、武备器具、宗教文物、戏衣道具、药材药具、家具地毯以及外国文物等，品类繁多。作为宫廷历史文化的见证和载体，它们不仅是研究明清史的重要资料，而且是了解宫廷历史文化的珍贵实物，同样是具有相当价值的文物。

过去，不少宫廷历史文物长期未被视为文物，或仅被列为"文物资料"。例如北京故宫博物院藏有两万多件清代帝后的书画，数千件绘画作品作者包括了顺治、乾隆、嘉庆、道光、光绪、溥仪等皇帝和慈禧、端康、隆裕等后妃，又以乾隆帝、慈禧太后作品为最多，仅乾隆帝的作品就有1600余件。万余件书法作品包括了自顺治帝到宣统帝10位清代皇帝的书迹，乃至慈禧、隆裕太后的墨迹，其中乾隆帝书法多达1万多件。这些都保存得非常完整。但受观念限制，过去未将其视

太和殿前的铜铸品级山

清钦天监官员、比利时传教士南怀仁于康熙八年（1669）制作的铜镀金浑天合七政仪

为文物，甚至未纳入"文物资料"之列，而现在它们的重要史料价值逐步受到关注。书画本身就是艺术品，帝后的审美取向比文人的趣味更能影响当时的文艺潮流。同时，它们又是重要的历史资料，尤其是对皇帝和后妃们艺术、文化、思想的深入研究具有重要的价值。由于这些作者身份的特殊，相关文物社会上流传量小，现在收藏界对此也颇为关注。

宫廷遗存中有的重复品多。一般来说，文物的存量与价值成反比，某类文物的存量越少，其中每件文物的价值就会相对提高。但是，故宫藏品的这个"多"，是就皇宫而言；从全国来说，则还是相当少的。例如，当时有大量八旗盔甲，现在保存很少，人们以为保存大量的重复品对个体的认知并无意义；今天来看，有了大量的重复品，才能体现出八旗的军威和气势。

对宫廷历史文物价值的认识，既是一个文物保护理念问题，也牵涉对故宫价值、故宫博物院性质的认识问题。保存至今的各种宫廷收藏和遗物是故宫的最大特色，也是故宫的特殊价值，而保护好一个完整的故宫则是故宫博物院的使命。

康熙帝写经《药师琉璃光如来本愿功德经》

乾隆帝《仿李迪鸡雏待饲图卷》

    故宫的第五次文物清理就坚持了这一理念，把相当多的宫廷历史遗存提升为文物。如故宫戏曲文物中，戏衣已作为文物保管，但888件盔头、鞋靴却未列入文物；从戏曲演出看，盔头和鞋靴与身上的戏衣一样，都是传统戏装"行头"的有机组成部分，同样具有历史价值，这次便列入了文物。此外还有2万件帝后书画、13万件清代钱币、20余万件武英殿书板、4000件"样式雷"建筑图样及80余具烫样、近万件官员觐见皇帝的红绿头签、上千件腰牌等，也在本次清理中被提升为文物。

九、故宫文物的外拨

中华人民共和国成立后，在国家及有关单位和大批捐献者的支持下，故宫博物院的文物藏品不断得到丰富与完善，但与此同时，故宫大量院藏文物曾被向外调拨。这种调拨是在国家文物主管部门批准协调下进行的，种类多、数量大、持续时间长。所拨出的主要有档案文献、典籍图书以及古代艺术品与宫廷历史文物，其中档案文献820万件，典籍图书数十万册；陶瓷、书画、珐琅、织绣等艺术品，宗教文物及宫廷历史文物共8万多件，总数超过850万件，散存于国内许多档案馆、博物馆、图书馆及其他机构。

明清档案部门的整体划出

清宫的明清档案一直是故宫博物院的重要藏品。中华人民共和国成立后，十分重视明清历史档案，宣布档案为国家财富，实行集中统一管理的原则，又陆续接收和征集散失在有关机关单位及私人手中的400万件（册）明清档案。1955年，故宫博物院的明清档案划归国家档案局，包括清代内阁、军机处、内务府、宗人府、清史馆等处所藏档案文件以及明末档案文件，共计644架1167箱1694麻袋，约430余万件，加上南迁档案2608箱150余万件，共约580余万件。1969年，这些档案又回归故宫博物院管理。过了10年，即到1980年，合计已有820万件的明清档案连同保管的10万册（函）图书资料再一次拨交国家档案局，改称中国第一历史档案馆。北京故宫博物院现仅留有少量清宫档案，以及实录、圣训、本纪、历书、则例、舆图、书板、陈设档案、服饰画样等。故宫博物院曾保存宫中舆图5900多件。随着明清档案的拨交，遂把其中与清宫历史有关的158件保存下来，其他5747件舆图则移交国家档案局。

1955年，故宫博物院档案馆移交国家档案局前，全体工作人员在御花园合影留念

明清档案部门的整体划出，是1949年以后故宫博物院在机构及业务上的最大变化。

典籍图书的外拨

故宫博物院图书馆长期以来是个重要的业务部门。1949年至1953年，在国家支持下，故宫博物院仍然致力于收购清宫流失出去的珍籍，继续充实着故宫的典籍收藏。

20世纪50年代初，故宫已将190部4万余册宫中书籍拨给了中国科学院、北京图书馆、吉林省图书馆、中国人民大学、北京大学及部分省市大学等23个单位。后来，还先后将不少宫廷藏书拨交给一些省、区、市图书馆等单位。

接收故宫外拨书籍最多、质量最好的是北京图书馆，即今天的中国国家图书馆。1955年，故宫将存在柏林寺的完整的18世纪《龙藏》

司马光《资治通鉴》残稿。故宫博物院理事会 1947 年 7 月 18 日决定，以 1 亿 30 万元购买昭仁殿旧藏宋版《资治通鉴》。全书 200 册，又目录 16 册，分装 20 锦套，总计 5706 页。据专门委员审定，为南宋初年刻本，现藏中国国家图书馆。司马光《资治通鉴》残稿共计 465 字，记载了自东晋元帝永昌元年（322）正月王敦作乱起，至同年十二月慕容廆遣子皝入令支而还止，一年间的史实。为今通行本第 92 卷内容，但与之有很多不同经板外拨给北京图书馆，计100架78289块。1982年，这批经板又移交北京市文物局，现由云居寺收藏。1958年9月，故宫拟将藏书中的重复本及与业务无关的书籍约23万余册拨给北京图书馆，并由北京图书馆把其中一部分分配给需要这些书籍的机关、单位。北京图书馆则提出要"天禄琳琅"图书，故宫也答应了。"天禄琳琅"是清宫秘藏善本书中的精华。清室善后委员会当年查昭仁殿存书时发现，属于天禄琳琅藏书者仅得288部，不到《天禄琳琅续编》所著录的一半。原来，逊帝溥仪暂居内廷期间，把其中200余种珍版书偷运出宫外。后来这批书籍散落在东北，1949年以后，逐渐收回，重聚于北京故宫博物院。1959年5月，故宫博物院移交北京图书馆《天禄琳琅书目后编》中的共209种2347册，另拨交非"天禄琳琅"却系宫廷珍本29种509册。

器物的外拨

查阅故宫博物院的文物调出档案，首次调拨文物是1954年。从1954年至1990年的30多年中，除1967年至1970年及1988年、1989年没有拨出外，其余每年都有向外调拨的文物。最后的记载是1990年，给上海中医学院医史博物馆调拨清代青花瓷研钵（故字号）一件，杭州的中国茶叶博物馆瓷器、生活用具8件（故字号）。调出文物最多的一年是1959年，达23955件，1974年也多达11382件；最少的是1987年，给苏州丝绸博物馆调拨清代苏州造织绣材料4件。一些属于借出的清宫文物，以后则改为调拨。截至1990年，故宫博物院调拨出的文物共计84000件另87斤1两，其中有2400多件不属清宫旧藏（1336件为国际礼品）。

故宫器物的拨给单位，包括国内外的博物馆、事业单位、企业、人民团体、科研机构、寺院、学校、国家机关、电影厂等。根据档案记载，其中拨往文物最多的单位是现在的国家博物馆（即原来的中国革命博物馆和中国历史博物馆），多达7970件。1959年中国历史博物馆成立，北京故宫博物院曾把包括虢季子白盘、《乾隆南巡图》等在内的3881件珍贵文物拨了过去。北京故宫博物院拨出文物涉及10个国家及国内

虢季子白盘（中国国家博物馆藏）

27个省、自治区、直辖市和部队单位。其中，国内共82999件另87斤1两，拨往国外文物1001件。故宫外拨藏品的类别有：陶瓷、铜器、玉石器、漆器、珐琅器、织绣、绘画、法书、铭刻、雕塑，以及其他工艺品、文具、生活用具、钟表仪器、宗教文物、武备仪仗、古籍文献、外国文物、其他文物等。

　　故宫博物院外拨的文物，有些是在特殊历史条件下形成的。1973年，故宫大佛堂的2900余件佛教文物迁运河南洛阳，佛像被安置于某寺院，其余文物如两座九级木塔等则为其他文物部门分别占用。大佛堂是故宫西路慈宁宫后殿，明嘉靖十五年（1536）建成，为后妃礼佛之所。该殿面阔七间，进深三间，殿宇宏敞；直至1973年佛堂被拆之前，仍完整地保持着明清皇宫内佛堂的历史原貌。佛堂中有目前国内仅存的整堂元代干漆夹纻十八罗汉像、三世佛像、天王像、韦驮像等23尊，均属一级文物。干漆夹纻像是佛教造像中最珍稀的品类，它靠多层麻布、彩漆成型，重量较轻，造型精美；但因不易保存，存世极少，堪称国宝。根据故宫整体维修的规划，恢复大佛堂是其中的重点项目；而且于明清宫廷藏传佛教研究以及故宫的完整保护，都具有极为重要的意义。多年以来，为实现故宫文物藏品的完整性，故宫博物院与文博界为其归还故宫仍在不懈地努力着。

十、故宫的非清宫文物

故宫博物院的180余万件（套）文物中，以清宫旧藏为主，但仍有25万件（套）非清宫文物，占藏品总数的14%。这部分藏品也很重要，有些还因其数量的巨大或相对集中以及价值的珍贵等，在中国文化艺术史上占有一定的甚至重要的地位。例如：世界现存殷墟甲骨据调查统计共有13万片。故宫所藏甲骨总数，据20世纪70年代清点，粗估有22463片，占世界现存殷墟甲骨总数的18%，仅次于中国国家图书馆（34512片）和我国台湾"中央研究院"历史语言研究所（25836片），属于世界第三大甲骨收藏单位。许多铭文内容十分重要。从殷商世系讲，包括了武丁、武乙、文丁、帝乙、帝辛各期；从占卜内容讲，保留了殷王社会活动和日常生活的诸多方面的史实。经过多年整理研究，60卷册的《故宫博物院藏殷墟甲骨文》将陆续出版。

殷王武丁贞卜妇好　殷王武丁贞卜妇娞患疾刻辞龟甲
分娩刻辞牛骨

故宫藏各类汉地佛教造像3500余件，最为著名的是271件出土于河北曲阳县有明确纪年的白石佛造像。这批造像始自北魏晚期、止于盛唐天宝年间。排列有序的纪年造像为造像研究提供了断代依据；丰富的内容，对研究造像题材发展演变规律，提供了可能；温润洁白的材质，高超的雕刻技艺，特别是镂空雕刻的广泛使用，在中国佛造像中占有重要地位。

出土于清代与民国年间的石刻墓志234方，许多都曾名动一时。这些墓志在时代上从三国直至清代。其中1919年河南洛阳城北马坡村出土的西晋永嘉二年（308）"晋尚书征虏将军幽州刺史城阳简侯石鲜墓志"与"处士石定墓志"同刊同出，殊属难得，为国家一级文物。1919年河南洛阳城北出土的"魏征东大将军大宗正卿洛州刺史乐安王元绪墓志铭"、"魏故卫尉少卿谥镇远将军梁州刺史元演墓志铭"及北魏孝昌二年（526）"魏武卫将军征虏将军怀荒镇大将恒州大中正于景墓志铭"等，书法价值颇高，内容亦为史籍之重要补充。

1987年安徽省含山县发现的凌家滩是一处新石器时代遗址，其所反映的文化内涵晚于同一地域的河姆渡文化而早于良渚文化，被命名为"含山文化"。该遗址出土了197件陶、玉、石器，故宫收藏了104件玉、石器，即出土物的绝大部分与重要文物都进入了故宫。其中的环套合璧、多孔玉璧、双虎首玉璜、最早制成的玉器皿——勺、有着

凌家滩遗址出土的玉龟背甲与腹甲复合器

凌家滩遗址出土的玉刻图长方形片

神秘纹饰的玉板、世不多见的玉龟甲和玉整体直立人等，都引起考古界的高度重视，也反映了含山文化玉器的特性。

明清尺牍43210件，除个别明以前和部分近代尺牍外，明代尺牍1万余件、清代尺牍3万余件。许多尺牍为名人收藏，如张珩收藏的《明代名人墨迹》有60册1180件，陈时利收藏的《秋醒楼集前人尺牍》52册2516件，等等。专题收藏较多也是这批尺牍的特点，如分别以名人、时代、专业或职业、地区学者、品德等分类收藏的，还有一些国外人的尺牍，如《朝鲜名人尺牍册》等，这些尺牍具有文献及书艺的双重价值。

古玺印总计21000余件（套）。这些玺印主要是通过向社会的征集和收藏家的热情捐献而得来。捐献者凡22人。著名收藏家陈汉第的500方古印，1945年就进入故宫收藏。晚清陈介祺金石文物收藏被海内推为第一，其数千方藏印转入故宫。还有吴式芬的"双虞壶斋"藏印、陈宝琛的"澂秋馆"藏印以及徐茂斋、黄濬等人的收藏，经国家文物局收购名家藏印入藏故宫者也不下数千件之多。故宫由此成为全国古印的渊薮。

封泥类文物345件，其中300件属官印，其余属私印。时代为两汉、魏晋、南北朝时期。在玺印学分期断代方面，这正是一个相对独立的时期。这些文物涉及这一时期的王国、侯国等封爵内容，中央多个机构职官，地方行政州、郡、县、乡职官，将军名号与武职属官，国家特设官与颁赐少数民族职官，姓名私印和宗教印等。我国早期玺印以其多个方面作为文物而存在，尤以实物文献、文字体现其珍贵内容，而当实物在历史上遗佚后，封泥就成为极重要的遗蜕实物。故宫所藏封泥的原印多已不存于世，因而这批封泥就相当珍贵。

陶俑4000余件，始自战国，历经秦、汉、魏晋南北朝、隋、唐、五代、宋、元、明、清，逾2000余年而未间断，构成一部完整的古代陶俑发展史。其中汉与唐所占比例较重。众多的考古发掘品价值最引人关注。1951年河南辉县百泉发掘的东汉动物俑、具有典型四川陶俑特征的听琴俑以及有明确出土地点或考古发掘地的隋唐五代陶俑等，都有鲜明的特点。陶俑传世精品也不少。

此外，故宫还收藏240件敦煌吐鲁番文献文物、50尊广东韶关慧能传法之地南华寺的北宋木雕罗汉像、25000件碑帖拓本等。

故宫博物院

　　故宫博物院于1925年10月10日成立，是依托故宫遗产建立起来的。"宫"与"院"的合一，是故宫博物院与生俱来的身份，故宫博物院因此成为一座同时兼具宫廷史迹、古代建筑、古代艺术和清宫藏书档案几大特性的博物馆，是世界上极少数同时具备艺术博物馆、建筑博物馆、历史博物馆、宫廷文化博物馆等特色，且符合国际公认的"原址保护""原状陈列"基本原则的博物院和文化遗产。

　　在今天兴起社会主义文化建设新高潮的伟大实践中，故宫博物院努力探索在保护中利用、在传承中创新、在弘扬中发展的新思路、新举措，为实现中华民族的伟大复兴和中华文化的继往开来做出应有的贡献。

　　故宫博物院有着不同寻常的历史，它曾与五四新文化运动的倡导者在故宫遗产的保护与利用上留下光彩的一页；它曾与中华民族共命运，一起经历了伟大的反法西斯战争的炮火洗礼，今天又是认识中国历史文化的重要场所。故宫不仅与中国博物馆事业有着密切的关系，而且代表着中国当代博物馆发展的水平，是颇具魅力的世界著名的博物馆。

　　正确认识和处理好"宫"与"院"的关系，是故宫博物院发展的关键，这方面的经验教训不少。

一、故宫博物院的划时代意义

庄严的紫禁城变成故宫，是中国近代伟大的民主革命的成果，也是中华民族迈向新时代的开端。

1911年的辛亥革命是中国近代完全意义上的民族民主革命运动。民主共和政体是辛亥革命的最重要成果。此后，末代皇帝仍"暂居宫禁"13年，企图使逊帝溥仪复位的一股逆流汹涌不断。1917年张勋发动政变，溥仪再次登上了乾清宫的宝座。

1924年第二次直奉战争中，直系冯玉祥倒戈；10月24日，他发动了震惊中外的"北京政变"，软禁曹锟，解散国会，成立黄郛摄政内阁。在冯玉祥主导下，摄政内阁于11月4日召开会议，通过《修正清室优待条件》，其中最重要的有两条：第一条"大清宣统帝从即日起永远废除皇帝尊号，与中华民国国民在法律上享有同等一切权利"。第三条"清室应按照原优待条件第三条，即日移出宫禁"。11月5日，溥仪交出"皇帝之宝"和"宣统之宝"两方印玺，表示已交出政权，并在《修正清室优待条件》上签了字，偕同眷属出宫，暂居其生父载沣

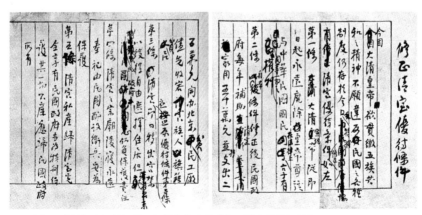

摄政内阁司法总长张耀曾撰拟、经黄郛修改的《修正清室优待条件》

的醇王府。

　　就如何管理故宫及清宫珍藏，在溥仪出宫后3天，摄政内阁令国务院组织"清室善后委员会"，以"会同清室近支人员，协同清理公产私产"；而"所有接收各公产，暂责成该委员会妥慎保管。俟全部结束，即将宫禁一律开放，备充国立图书馆、博物馆等项之用，藉彰文化，而垂永远"。

　　国务院随即聘请李煜瀛为委员长，于故宫神武门内东耳房办公地址设善后委员会筹备处，接收查封宫中各处所贮物品。12月20日，清室善后委员会召开第一次会议，讨论并通过了《点查清宫物件规则》。22日，清室善后委员会举行点查预备会议，并就开放故宫为公共博物馆与图书馆等场所事进行讨论，议决设立国立图书馆、博物馆筹备会，以易培基为主任；设工厂筹备会，以吴敬恒为主任，规划古建筑维护事宜。点查清宫物品，是以宫殿为单位，各宫殿按"千字文"编"字"。点查是从乾清宫开始，乾清宫内物品就皆编为"天"字号。当时，进殿首先看到的是一个二层木踏凳，点查登记的清宫文

故宫博物院成立开幕典礼

物"天字第一、二号"竟然是"二层木踏凳"，三号才是"二层雕花大红木柜"，这成了清宫点查中的一件趣事。

在查点清宫物品的过程中，善后委员会与清室及段祺瑞执政府的反对、抵制、阻挠等活动进行了坚决的斗争，坚持开展工作并为成立博物院做了充分准备。特别是1925年7月在养心殿发现清室密谋复辟的罪证，认为事关国家共和政体的安危，当即抄录致函京师地方检察厅（后转至京师高等检察厅），请其对有关人员分别提出公诉；而在段祺瑞执政府包庇下，最后却不了了之。清室善后委员会鉴于情势之孤危，非亟亟成立博物院，使速成公开之局，无以杜觊觎之心，遂于1925年10月10日，即中华民国的国庆节，正式宣告了故宫博物院的成立。

新生的故宫博物院精心筹划，为参观者开辟了多处专门展览室，首度将清宫所藏历代文物公诸国人。设于坤宁宫北侧的古书画陈列室分书画、铜器、瓷器三馆；设于文渊阁、昭仁殿的图书陈列室展陈《四库全书》及历代善本册籍；设于养心殿、乐寿堂的文献陈列室展陈康熙、乾隆两帝盔甲戎装、乾隆帝鞍马戎装画像、后妃画像、南巡图、大婚图，以及雍正以降诸帝朱批谕旨等文献，金梁等人密谋复辟文献，溥仪与妻妾生活照片，等等。顺贞门内竖起了大幅《故宫略图》，指引参观路线。

故宫博物院在民国的国庆日正式对外开放，京城人士及百姓无不大喜过望。故宫又将10日、11日票价由1元减为5角。据统计，仅这两日参观故宫的游客即达5万余人次。当时报纸对此热烈场面都有生动的记述，如北京城"万人空巷""人们无不向此同一目的涌进故宫，一窥此数千年神秘的蕴藏"等。

故宫博物院的成立体现了建立在自由、平等、民主基础上的文化共享与文化参与。西方博物馆的诞生以文艺复兴、启蒙运动提供的精神养料为其思想前提。皇宫变为博物院，使皇室珍藏社会化，其深层意义是继辛亥革命从政治体制上打倒皇权后，进一步通过改造文化事业，来冲击、打破由"家天下"政治形态所模塑的各种传统观念，反映着新型的国家意识，以及与之相伴生的市民意识，也为宫廷藏品赋予了维系中华民族文化、传续中华文明血脉的新内涵。

故宫博物院成立于五四运动高潮之后，北京大学积极参与，在建院上起了重要作用；其研究所国学门学术研究的新方法和风气，对博物院也产生了积极影响。皇宫变为博物院不只是重大历史变革，还具有用新文化的思想审视、研究传统文化的意义。皇宫紫禁城在转变成为博物馆的同时，也经历了一次文化上的转变，即从皇家文化向博物馆文化的转变。这种文化转变是在中国传统文化向现代文化转型的大背景下发生的。

故宫博物院的成立是中国博物馆事业发展中划时代的大事。建院时制定的《故宫博物院临时组织大纲》及《故宫博物院临时董事会章程》、《故宫博物院临时理事会章程》，直接借鉴西方博物馆管理的经验，运用董事会与理事会的形式，说明中国博物馆自起步就与国际通行做法接轨。南京国民政府颁布的《故宫博物院组织法》是中国历史上第一部有关博物馆的法律，国民政府接着又颁布了《故宫博物院理事会条例》；这两个文件，标志着博物院由草创趋向成熟。故宫博物院的成立，则标志着中国博物馆事业进入一个新阶段，同时促进了中国博物馆学科的形成。正如马衡所说："吾国文化上之建设，图书馆方面规模粗有可观；而博物馆之设施，尚在萌芽。民国以前，无所谓博物馆，自民国二年政府将奉天、热河两行宫古物移运至北京，陈列于武英、文华二殿，设古物陈列所，始具博物馆之雏形。此外大规模之博物馆，尚无闻焉。有之，自故宫博物院始。"

神秘的紫禁城内廷、无与伦比的文物瑰宝、曲折的成立经过、新型的管理体制、法律文件的保障、奋发向上的气象与卓著的工作成就，特别是与近现代中国社会、政治、文化的密切关系，都清楚地向世人宣告了这座博物馆所承载的丰富内涵，也使故宫博物院具有了至今人们仍在探讨的不寻常的意义。

故宫博物院成立后，由于北洋军阀政府的内战及对博物院的干扰，加上经费的困难，举步维艰。1926年"三一八"惨案发生，3月19日段祺瑞执政府忽然以共产党的"罪名"，通缉筹建故宫博物院的组织者李煜瀛、易培基，二人被迫匿居于东交民巷，故宫博物院顿失首领。自此至1928年7月的两年多时间里，故宫博物院处于异常艰难困苦的时期，经过了"维持员"、"保管委员会"、"维持会"和"管理委员会"四次改组，在动荡局势中勉强维持，庄蕴宽、陈垣、江瀚以及俞同奎、马衡、吴瀛等都对保存故宫博物院做出了贡献。南京国民政府成立后，国民革命军第二次北伐成功，1928年7月接管了故宫博物院。从此，故宫博物院走上了稳定发展的重要时期。

二、故宫博物院理事会

1925年故宫博物院成立，与当时国内所有博物馆的管理体制不一样，它采用了欧美博物馆普遍的管理方式，即董事会、理事会的形式。欧美的博物馆，无论是公立还是私立，都有董事会或性质相同的委员会。对公立博物馆来说，董事会是体现博物馆属于"公共财产"的具体象征；对私立博物馆来说，董事会制度是"化私为公"的手段。董事会为博物馆的最高权力机构，博物馆的日常事务是由董事会挑选、任命的馆长全权负责。

北洋政府时期，因故宫博物院成立不久即遭遇厄运，董事会与理事会的作用都没有得到发挥。1928年南京国民政府接管故宫后，继续实行理事会制度，历经八届。第一届理事会长达5年多，基本是易培基院长执政时期。从1934年4月至1949年，为第二届至第八届理事会期间。在这15年间，马衡任院长。1949年1月14日的第八届第二次常务理事会，成为中华民国时期故宫博物院理事会的最后一次会议。

1928年10月8日，中华民国国民政府令，任命李煜瀛、易培基等

27人为故宫博物院理事会理事。

故宫博物院理事会有如下特点：

不断完善的理事会制度提高了决策的水平

故宫理事会的设立与运行，都依据故宫博物院的组织法规（《故宫博物院临时组织大纲》《故宫博物院组织法》《国立北平故宫博物院暂行组织条例》等）及有关理事会规则（《故宫博物院临时董事会章程》《故宫博物院临时理事会章程》《故宫博物院理事会条例》《国立北平故

1928年10月8日，中华民国国民政府令，任命李煜瀛、易培基、蒋中正等27人为故宫博物院理事会理事

宫博物院理事会议事规则草案》等）。南京政府时期，从第二届理事会起，重视理事会制度建设，条例越来越详细，不断得到完善。西迁时期，因战时原因，会议较少，但每次都能研究解决一些具体问题。根据需要也召开临时常务理事会。

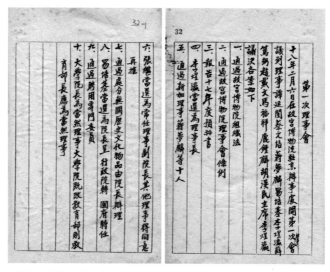

1929年2月7日，故宫理事会第一次会议记录

理事会组成人员坚持了努力保护故宫遗产的精神

绝大多数清室善后委员会委员及监察员参与了故宫博物院的擘画与肇建，在保护故宫生存的斗争中起了力挽狂澜的作用。他们的名字都在尔后的故宫博物院理事会名单中不断出现。直到最后一届理事会，李煜瀛、蒋梦麟、陈垣仍然是理事。他们的连任，以及更多的人加入进来，使典守故宫国宝的精神一脉传承。国民政府1928年10月8日公布的故宫博物院理事会的27位理事，包括了国家首脑及政治、军事、宗教、文化、教育等各方面的最有影响力的风云人物。出现这一绝无仅有的豪华阵容其实有着深刻的时代背景，是特殊历史条件下的产物。1928年8月，蒋介石完成二次北伐，在形式上统一全国。公布的这个理事名单，几乎都是国民政府委员，还有展现共襄盛事景象的少数民族及宗教界代表，甚至前清遗老等。鉴于故宫在皇权时代的独有地位与故宫博物院的巨大影响，作为故宫博物院最高领导机构、决策中心的理事会便成为新的当权者表现新气象的依托，自然有着重要的象征或宣示意义；但也同时说明了故宫博物院在国人心目中的地位。

随着故宫博物院的发展，理事会的组成由显赫名流为主向专门人才倾斜，体现了故宫博物院向纯粹的学术机构发展的趋势。

行政院聘任陈垣为理事的聘书

理事会由行政院直接领导，加强了决策实施的效力

行政院为国民政府最高行政机关。1934年，原为国民政府直接管理的故宫博物院改由行政院所属，故宫理事会就由行政院直接领导。理事会办事处附设于行政院内。理事会的组成、换届及理事的选任皆

行政院关于聘任故宫理事会理事的训令

由行政院决定，以"行政院训令"下达。所遴选的理事都是政府里有重要地位的人物与文化教育界有影响的人士。公布后有的人不愿担任，提出辞职便另行选任。理事长、常务理事长及秘书则由理事推举。理事会议一般都在行政院礼堂举行。理事会记录及附件要检送行政院秘书处，"呈请鉴核"；行政院院长则以"指令"形式函复。

行政院负责人与故宫理事会有着重要关系。从1934年至1948年，大多数行政院院长都曾任过理事会理事。如，孔祥熙从1938年7月至1944年11月任代理理事长、理事长6年，这期间的理事大会、常务理事会议、座谈会，基本都是他亲自主持。这是抗战的关键时期，也是文物西迁保管的重要阶段。理事会直属行政院，有利于故宫文物南迁中许多问题的解决。

马衡院长的充分准备是开好会议的基础

从1934年第二届理事会起，故宫博物院院长在理事会开会时只是列席的角色，但这个会能否开好，院长却是关键。故宫博物院工作现状如何，有什么需要研究和解决的问题，都要院长做好准备，并写成书面材料提前送给各位理事。理事会的决定，又要通过院长去落实。正因为马衡院长是西迁的主持者、落实者，对情况了如指掌，作为理事会的列席人，他才能汇报得清清楚楚，并提出需要解决的实际问题。

故宫博物院采取理事会领导体制，体现了对保护故宫这样一个重要民族文化财产的慎重态度，反映了社会各界共同参与管理"公共财产"

的理念，也是一个大胆的探索。故宫理事会留下的大量文献，比较完整地记录了一系列重大决策的形成过程，反映了故宫博物院的发展演变历史。这个管理体制的结构、运作方式，以及它的发展历史，对今天故宫博物院以及中国博物馆探索新的理事会管理模式都有启发与裨助。

三、故宫文物南迁

文物南迁是故宫博物院的一段峥嵘岁月。1933年至1949年间，为防日寇劫毁，故宫博物院约13000箱文物精品自1933年2月起迁存于上海、南京；1937年11月后又疏散于西南后方；至1947年7月全部东归南京。时延10年，逶迤万里，辗转颠沛，备尝苦辛，这批中华文明的重要瑰宝才得以基本完整保存。

故宫文物南迁准备工作从1932年秋开始，主要是选择精品及装箱。日寇于1933年1月3日攻陷山海关，26日又大举进攻热河，故宫文物遂决定于1月31日南运，但因受到阻挠，2月5日才正式起运。

故宫南迁文物共计19492箱72包8件，其中故宫博物院13427箱又64包，还兼管古物陈列所、颐和园、国子监等文物6065箱8包8件。文物运到上海后全面点查，点查工作分存沪文物和留平文物两部分，对点验过的文物编印成《存沪文物点收清册》。1936年在南京建设朝天宫保存库，建立南京分院。

1937年，日本帝国主义在北平发动"七七"事变，接着又在上海发动"八一三"事变，中日战争全面爆发。根据行政院命令，刚存放在南京库房的南迁文物又被分为三路避敌西迁：南路80箱暂存长沙，又绕道桂林，移至贵州安顺，最后迁四川巴县（今重庆巴南区）；中路9331箱溯长江，经重庆，存于乐山安谷；北路7287箱循津浦又转陇海路，小驻陕西宝鸡，旋越秦岭迁于汉中，又穿古道到成都，终贮峨眉。

抗战胜利，从1946年开始，故宫文物分为两个阶段东归复原：先

行政院关于故宫南迁文物起运的密令

将巴县、乐山、峨眉文物集中于重庆，再分批运回南京。

故宫文物南迁具有保护民族文化命脉的意义，对它的保护是社会各有关方面共同努力的结果。故宫文物南迁，具体的筹划、组织、协调由故宫博物院院长马衡等领导所承担，重大决策由故宫博物院理事会部署，押运及具体管理由故宫同人负责；但是，仅凭故宫上下，要完成如此旷日持久、组织缜密、复杂多变的迁徙行动，显然无法实现；离开了应有的支持和帮助，甚至寸步难行。抗日战争是全民抗战，作为抗日战争组成部分的故宫文物南迁，同样体现了全民抗战的特点。南迁、西迁在整个过程中，得到国民政府以及有关省市政府和铁道、公路等部门的支持；在文物迁移途中与存放地，文物都有军人押送和守卫，起到了安全保障作用；特别是得到文物存藏地民众的大力支持。1946年，为奖励乐山县（今四川乐山市）安谷乡协助故宫存放文物事，故宫博物院呈请国民政府题颁"功侔鲁壁"匾额，分赠安谷乡储存文物各寺庙，以表彰安谷民众。事实上，不仅是安谷民众，在各个文物存放地，广大民众在故宫文物保护中都做出了极大贡献，都是"功侔鲁壁"。

1947年春初，故宫文物东返到重庆后，故宫博物院旅渝同人南泉修禊留影

　　故宫同人在本院已有精神资源的基础上，也形成了具有鲜明特色的故宫精神。故宫精神的核心是视国宝为生命的典守精神，这是从故宫博物院成立以来逐渐树立、在文物南迁中不断强化的观念。这是源于对自己所保护的珍贵文物的重大意义以及自己所担当的神圣责任的深刻认识，是故宫同人的价值取向。正如马衡院长所说："本院西迁以来，对文物安危原无

日本降将根本博在投降书上签字

时不在慎微戒惧、悉力保护之中，诚以此仅存劫后之文献，俱为吾国五千年先民贻留之珍品、历史之渊源，秘籍艺事，莫不尽粹于是，故未止视为方物珍异而已矣。"

1945年10月10日，华北战区受降仪式在庄严的故宫太和殿前举行。第十一战区司令长官孙连仲代表受降方，日军华北方面司令官根本博代表投降方在投降书上签字。是日，10余万人目睹了这一壮观的历史场面。这一天又恰逢故宫博物院建院二十周年纪念日，古老的皇宫、新生的博物院与中华民族的伟大独立解放事业如此休戚与共，大约也是冥冥之中的安排！

四、故宫与中国博物馆事业

很多人感到不解，按照习惯，"故宫博物院"的匾额应挂在南边的午门，为什么却在北边的神武门？其实，故宫博物院从成立那天直到现在，其匾额就一直挂在神武门上。这是因为故宫博物院成立时，进入的通道只有神武门。它的南面即外朝部分，古物陈列所在此已存在了十多年。不仅如此，端门、午门还为历史博物馆所占用。就是说，从端门、午门到故宫的全部，同时有历史博物馆、古物陈列所与故宫博物院三个博物馆。这是20世纪20年代以故宫为中心的古都北京的一个文化奇观。

这三个中国最重要的博物馆，由三个部门管理，故宫博物院是民国政府，古物陈列所是内政部，历史博物馆是教育部。

古物陈列所是民初内务部总长朱启钤一手办起来的。朱氏在北京城市近代化建设上起了极为重要的作用，又拟将奉天（沈阳）故宫、热河（承德）行宫两处所藏文物集中于北京故宫，筹办古物陈列所。此议获袁世凯批准后，从1913年11月到1914年10月，民国政府内务部偕同清室内务府人员，先后赴热河行宫与沈阳故宫，将两处20余万件陈设物品运京，存于太和、中和、保和、武英诸殿。1913年12月24日，内务部同意于京师设立古物陈列所，并公布了《古物陈列所章程》，其设立宗旨是：

> 默察国民崇古之心理，搜集累世尊秘之宝藏，于都市之中辟古物陈列所一区，以为博物院之先导。

1914年10月10日，古物陈列所在武英殿正式开幕。1916年7月，又扩大到文华殿等陈列室，并由美国退还庚子赔款余款内拨银圆20万元，在武英殿西边修建宝蕴楼作为文物库房。

应该明确的是，清代以紫禁城为主体的整个皇家建筑是一个整体，这些建筑物所存藏的文物都与宫廷有关，或是由宫廷直接移送去的。沈阳故宫文物就完全来自北京。例如乾隆四十四年（1779），清宫一次就拨送康、雍、乾年款各色瓷器共10万件。热河行宫亦是如此。这20万件都是清宫文物。古物陈列所因此就成为中国第一个以帝王宫苑和皇室珍藏辟设的博物馆，这也是近代民主革命的重要成果。尤其是在1914年至1924年的10年间，在逊帝溥仪仍居后宫，封建复辟阴影几度笼罩下，有论者认为，古物陈列所犹如一面共和大旗，在封建堡垒的中心猎猎飘扬；古物陈列所代表了我国20世纪20年代博物馆的水平，也受到观众欢迎。1925年故宫博物院成立前，人们说到的"去故宫"，就是看古物陈列所。毛泽东主席曾向美国记者埃德加·斯诺谈到他当年"在公园里，在故宫的庭院里"看到了"北方的早春"；这个故宫，当然是紫禁城前朝的古物陈列所。

但是，古物陈列所的不足是明显的。"陈列所"的定位使它在发挥博物馆功能上存在欠缺，如鲁迅批评其展品陈列"殆如骨董店耳"，也有人指出它"纷若列市，器少说明，不适学术之研究"的不足。特别是北洋政府曾以各种名义多次提取古物陈列所文物作为馈赠品，例如"乾隆款冬青釉中碗"一件，估价仅1角钱。当然，这种状况

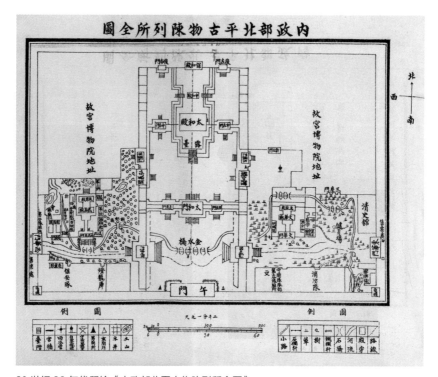

20世纪30年代所绘《内政部北平古物陈列所全图》

后来得到了纠正。1926年又设立鉴定委员会，分书画、金石、陶瓷、杂品四组，从社会上聘请了一批专家分组鉴定。业务建设也得到了发展。应该说，古物陈列所的工作对故宫博物院也起了一定的借鉴作用。

故宫的前朝与内廷是一个不可分割的整体，故宫文物的文化精神也是相互关联的。从博物院成立一直到抗战胜利后，为争取故宫的完整性保管，故宫博物院做了不懈的努力。1930年，国立北平故宫博物院理事会以理事蒋中正领衔，12位理事签名，向国民政府呈送了"完整故宫保管"计划：

伏求准请国府令行内政部，即将故宫外廷保管之权转移故宫博物院，使故宫博物院之牌额得悬张于中华门外，则观听正而处置为博物院之形式，亦可整个计划完全实现。

11月，此计划获政府核准：

故宫博物院门额不必悬中华门，馀照通过，由行政院备案。

同意自中华门以内均划归故宫博物院管辖，据此故宫收回太庙、堂子，也办理了古物陈列所归并故宫博物院之事宜。其后因战争原因，合并古物陈列所工作中断，完整故宫保管计划在当时也并未完全落实。

抗日战争胜利后"完整故宫保管"的意愿才终于真正实现。1946年12月3日，行政院决议，故宫博物院改隶行政院，古物陈列所归并故宫博物院，古物陈列所留存北平文物（88202件）及所辖房屋馆舍，拨交故宫博物院。1948年3月1日，古物陈列所正式并入故宫博物院。故宫前朝与内廷合一，格局乃臻完整。"故宫博物院"的匾额曾短暂地悬挂在午门中间的门洞上。

但严格来说，故宫院区还没有实现完全的统一，因为午门尚为历史博物馆所占。历史博物馆是今天中国国家博物馆的前身。

1912年7月，由教育部总长蔡元培主持，在国子监旧址设立了国立历史博物馆筹备处。这是中华民国成立后的第一个博物馆。1917年，教育部决定该馆筹备处迁往故宫午门。1918年，将端门、午门略加修葺，实行迁移。午门城楼及两翼亭楼作为陈列室，门下东西两朝房作为办公室，两廊朝房作为储藏室，端门楼上储粗重物品。这个时候，就发生了轰动一时的出卖明清档案的"八千麻袋事件"。

故宫博物院成立的第二年即1926年，已筹备达13年之久的历史博物馆正式对社会开放。1948年后，它先后更名为"北平历史博物馆""国立历史博物馆""国立北京历史博物馆""北京历史博物馆"。博物馆仍在老地方。

还要说明的是，1950年国立革命博物馆筹备处在北京正式成立，后更名为中央革命博物馆筹备处，迁至故宫西华门宝蕴楼办公，是为中国革命博物馆的前身。2003年，中国历史博物馆与中国革命博物馆合并成立中国国家博物馆。可见国家博物馆与故宫的渊源。

1950年4月1日，又一个国家级博物馆——中央自然博物馆筹备处成立，裴文中任主任，在故宫文华殿办公。1955年10月7日，中央自然博物馆筹备处与水利部、黄河水利委员会联合举办的"治理黄河展览会"在故宫博物院开幕。中央自然博物馆后改名北京自然博物馆，1959年10月1日新馆建成开放。

中国国际友谊博物馆1981年筹建，其藏品来自故宫博物院，故宫文华殿为其办公用地和文物库房，1983年在故宫钟粹宫和景阳宫举办了第一次展览。

古老的故宫，见证了并伴随着中国博物馆事业不断发展！

五、"废除故宫博物院"的提案

故宫博物院是依托故宫遗产建立起来的。在故宫与故宫博物院的关系中，故宫处于主导的、决定性的地位。回顾故宫博物院97年的历史，有许多经验，也有不少教训。这些经验教训归纳到一点，就是要处理好"宫"与"院"的关系。故宫遗产保护与故宫博物院的发展是相互依存、相互促进的关系。

在故宫博物院97年的历程中，凡是对故宫遗产价值认识发生偏颇之时，故宫博物院的发展就会遇到麻烦、受到挫折，例如20世纪20年代末经亨颐提出的废除故宫博物院、拍卖故宫文物事件，50年代末北京市对故宫进行"革命性改造"的方案；同样，如果对故宫博物院性质的认识有了偏差，故宫保护也会出现重大失误，如"艺术性博物馆"的定位，就影响到了故宫文物的收藏重点以及对宫廷历史文物的正确认识。

庆幸的是，几代人的探索和追求，使人们清醒地认识到了这一点。故宫是中国与世界的伟大遗产，多年来，故宫人不断加深着对它的价值与意义的认识。这个认识，体现在故宫博物院的发展视野、指导思想，反映在一件件的具体举措中。故宫博物院正是通过各项工作，使故宫文化进一步走向大众、走向世界，更好地彰显故宫价值。这就是互相依存、互相促进。

从1925年故宫博物院成立到20世纪50年代末，在故宫与故宫博物院关系上，出现过三次大的争论或倾向性的问题。

第一次是围绕经亨颐"废除故宫博物院，分别拍卖或移置故宫一切物品"议案的争论。

民国十七年（1928）六月，北伐成功，南京国民政府派员接收了故宫博物院。故宫同人没有想到，在危难中挣扎过来的故宫又到了生死存废的紧急关头。此时，国府委员经亨颐乃有"废除故宫博物院，分别拍卖或移置故宫一切物品"的提案。6月29日，国民政府开会讨论

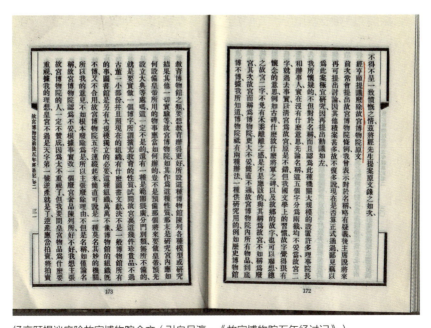

经亨颐提议废除故宫博物院全文（引自吴瀛：《故宫博物院五年经过记》）

并通过了经亨颐的此项提案，并提请中央政治会议再行复议。故宫博物院同人得知这个消息后，非常震惊和气愤，决定分头筹划对策。

北平方面，由代表易培基接收故宫博物院的马衡等五人于7月8日拟写了传单，将故宫博物院创建经过、建院的必要性及经亨颐提案之不当等情况陈述于国人面前，并于7月9日借招待蒋介石、冯玉祥、阎锡山、李宗仁、邵力子、李济深、吴敬恒、张群等军政要人来院参观的机会，将传单发给他们，博取其同情，争取其支持。传单中说：

> 故宫文物为我国数千年历史所遗，万不能与逆产等量齐观。万一所议实行，则我国数千年文物，不散于军阀横恣之手，而丧于我国民政府光复故物之后，不幸使反动分子、清室余孽、当时横加非议者，今乃振振有词；同人等声誉辛苦，固不足惜，我国民政府其何以自解于天下后世？拟请讯电主持，保全故宫博物院原案，不胜万幸！

在南京的张继则以"大学院古物保存委员会主席"的名义向中央政治会议呈文。

经亨颐的提案有五项理由，其中之一：设故宫博物院，就要"研究宫内应如何设备皇帝所用的物事应当如何办的，岂不是预备将来哪个要做皇帝，预先设立大典等处吗"？之二："皇宫物品为什么要重视？据我的理想，皇宫不过是天字第一号逆产就是了。逆产应当拍卖，将拍卖大宗款项，可以在首都造一所中央博物馆。"经氏的根本错误是视故宫为前清逆产，是逆产就要拍卖处理；同时他对博物馆性质与作用的认识也是偏颇的。

对经氏的第一项理由，张继驳斥："是说诚荒唐之尤者。研究以前的历史，是完全学术之供应，而非为实行彼时之现象。""如医生研究病状，是为得治病之方法，而绝不是预备患此病也。""故宫博物院亦何不可作此观察？参观者见宫墙高且多，无异囹圄，见宫中生活之黑暗，一无乐趣，或可兴起其薄视天子重视平民之念乎？"对"逆产应当拍卖"之说，张继反驳："逆产应否全数拍卖，已成问题。法国大革命，其雄伟之风，激昂之气，迈越往古，为后来各国革命者之先导。然方其拍卖法王室之产业也，亦有'与历史有关之建筑物物品等除外'之令。且故宫已收归国有，已成国产，更何逆产之足言？故宫建筑之宏大，藏品之雄富，世界有数之博物院也，保护故宫，系为世界文化史上尽力。"呈文对故宫博物院"大可列入世界博物院之数"的崇高地位所做的充分肯定，对故宫价值，特别是"世界价值"所做的深刻论述，振聋发聩。

后经中央政治会议及中常委先后议决，经氏提案被否决，维持原案，公布了《故宫博物院组织法》。命悬一线的故宫博物院得以保存了下来。

故宫博物院的成立，使清宫旧藏的身份、性质发生了根本变化，它们已成为人民共享的文化财产。但故宫又曾是封建皇宫，在许多反对封建、推翻帝制的革命者头脑中，总有一个阴影挥之不去：如此看重故宫对不对？保护故宫与反封建宗旨是否相一致？经亨颐是位民主革命者、著名的教育家。他对故宫博物院及清宫旧藏的认识是片面的，这既有以推翻帝制为职志的一些革命者的感情因素，同时也是对故宫及故宫文物所承载的多重政治文化内涵解读的差异所致。应该看到，维护故宫博物院、认识故宫文物价值的是多数，但持有经亨颐态度的人在当时也不是个别。如思想一向并不激烈的吕思勉，也曾在此前不久提出过"毁清宫迁重器"的看法，直指清宫的存在引起遗老怀念故君之思，他提出的解决办法也是将宫内文物"迁之武昌，建馆贮之，光复之业，子孙不忘"。（吕思勉：《毁清宫迁重器议》，《吕思勉诗文丛稿》下册，上海古籍出版社，2011年）

蒋介石1929年7月27日曾参观故宫，在日记中也留下颇为不佳的印象：

下午，到清宫参观几遍，只感宫殿生活为一变相之牢狱，其腐败、污秽、杂乱，不堪名状。观其历代帝王之像，以顺治为首，次则乾隆，其余无足观者也，只可作为遗迹而已。

6月28日：

游观雍和宫，污秽之处也，其拉马堪布之污浊，亦令人欲呕。

对封建帝制的残余物（紫禁城及其他皇家建筑和古物），当时人的心理是十分复杂的。

六、"艺术性博物院"的定位

第二次是"艺术性博物院"定性的影响。

故宫博物院的定性、定位很重要，它决定着故宫的文物收藏、陈列展览、学术研究以及整个工作的重点。1953年5月，文化部文物局与故宫博物院共同研究，拟订改进计划，提出故宫博物院的性质是："文化、艺术、历史性的综合博物院，而以艺术品的陈列为其中心。这是和克里姆林宫及冬宫博物馆的性质有些相同的。"1953年12月21日，文化部第三十七次部长办公会议讨论了《故宫博物院整顿改革方案》，提出故宫博物院的陈列方针，首先应以能充分表现中国历代艺术为主，同时注意现代的少数民族艺术品陈列，设立国际礼品馆，可先举办国际礼品展览。1954年4月14日，故宫博物院试行《故宫博物院整顿改革方案》，确定故宫为"艺术性博物馆"，要在普及与提高相结合、以普及为主的方针下，首先进行中国艺术品陈列：既要组织好古代文物艺术品的陈列，也要做好宫廷史迹的陈列，在陈列展览工作中要不断提高思想性、艺术性和科学性。（国家文物局编：《中华人民共和国文物博物馆事业纪事1949—1999》，文物出版社，2002年9月）

故宫是艺术性博物院的定性，直接影响到故宫文物的收藏。故宫的文物藏品分为两大部分，一部分为传统的古物珍玩，如铜瓷书画、各种工艺品等，另一部分是与典章制度、衣食住行等有关的物品。为了充实故宫院藏，中央政府高度重视，社会各界也积极支持。20世纪50年代至70年代，故宫接收政府部门和各地博物馆拨交的文物约16万件（套），其中有许多是流失出去的原清宫旧藏，特别是一批书画名迹。这一时期，故宫又从社会上收购了大批书画珍品，接受了社会捐赠的大量珍贵文物。这些古代书画及工艺品的充实，为故宫博物院的

文化部整改方案的讨论意见（引自《故宫博物院九十年》，故宫出版社，2018年）

发展打下了良好基础。同时，故宫也先后把大量宫廷藏品及珍贵文物调拨给不少博物馆、图书馆及其他机构。

但是，对博物院定位及文物认识的偏颇，也给故宫文物管理的完整性带来了消极影响，这主要反映在两个方面：

其一，在文物与非文物认识上的偏颇，以非文物名义处理的许多物品今天看来仍具有相当价值。20世纪50年代中后期，故宫博物院进行的清理文物、处理非文物、紧缩库房、建立专库的工作，成绩很大，使清宫堆积如山的物品得到认真清理，藏品中玉石不分、真赝杂处的状况得到彻底改变；但其中也有教训，即所处理的非文物中，有些仍有独特价值。

其二，对艺术类文物与非艺术类文物认识的偏颇，把大量认为不符合艺术性要求的文物划拨了出去。故宫从艺术博物院要求来对待和处理文物藏品，这突出反映在明清档案和图书典籍两个方面。今天看，这些文物其实都是清宫历史文化的重要组成部分，都与"艺术性"文物有着密切联系。例如明清档案，它规范整肃的外形、精美的装潢、优质的纸墨等，反映了当时的文书制度和文化用品的工艺水平。特别是各种字体有很高的艺术水平和鉴赏价值，不仅其本身有着很高的艺术性，而且有着重要的价值，其中的内务府档案，对研究清宫历史文化更有特殊意义。

故宫是艺术性博物院的定性，给故宫古建筑保护也带来一定影响。

对故宫的价值，毛泽东主席有着深刻的认识。1949年1月16日，他在给平津前线总前委林彪等的电报中，专门就保护北平文化古迹问题做出指示：

> 力求避免破坏故宫、大学及其他著名而有重大价值的文化古迹。

中华人民共和国成立以来，国家对故宫古建筑的保护十分重视。20世纪50年代初，故宫博物院组建了专业施工队伍，制定了修缮保护方针。人民政府逐年增加维修保护经费，除对古建筑实施正常保养之外，还完成了一大批重点修缮工程，使古建筑的整体状况大为改善。故宫古建筑的三大灾害是雷灾、火灾与震灾。1957年，故宫开始在高大建筑上安装避雷针。1972年，国家拨款重点解决故宫的热力供应问题。1974年4月29日，国务院批准《故宫博物院五年古建筑修缮规划》，项目的实施收到了明显的效果。1977年引进热力工程系统，故宫从此结束用煤取暖，保障了古建筑的防火安全。1976年唐山地震，北京震感强烈，故宫部分古建筑受损，遂引起对防震的高度重视，积极研究应对措施。

但在重视古建筑保护的同时，由于认识上的一些偏颇，又使故宫古建筑的真实性、完整性受到影响；特别是极左思潮的干扰，甚至使故宫管理一度面临危机，这主要反映在三个方面：

其一，对古建筑的人为的不恰当处理改变影响了故宫的真实性。故宫一些古建筑的格局、装饰和建筑材料，甚至构造，由于种种原因改变了原状。例如，钦安殿前原有抱厦被拆除；熙和门、协和门的东西庑房和坤宁门东板房原后檐柱不知何时、何故被撤去，威胁到了建筑安全；乾清宫东西庑房的支摘窗改为现代玻璃窗；故宫一些室外青砖地面改为水泥砖地面等。还有一些改变是为了陈列展览的需要。1914年古物陈列所成立，武英殿、文华殿内部就改建成适合展览的场所。后来，为了扩大展室面积，保和殿东西庑房的外廊被取消。1966年11月，为了展出著名的泥塑"收租院"，"工"字形的奉先殿被改建成了方形大殿，拆除了奉先殿前的"焚帛炉"。1972年，慈宁宫大佛堂近3000件文物被运往洛阳，宫内的整个结构、设施被拆除一空。

其二，新增建筑物破坏了故宫的整体风貌和格局。1974年，以故宫生活用房的名义添建了高度超过16米的5栋楼房，俗称"屏风楼"。因建楼的需要，还拆除了西华门两侧城墙的马道，对古建筑造成了破坏。更严重的是，"屏风楼"位于故宫博物院内，但从风格和内涵上与故宫博物院古建筑极不协调，严重破坏了故宫的整体风貌和格局。

其三，一些古建筑的拆除给故宫完整性带来了不可挽回的损失。主要有三次：一是新中国成立初期，二是在1958年"大跃进"中，三是在"文革"初期，后两次都是受极左思潮的严重影响。例如在"大跃进"和人民公社化的1958年，故宫博物院做出了"清除糟粕建筑物计划"，将绛雪轩罩棚、养性斋罩棚、集卉亭、鹿囿、建福门等一批不能体现"人民性"的"糟粕"建筑清理拆除，造成了难以弥补的损失。

七、对故宫"革命性改造"之议

第三次是对故宫进行"革命性改造"方案的处理。

因受时代背景以及政治文化等因素影响，对故宫价值的认识在中华人民共和国成立初期也曾出现过反复。20世纪50年代末，受极左思潮的干扰，故宫古建筑保护及博物院发展曾一度面临严峻的危机。

1958年7月，故宫博物院下放北京市文化局领导。这一年10月13日，根据中共北京市委主要领导和市委要求故宫博物院在国庆十周年前完成大革命的指示，北京市文化局党组提出了一个对故宫"进行革命性改造"的报告。报告对故宫的现状和问题进行了分析，认为：

> 过去由于清规戒律的限制，不准动原状，不准用灯光，各次陈列迁就主要宫殿，分散零乱，多而不精，参观极不便利。而且对封建落后的陈迹不能大力铲除，保留得过多。房屋及环境的清除整理，阻力更大，至今未能摆脱残败零乱的现状。库房虽然积极清除了一百多万件非文物，但尚远不彻底。

故宫太和殿内所悬"建极绥猷"匾

　　因此，需要"坚决克服'地广物稀，封建落后'的现状，根本改变故宫博物院的面貌"。报告随后提出两个改革方案，第一个方案："是将紫禁城内前后两部分划分为二，后半部从乾清门后由故宫博物院办陈列，前半部分交园林局建设成为公园。这样博物院的陈列成一线，可以大大精干，在紫禁城东西后部开辟两个便门后，故宫可以四通八达，参观便利。"第二个方案："是按第一方案多保留从太和门起三大殿及两庑中间主要宫殿，此外交园林局管理。"

　　1959年7月22日的中宣部部长办公会议否定了北京市文化局的故宫改革方案。中宣部部长陆定一在会上说："故宫改革方案文件的精神要整个考虑一下。……我们就是要保留一些封建皇帝的东西。不然的话不能古为今用。新中国成立后几年以来，人们对故宫的兴趣越来越少，恐怕是因为故宫改得多了，应该再恢复一些。""什么是精华？什么是糟粕？文件中的提法值得考虑，我看冷宫应算精华，而不是糟粕。""我们对故宫应采取谨慎的方针,原状不应该轻易动,改了的还应恢复一部分。""故宫的性质,主要应该表现宫廷生活,附带可搞些古代文化艺术的陈列,以保持宫廷史迹。""讲解说明要实事求是地讲清这些史迹即可,少说一些标语口号。""关于故宫藏品的清理,不要忙于进行,外面向故宫来要东西的先压一压,不必有求必应,大量外调。仓库不够可另搞一些,仓库要现代化,以免藏品受损失。关于房子改造问题,小房、小墙可以拆一些,但要谨慎。马路可以宽一些,这是为了消防的需要,不是为了机动车进去。故宫就是要封建落后,古色古香。……搞故宫的目的就是为了保留一个落后的地方,对观众进行教育,这就是古为今用,这点不适用于其他各方面的工作。""故宫的方针,第一条是保持宫廷史迹,使人能详细地、具体地了解宫廷生活;第二条才是古代文化艺术的陈列。"陆定一的指示相当重要,特别是在当时"左"倾思潮泛滥的情况下,他的话不啻当头棒喝,对故宫保护起到了力挽狂澜的作用。故宫避免了一场灾

太和殿侧影

难。此后还出现过类似的改造故宫的设想，也都没有产生多大影响。

这一指示也使故宫博物院领导解除了疑虑。故宫也曾受到极左思潮、"大跃进"的干扰，但许多故宫人对故宫进行"大革命"的主张还是觉得思想认识跟不上。按照中宣部的指示精神，故宫博物院重新明确了关于故宫的方针任务：

> 故宫博物院的任务是，要尽可能地保持清代宫廷原状与历史遗迹联系清史进行陈列，让人们可以从这里得到一种形象的历史知识与政治教育，因此宫廷史迹是故宫博物院的主要内容之一。……紫禁城范围内的建筑必须加以保护，保持古建筑的原有面貌。修缮以复原为原则，保持原有风格。对与建筑整体无关之后添的附加建筑物，如小墙小屋等，必要拆除时，也须采取慎重的态度。建筑周围的空隙地点除清除积土、平整地面等工作外，要在保持古典的、民族形式的，并与宫殿建筑相协调的原则下，

乐寿堂是珍宝馆重器陈列之所，也是观众最多的地方之一

进行园林风景的点缀，成为观众的休息场所。

故宫博物院的这一方案无疑是正确的，也是故宫多年保护实践的总结，从中也可见故宫人在完整故宫保护中的探索和坚守。

八、宫与院：保护与利用

故宫是个古遗址，是古代皇宫建筑群，是国家5A级旅游景区，又是一个博物院。宫、院结合的好处在于：一是使一个完整的明清皇宫以博物院的形式保存了下来，是"原址保护""原状陈列"；二是故宫许多宫殿、佛堂都有原来陈设的物品，甚至一直未动过，使宫殿、文物保留了更多的历史文化信息，宫殿与文物是一个不可分割的文化体，这才是完整的故宫价值，这也是为什么故宫文物不能简单地划拨

清晨等候进入故宫的观众

出去的原因；三是一些殿堂作为展厅，与古物展览相得益彰。

　　但是，宫、院之间的矛盾又很突出，主要是故宫安全的刚性保护要求与日益增长的观众数量、日益完善的观众服务标准的矛盾：一是故宫巨大的观众量引起人们的担忧，这一矛盾在2010年前后特别突出。例如，2002年游客700余万，2011年1400余万，2012年达到1600余万，对故宫保护、游客安全及参观质量带来很大影响。日益完善的服务标准和现代化设施正挑战着故宫保护标准和安全要求。二是古代宫殿建筑格局与现代化博物馆陈列展示要求之间的差距。展览空间不敷使用，现代化展示手段受到限制等。

　　宫、院的这种关系，也可以理解为保护与利用的关系，或者说是故宫古建筑保护与博物馆建设的关系。宫、院结合的故宫博物院，既不能因为要确保故宫的安全而关门大吉，把观众拒之门外；也不能完全照搬一般旅游景点的服务标准而漠视对故宫真实性、完整性的保护要求。妥善处理二者关系，兼顾故宫的有效保护与适度利用，寻求两者的最佳结合点，在保护中实现彰显价值、发挥作用的使命，促进故宫保护与故宫博物院建设协调可持续发展。

　　过去多年采取的解决办法主要有：一是加强基础设施建设，新建故宫综合业务基地和文物科技保护中心，筹建新的展厅。二是在有效保护的前提下最大限度地满足公众的参观要求。最为各界关心，甚至

故宫，永远的人流

也引起世界遗产组织密切关注的是故宫游客量问题。故宫博物院经过科学论证，把每天的游客量限制在8万，并且开发了电子票务系统，进而升级开发为更全面的游客管理系统，以平衡观众流量。三是努力建设数字故宫，特别是数字新媒体技术的广泛运用，还建立了端门数字展馆，收到很好的效果。

这说明，宫、院之间，在一些具体问题上尽管有矛盾，甚至是比较尖锐的冲突，但这些问题都是可以解决的。通过多年不断努力，采取多种办法，这些问题已经或正在得到妥善解决。而宫殿建筑利用得好，更能显示其特有的优势。

九、一个故宫，两个博物院

1948年9月以后，国内政治军事形势变化很快。中国人民解放军发动的辽沈战役行将解放东北全境，平津战役与淮海战役正在准备进行之中。平津被围，徐蚌紧急，南京岌岌可危，南京国民政府准备逃往台湾。11月10日，行政院院长兼故宫博物院理事长翁文灏邀集常务理事朱家骅、王世杰、傅斯年、李济及故宫博物院徐森玉等，以谈话会的方式密议，商定选择故宫精品，以600箱为范围先运台湾，而以参加伦敦艺展的80箱为主。

在会上，朱家骅以教育部部长的身份提出"国立中央图书馆"的善本书、傅斯年以"中央研究院"历史语言研究所所长的身份提出该所收藏的考古文物亦应随同

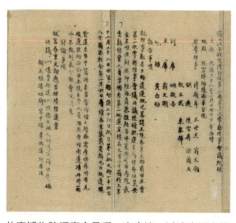
故宫博物院理事会最后一次会议，讨论南迁文物运台

迁台。迁运的筹划工作由理事会秘书杭立武（时任教育部政务次长）负责。后"中央博物院"筹备处亦决定选择精品120箱，会同故宫文物运台。接着，故宫博物院与"中央博物院"筹备处理事会合议决定，第一批文物运台之后，应尽交通工具之可能，将两院其余藏品，一并运往台湾。

1948年底与1949年初，约占故宫南迁文物总数1/4的2972箱分3批从南京运往台湾，开始贮存于台中糖厂。1950年，在台中县雾峰乡北沟觅地修建库房，并搬运文物入库。1957年，北沟陈列室开放。1965年，在台北近郊外双溪建立台北故宫博物院，从此形成一个故宫，两个故宫博物院的局面。

1965年8月，台湾当局行政机构公布《"国立"故宫博物院管理委员会临时组织规程》，以"整理、保管、展出故宫博物院及'中央博物院'筹备处所藏之历代古物及艺术品，并加强对中国古代文化艺术之研究"为其设置宗旨。临时组织规程规定："'国立'故宫博物

故宫博物院迁台同人于台中糖厂仓库合影。前排左起：申若侠、吴凤培、庄严、刘奉璋、王世华；后排左起：吴玉璋、黄居祥、牛仁堂、那志良、梁廷炜、王振楷

院管理委员会隶属'行政院'";"原隶属'教育部'之'国立中央博物院'筹备处在台人员,暂列入本会编制,俟大陆'光复'时,应连同所保管该筹备处之古物一并归还原建制"。博物院内部的组织,是由院长一人总理院务,副院长一至二人,襄助院长处理院务。设有古物组、书画组、总务处、出版室、秘书室、安全室、会计室、人事室等8个部门。规程还强调:"博物院得聘请专家五至七人为研究员,三至五人为副研究员。并得设研究发展委员会。"《"国立"故宫博物院管理委员会临时组织规程》后又经多次修订。

台北故宫博物院的陈列展览在不断发展之中。1965年对外开放之初,仅有16间陈列室和8处画廊,展出文物1573件;现在经过几次扩建,陈列室已增加至34间,展出的文物达4000余件。目前展览大楼的3个楼面的常设展陈列室共16间,展览的类别则包括:一楼的商周青铜礼器、历代佛像雕塑艺术;二楼的汉至五代陶器、宋元明清瓷器;三楼的中国历代玉器、明清雕刻、珍玩多宝格等。书画在二、三楼的8间书画陈列室展出。另外,有不定期推出的各项特展,以进入21世纪以来为例,如"千禧宋代文物大展"(2000年)、"大汗的世纪:蒙元时代的多元文化与艺术"(2001年)、"乾隆皇帝的文化大业"(2002年)、"大观:北宋书画、北宋汝窑、北宋图书特展"(2006年)、"雍正:清世宗文物大展"(2009年)、"文艺绍兴:南宋艺术与文化"(2010年)、"山水合璧:黄公望富春山居图特展"(2011年)、"康熙大帝与太阳王路易十四特展"(2011年)、"十全乾隆——清高宗的艺术品位"(2013年)等。台北故宫博物院1999年从大陆引进"三星堆传奇——华夏古文明的探索"展览,此后又举办了"天可汗的世界——唐代文物大展"(陕西文物,2001年)、"汉代文物大展"(主要为马王堆汉墓与南越王墓的文物)、"赫赫宗周——西周文化"(陕西文物,2012年)、"商王武丁与后妇好——殷商盛世文化艺术"(部分文物来自中国社会科学院考古研究所与河南省博物院,2012年)等展览。台北故宫博物院多年来又引进

台北故宫博物院外景

了一系列西方的绘画与雕塑等展览。在此期间，台北故宫博物院文物也多次到国外展出：1961年到1962年赴美国巡回展览，1996年赴美四大城市巡展，1998年赴巴黎大皇宫博物馆展出，1999年赴中美洲展览，2003年赴德国展出等。

台北故宫博物院在文物保护、学术研究、教育推广与艺文体验、数字化与资讯科技等方面都下了很大功夫，取得了重要成果。

十、两岸故宫博物院文物藏品概况

两岸两个故宫博物院都有丰富的文物藏品。当然，北京故宫博物院在数量和种类上更多。

截至2010年底，北京故宫博物院文物总数为1807558件（套），其中珍贵文物1684490件、一般文物115491件、标本7577件。其中约155万件（套）是清宫旧藏和遗存，占藏品总数的86％，其余约25万件（套）为建院以来的新收藏，占藏品总数的14％。北京故宫博物

129

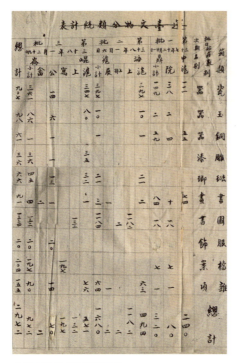

《故宫运台文物统计表》

院文物藏品品类丰富、体系完备，依据不同质地、形式和管理的需要，分为陶瓷、绘画、法书、碑帖、青铜、玉石、珍宝、漆器、珐琅、雕塑、铭刻、家具、古籍善本、文房用具、帝后玺册、钟表仪器、武备仪仗、宗教文物等，共25大类，又可分为243个细类，反映了宫廷文物遗存的丰富多彩。

截至2014年，台北故宫博物院典藏文物共计696344件（册），可分为基本文物典藏与到台后新增加的文物两大部分。其中，故宫博物院运台文物597556件，数量尤巨，约占台北故宫博物院现有文物总数的86%，并且无比珍贵，使台北故宫博物院成为清宫旧藏的另一个重要庋藏地。现在台北故宫博物院的文物藏品，还包括原"中央博物院"筹备处迁台文物，其主要来源于古物陈列所，因此也基本属于清宫文物。具体来说，有铜器2631件、瓷器18391件、玉器9768件、文具1664件、漆器561件、珐琅1030件、雕刻309件、杂器10056件、丝绣232件、折扇1599件、名画3888件、法书1139件、碑帖307件、善本书籍147909件（册）、清宫档案文献386573件、满蒙藏文献书籍11499册。

两岸故宫博物院的文物藏品，各有特点。

书画收藏

台北故宫博物院现藏书画总计1万余件。据资料介绍，运台的故宫书画共5760件，除去墨拓、缂丝及成扇外，总数为4650件。经审查，精品1471件，其中法书237件，名画1234件。"国宝"与"重要文物"者，逾2000件。北京故宫博物院有书画147700件，约占世界公立博物馆所藏中国古代书画的1/4，其中约1/3具有较高的学术价值和欣赏价值。文物南迁时，当时故宫的书画精品几乎都运到了台湾，但溥仪此前偷运出宫的1000多幅书画瑰宝，其中不少后来又回到紫禁城。北京故宫博物院通过持续征集，已成为海内外宋画收藏最多的博物馆。据浙江大学编印的《宋画全集》，其中北京故宫博物院卷收录254件、台北故宫博物院卷收录224件。元以前书画总收藏，在数量上北京故宫博物院低于台北故宫博物院。但相对严格的鉴定工作，使得北京故宫博物院早期（元以前）书画中，很少有早期和晚期（明清）之争。就宋代绘画而言，台北故宫博物院的山水画珍品多于北京故宫博物院，但北京故宫博物院的人物画珍品则占有重要地位。北京故宫博物院绘画藏品种类较全面，除卷轴画外，还藏有版画、年画、清宫油画、玻璃画、屏风画、帖落等，这些是台北故宫博物院所缺乏和不足的。2万余件的清代帝后书画是北京故宫博物院颇具特色的一项收藏。此外，北京故宫博物院还有10件唐宋壁画、7件唐五代敦煌纸绢画、1铺元代大幅壁画等。北京故宫博物院庋藏的明清大幅宫廷书画也是台北故宫博物院所缺少的，因为这些在文物南迁时有一定运输难度。

青铜器

北京故宫博物院藏历代铜器15000余件，其中先秦青铜器约1万件，有铭文的1600余件，这三个数量均占中外传世与出土数量总和的1/10以上，北京故宫博物院是国内外收藏中国青铜数量最多的博物馆。另外，有历代货币1万余枚、铜镜4000面、印押1万余件，以及清

131

宫原存从康熙至光绪各朝未曾流通的钱币13万余枚。总体数量恢宏庞大、品类具备。台北故宫博物院收藏有5615件青铜器，先秦有铭文的约500件。两岸故宫博物院青铜器都以传世品为主，台北故宫博物院藏品的总量和精品数量都较少，但毛公鼎、散氏盘、宗周钟等重器则十分有名。

陶瓷器

北京故宫博物院有37万件，如果再加上暂存南京博物院的10万件清代御窑瓷器，北京故宫博物院的藏瓷总数超过47万件。台北故宫博物院收藏瓷器25422件。两个故宫合计藏瓷近50万件，是世界公私收藏单位中存藏中国古代瓷器最大的个体。两个故宫博物院瓷器的最显著特点在于它们都是对清代皇宫旧藏的继承。台北故宫博物院在宋代五大名窑（汝、官、哥、定、钧）瓷器、明代官窑瓷器以及清代康、雍、乾官窑瓷器尤其是珐琅彩瓷器收藏方面，均占有一定优势。例如著名的清代康、雍、乾三朝珐琅彩瓷器，原清宫旧藏418件，现北京故宫博物院仅收藏58件，另外300余件绝大多数都收藏在台北故宫博物院。但北京故宫博物院的收藏数量是台北故宫博物院无法比拟的，特别是在新石器时代彩陶、三国两晋南北朝隋唐五代瓷器、清代嘉庆至宣统官窑瓷器、历代民窑瓷器以及古陶瓷窑址标本、实物资料收藏方面，北京故宫博物院均占有明显优势。北京故宫博物院在历代官窑瓷器收藏方面，无论数量还是质量，也都相当可观，不容忽视。在古陶瓷收藏方面，两岸故宫博物院各有千秋。

工艺类藏品

北京故宫博物院藏有玉器3万余件，数量上多于台北故宫博物院的13400件，而且又征集了考古发掘出土的珍贵玉器数百件，其中安徽凌家滩遗址与六安杨公乡战国墓出土的一些玉器，为世所罕见，目前仅北京故宫博物院有收藏。另外，北京故宫博物院的"大禹治水"玉山，重逾万斤；还有重量数千斤的几件玉山，是台北故宫博物院所不能及的。漆器、珐琅、玻璃、金银器、竹木牙角雕刻，以及笔墨纸砚等"杂项"，台北故宫博物院总计不到8000件，北京故宫博物院则有10万余件。漆器总体上台北故宫博物院精品较少；金属珐琅器，两岸所藏特点相近，但北京故宫博物院的一些大型金属珐琅制品则是台北故宫博物院所没有的；从台北故宫博物院出版的有关如意、文玩等出版物所选文物看，其工艺水平明显逊于北京故宫博物院藏品。另外，北京故宫博物院还藏盆景1442件，匏器590件，而台北故宫博物院几乎无此收藏。

宫廷类文物

北京故宫博物院具有极大优势，从代表皇权的典制文物到皇家日常生活用品文物，无所不藏。例如清代玉玺"二十五宝"、卤簿仪仗等为台北故宫博物院所无，帝后冠服也最为齐全；反映清代科技发展水平以及中外文化交流的天文仪器、钟表亦为北京故宫博物院特藏。清代皇帝稽古右文，重视文玩鉴赏，其鉴赏所用的印章，绝大部分藏在北京故宫博物院。清代皇家信仰多种宗教，以本民族传统的萨满教、道教与藏传佛教为主。北京故宫博物院收藏有大量萨满教与藏传佛教的法器、祭器、造像、唐卡等，还完整地保存了宫廷中一些藏传佛教及道教殿堂的原状。

图书典籍

台北故宫博物院所藏版本时代早（宋、元、明版较多）、卷帙完整、书品好者居多，如文渊阁《四库全书》、摛藻堂《四库全书荟要》、《宛委别藏》及部分"天禄琳琅"藏书等，多是独有的巨帙或孤善之品，相当珍贵。北京故宫博物院所存数量不多的宋元版书多已拨交国家图书馆，但现存的明清抄、刻本，品种、数量众多，包括内府修书各馆在编纂过程中产生的稿本，呈请皇帝御览、待刻之书的定

郑欣淼：《天府永藏》，紫禁城出 　郑欣淼：《天府永藏》，台北艺术
版社，2008 年 　家出版社，2009 年

本，从未发刻的清代满、蒙、汉文典籍，为便于皇帝阅览或携带而重
抄的各式书册，以及为宫内外殿堂陈设而特制的各种赏玩性书册。此
外，还有翰林学士、词臣自撰的未刊行书籍，各地藏书家进呈之书；
一大批宫中戏本和档案；帝后服饰和器物小样、"样式雷"建筑图
样、舆图等特藏文献；等等，以上共约44万册（件）。清内府书板材
质讲究、雕刻精美，具有重要的文献与文物价值，现北京故宫博物院
尚保存237924块。

档案文献

台北故宫博物院有38万多件，占到其文物总数的一半以上。北京故
宫博物院的档案划归到国家档案局，专门成立了中国第一历史档案馆，
现收藏明清档案已达1000多万件，故宫仅有《陈设档》等少数存藏。

由于多种原因，许多人对北京故宫博物院文物藏品的状况不很清
楚，有人以为好东西都到了台湾，有的甚至说："台北有文物没有故
宫，北京有故宫没有文物。"这显然是误解。当然，文物自有其本身

的艺术价值和历史价值，是不可以互相替代的。两岸故宫博物院的收藏本来就是一个整体，有着很强的互补性，只有从整体上来看待，才能全面地认识中华文化的源远流长和丰富多彩。

运往台湾的文物都来自南迁文物，这些文物与北平本院就有着联系，加之第三批原计划运送1700箱，由于舱位有限以及军舰停留时间短等原因，只运走972箱，剩下的728箱又运回到库房。在看到两岸故宫博物院文物藏品的不同时，还应注意到它们之间的联系。

乾隆时期敕编的文渊阁《四库全书》从大陆带到台湾，而用来存放《四库全书》的文渊阁至今矗立在紫禁城，当年珍藏《四库全书》的柜子也在北京故宫博物院。2009年10月台北故宫博物院举办的"雍正大展"，展览以雍正帝的一颗玉玺"为君难"为主题，而这颗玉玺就在北京故宫博物院。因此，策展小组向北京故宫博物院提出借展品以充实展览内容。藏文泥金写本《甘珠尔》共两套，康熙时期的一套在台北故宫博物院，按《秘殿珠林初编》中的命名称为《龙藏经》；乾隆时期的108函，台北故宫博物院藏36函，北京故宫博物院

养心殿三希堂

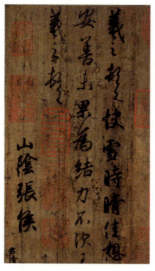
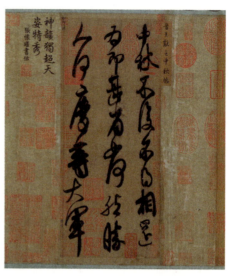

晋王羲之《快雪时晴帖》（台北
故宫博物院藏）

晋王献之《中秋帖》（北京故宫博物院藏）

藏72函；台北故宫博物院要出版康熙时期的《龙藏经》，但因为相隔
340年之久，其中一函无法揭开，便请北京故宫博物院的《甘珠尔》
协助，解决了问题，并以送两部《龙藏经》作为交换。许多互有关联
的书画分藏两岸故宫博物院，甚至台北故宫博物院有些文物如唐代怀

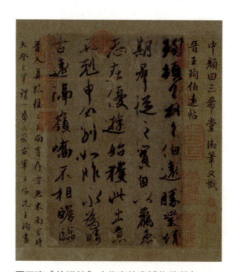

晋王珣《伯远帖》（北京故宫博物院藏）

素《自叙帖》等精美的原包装
盒还留在北京故宫博物院，珠
椟相分，令人感慨。被乾隆帝
并称为"三希帖"的王羲之的
《快雪时晴帖》藏于台北故宫博
物院，而王献之的《中秋帖》、
王珣的《伯远帖》则存于北京故
宫博物院。

两岸故宫博物院藏品的共
同特点，决定了加强合作研究
的重要性。例如，两岸故宫博

物院青铜器因系出一源，故时代序列完整和器类齐全且多传世品是其收藏的共同特色，有不少成组的器物分藏于两岸故宫博物院，如清代晚期山东益都县苏埠屯出土的亚丑组器，台北故宫博物院收藏鼎六件、簋两件、尊五件、角一件、觚两件、觯一件、卣两件、方彝一件；北京故宫博物院则收藏鼎三件、簋一件、尊一件、觚一件、斝一件、卣一件、罍一件。成周王铃是一对仅存的西周早期有铭文的青铜乐器，传世仅两件，一件阳文的藏于北京故宫博物院，另一件阴文的藏于台北故宫博物院。西周中期的追簋两岸合藏其三。西周晚期的长铭颂组器，北京故宫博物院藏颂鼎一、颂簋一、史颂簋一；台北故宫博物院藏颂鼎一、颂壶一、史颂簋一。春秋晚期的能原镈存世两件，两岸故宫博物院各藏其一，这是一组用越国文字记事的青铜乐器。越国文字多将越王名等短铭记于兵器上，释读十分困难，是目前金文研究中尚未取得彻底解决的课题之一。这两件镈铭中台北故宫博物院的一枚存60字，北京故宫博物院的一枚存48字，由于长铭便于从上下文推知文意，故两铭等于为我们提供了可能解读全部越国文字的钥匙。宋徽宗倡新乐，制作大晟编钟，流传至今者成为研究音乐史、考察宋代雅乐的珍贵标本，该编钟北京故宫博物院现藏6枚，台北故宫博物院藏2枚。

两岸故宫博物院藏品中都有大量记录族名的青铜器，其中有几件族名器被考证为记录重要古国名的铭文，如北京故宫博物院有记录孤竹国和无终国国名的铜器等，台北故宫博物院也存有许多族名铜器。族名金文的释读和研究是一个十分困难的课题，迄今尚未得到很好的解决。两岸故宫博物院这批资料的充分利用，无疑会促进这一课题的研究。

第一编

故宫事

珍藏着180余万件文物瑰宝、依托已有600年历史的古老皇宫、最多一天中外游客曾超过18万人次的故宫博物院，自然每天都发生着无数的事。

故宫博物院的首要任务是全面、完整地保护故宫遗产；作为博物馆，故宫要努力办好陈列展览，为观众展现故宫的精华和价值；作为学术机构，学术研究是故宫博物院发展与故宫保护生生不息的内在力量；开放合作既是永葆故宫活力的保证，也是向世界弘扬中华优秀传统文化的需要。

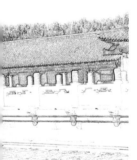

故宫遗产的全面保护

故宫古建筑及文物藏品是物质文化遗产，是故宫博物院赖以存在的基础；故宫博物院作为故宫遗产的守护者与传承者，其首要任务就是保护好故宫（紫禁城），保持它的完整性与真实性，使其延年益寿，永世长存。

进入21世纪后，随着对故宫整体保护认识的加深，故宫博物院先后立项了两项重大工程：一是2002年正式启动、历时18年的"故宫整体修缮保护工程"；二是2013年启动、历时8年的"平安故宫"工程。"平安故宫"工程是一个宏观的保护工程体系，旨在进一步解决故宫存在的火灾隐患、盗窃隐患、震灾隐患、藏品自然损坏隐患、文物库房隐患、基础设施隐患、观众安全隐患等重大安全问题，同时明确了北院区建设、地库改造工程、基础设施改造工程、世界文化遗产监测项目、故宫安全防范新系统、院藏文物防震项目、院藏文物抢救性科技修复保护等7个子项目。这两大工程的实施，为故宫保护与博物院发展做出了积极贡献。

一、故宫修缮

故宫建筑的土木结构特点，决定了对其需要经常不断地进行维修和保养,从而避免和减少古建筑的损坏,防止出现大面积的损毁。故宫建成已600年,其中绝大多数建筑物经历数百年,短的也有百余年。故宫至今巍然屹立,壮丽雄伟,保持着原来的格局和风貌,坚持不懈地维修起了重要的保证作用。

清内务府的营造司,掌宫廷缮修工程事务。各宫殿、园庭除重大工程会同工部办理外,寻常装修工程都由营造司承办,分别定保固年限。紫禁城沟渠每年二月淘挖一次;城上之草,每年三伏及十月各拔除一次。每年照例兴修的工程为"岁修",按工程繁简,分为大修、小修。其工费各有定额,如有增加,须先奏准。如有节省或缓修,要照数归款。所报如查有浮冒之处,驳回更正,如仍不能核实造报,则将该官员奏请议处。

中华人民共和国成立以来,故宫博物院在20世纪50年代初组建了专业的施工队伍,制定了修缮保护方针。人民政府逐年增加维修保护经费,除对古建筑实施正常保养之外,还完成了一大批重点修缮工

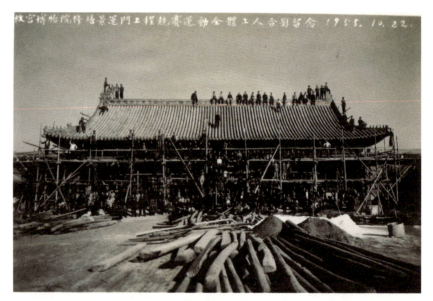

1955年10月22日,参加修缮景运门竞赛运动的全体工人合影

程，使古建筑的整体状况大为改善。故宫古建筑的三大灾害是雷灾、火灾与震灾。1957年，故宫开始在高大建筑上安装避雷针。1972年，国家拨款重点解决故宫的热力供应问题。1974年4月29日，国务院批准《故宫博物院五年古建筑修缮规划》，项目的实施收到了明显的效果。1977年引进热力工程系统，故宫从此结束用煤取暖，保障了古建的防火安全。1976年唐山地震，北京震感强烈，故宫部分古建受损，遂引起对防震的高度重视，积极研究应对措施。

故宫博物院向来有"十年一大修，一修要十年"的说法。这是古建筑保护最基本的、经常性的工作。从1925年博物院成立后，除1927年因博物院自身处境艰难未安排项目，1970年仅有零星工程外，其余每年都有维修项目，即使在抗日战争时的沦陷期间维修工程也未停过。从1949年至2001年，故宫的各种维修项目达600余项；同时坚持了严格的修缮制度，保证了修缮的质量，对故宫的完整保护起了重要作用。但是，从清末直至20世纪末，由于社会的动荡或经济条件的限制，从总体上看，故宫没有得到足够的维护机会，很多问题积累了下来，有些是非常严重的，其中最主要的是自然力造成的影响。

例如，西华门内原内务府和造办处的一批房屋在20世纪初期倒塌，慈宁宫、寿康宫、英华殿等建筑群整体均年久待修。有一些大木结构材料存在严重隐患。外表完整的钦安殿、武英殿、熙和门、太和殿都在检修中发现部分承重梁、柱严重糟朽。建筑外表面材料、艺术品损坏普遍：约8万平方米石质材料和总长约6500米石栏杆普遍风化或严重风化，局部污染。故宫屋顶琉璃瓦和琉璃装饰构件自身的破碎和脱釉现象非常普遍，造成瓦强度降低，污染变黑，古建筑屋顶色彩和光泽改变。具有鲜明历史价值的外檐彩画老化严重，有的甚至百年未修，完全破损。地面、墙体的砖普遍风化。抹灰层少量空臌脱落。红涂料色调不一。古建筑的内装修基本未维修，老化破损严重，大部分亟待抢救。

2001年11月19日，国务院副总理李岚清视察故宫博物院并主持会

维修中的太和殿

议，研究故宫古建维修和文物保护问题，对"努力做好故宫古建筑的维修保护"、"做好故宫古建筑和文物的合理利用"以及"加强故宫古建筑和文物的科学管理"提出了具体要求。

21世纪之初，国务院做出了故宫修缮的重大决策。这是100年来故宫规模最大的一次维修，被世人称为"百年大修"。

故宫维修原则深受中国营造学社影响，并随时代变化和文物保护理念提升而发展。这就是"不改变文物原状"，就是最少干预、尽最大可能保存原构件，亦即尽可能多地保留原有建筑历史信息，保持文物的真实性和完整性，以达到"祛病延年"的目的；对故宫来说，不仅仅是古建筑本体，故宫的人文历史环境也应该得到保护，即它所具有的、在全人类视域下突出普遍的价值要得到完整的保护。

这次保护维修坚持"完整保护，整体维修"的原则。故宫博物院制定的《故宫保护整体规划大纲》由国务院授权国家文物局做了批复。贯穿"规划"的原则是保护和保存文物及其环境的真实性、完整性，实现文物价值的延续。明确了展现庄严、肃穆、辉煌的风貌，充分展示历史文化价值与内涵的目标。在确定的故宫保护对策中，把通过合理利用促进古建筑保护列为一项，认为科学地拓展开放有利于古建筑的保护，从根据古建筑相对价值划定的类别及其可辟为展室的几种形式出发，把古建筑保护工程与为将来使用配置的有关设施建设结合在一起。以上这些提法的形成是故宫博物院成立以来故宫保护经验教训的总结，在故宫修缮中发挥着重要的指导性作用。

延续18年的维修计划分为两个阶段：从2002年到2008年，把中轴线及其以外的主要建筑修复好；从2009年到2020年紫禁城建成600周年时，全面完成古建筑内外环境整治和整体保护工作，实现制度化、规范化、数字化的维护管理，进入良性循环。

《中华人民共和国文物保护法》规定不可移动文物保护的总原则是"不改变文物原状"。故宫修缮过程中，与文物"原状"关系最大的是木结构材料、琉璃瓦与建筑彩画三个方面；故宫对此都进行了认真的探索与实践，较好地解决了碰到的问题，积累了经验。

在木构件的保护上，遵循最少干预和减少扰动的工作原则，根据木构件的不同病害，有针对性地采取不同的方法进行维修和保护，主要有加固（木材加固、铁活加固）、局部剔补、拼接及木构件的更换等方法。

故宫古建筑屋顶覆盖的琉璃瓦和琉璃构件是宫殿建筑的主要特征。故宫维修对实施揭瓦的屋顶琉璃装饰构件，采取清洗、黏结及必要时对严重风化部位修补、封护的办法，尽最大可能地让构件回到原来的位置上。

对琉璃瓦在揭取过程中逐块编号，要先了解每一块瓦的保存状况，再决定或复位或更换。对外檐彩画的保护处理，是根据价值评估和保存状况，进行具体研究。新复原的彩画，一般不"做旧"。故宫彩画维修都是由故宫古建部进行设计，专业彩画工人施工，完全使用传统工艺和技术。

此外，故宫一些古建筑的格局、装修和建筑材料，甚至构造，由于种种原因改变了原状。这次维修中，为了保存古建筑的原状，经过勘察、调研和认真论证，加以修复。

太和殿维修无疑是最引人关注的工程。故宫于2004年5月开始着手对太和殿进行详细的勘测和反复的调查研究，历时16个月完成工程方案设计，分别对具体维修项目和外檐彩画复原做出了详尽的设计图和说明。在施工过程中，贯彻尽可能少干预的思想，尽可能多地保存原材料。在维修屋顶时对约10万块琉璃瓦和构件全部编号，拆卸后逐块甄别，凡是不破碎的均力争把它们安装回原来的位置。故宫古建修缮中心在每一工序前都对原状进行数据测量，如每坡瓦的垄数、每垄瓦的块数、坡长、屋顶各面的坡度曲线等，保证屋顶恢复健康后与原屋顶具有同样的外观。太和殿的外檐旧彩画是20世纪50年代末的作品，当时并没有完全尊重历史原状。这次按照太和殿内檐彩画（康、乾时期）复制外檐彩画。复制按照传统工艺技术操作，彩画色彩丰富，龙纹饱满，与维修后的整个太和殿一体，展现了恢宏富贵的皇家气势。

故宫古建筑的重要地位以及故宫的大规模维修实践，都为古代官式建筑营造技艺传承提供了一个难得的机遇。故宫努力通过大修工

2007年9月5日上午，太和殿正脊合龙，宝匣被郑重放回正脊正中的"龙门"位置。图为郑欣淼在安放仪式上宣读《太和殿修缮工程纪事》，宣读完毕后该纪事被一并放入宝匣

程，挽救一些濒临灭绝的传统工艺，培养更多的能工巧匠，使各个传统的工种都有一些接班人，实现长远地保护故宫历史真实性的目标。

故宫十分重视古建筑维修中的科研工作，积极引入现代科技。2005年3月，故宫成立古建筑科技保护工作小组，负责故宫古建筑及其修缮工程中科技保护项目、古建筑环境监测以及涉及新材料、新工艺的试验和使用工作。2007年4月，故宫又成立了古建筑研究中心。2008年7月，"官式古建筑营造技艺"被国务院列入第二批"国家级非物质文化遗产"。2014年8月，成立明清官式建筑保护研究国家文物局重点科研基地及故宫研究院古建筑研究所。

作为百年大修收官之作的养心殿工程，鉴于其地位重要、影响巨大以及文物建筑复杂的特点，故宫特确定其为"研究性保护项目"，即突出维修工程中的科学性，加强学术研究，力求维修的每一个步骤、每一个方面都能有科学的依据，都是扎实可行的。《养心殿研究性保护项目课题》共设置了35个分课题，涉及与养心殿工程有关的清宫历史文化、文物陈设、文物保护（包括防震）、古建筑技艺以及工程管理等，基本上包括了维修工程的各个方面。据我统计，参与的有器物部、宫廷部、文保科技部、古建部、修缮技艺部、研究室、科研处等7个部门，参加课题的研究人员共234人次，其中10人及10人以上参加的课题即达10个，最多的一个课题有14人，这充分反映了筹划者的用心、周到。这一课题的设计，是从维修工程实际需要提出的，也提供了故宫保护工作与故宫学术研究相互结合的一个范例。过去故宫维修也有类似做法，但像养心殿项目这样涉及学科门类之广、动员力

养心殿修缮首现彩绘宝匣，经修复保护完工时"归安"。图为养心殿宝匣及其中"镇物"（修复后）

量之多、组织规模之大，还是第一次，因此也具有开创性意义。

故宫从大修开始，就系统地开展了整理紫禁城古建筑保护历史文献的工作。《明代宫廷建筑大事史料长编》已出版从洪武到天顺等朝3部12册，《清代宫廷建筑大事史料长编》的顺治和康熙两朝也即将付梓。

《故宫古建筑保护工程实录》的出版具有标志性意义。根据故宫维修的整体安排，需要及时地整理、编写并出版维修工程报告，收录有关维修的信息资料和相关的档案文献，为故宫以后的维修保护以及研究工作留下完整的资料。故宫博物院决定编写《故宫古建筑保护工程实录》大型丛书，《武英殿（一）（2011年）》就是百年大修的第一份科学报告。工程报告会进一步推进故宫古建筑保护工作的科学化和规范化，进一步促进故宫古建筑的保护研究工作，也为故宫学研究提供了第一手资料。《钦安殿（2013年）》、《慈宁宫花园（2015年）》也已陆续出版。目前正在进行编辑整理的有《武英殿（二）》《太和殿》《神武门》《太和门东、西庑》《宝蕴楼》《毓庆宫》等。

21世纪初期，同时开始的北京故宫博物院、天坛和颐和园三处世界遗产地的修复工程引起国际社会的关注，也引起一些疑虑。2007年5月，中国国家文物局、国际文化财产保护与修复研究中心、国际古迹遗址理事会和联合国教科文组织世界遗产中心在北京联合举办了"东亚地区文物建筑保护理念与实践国际研讨会"。与会专家通过对故宫等三处世界遗产地维修工程的考察，进行了热烈的讨论，澄清了事实。会议做出的《关于北京世界遗产地保护与修复的评价与建议》（即《北京文件》附件），不仅统一了国际社会对故宫等三处世界遗产维修状况的认识，而且在此基础上产生了更为重要的成果，即《北京文件——关于东亚地区文物建筑保护与修复》。这个文件所强调与阐述的原则与精神，不仅有助于故宫等世界遗产地的进一步保护，而且为地区合作奠定了基础，从而得以更好地制定针对东亚地区其他古迹遗址保护与管理的理论和实践指导原则。

从2002年10月17日武英殿试点工程开工、拉开故宫百年大修序幕以来，这项工程成为一个不断接力的过程。单霁翔2012年初继任故宫博物院院长。此前，他作为国家文物局局长，一直担任文化部故宫维修工程领导小组副组长。故宫的维修从一开始，他就是指导者、参与者。这些年来，以"把一个壮美的紫禁城完整地交给下一个600年"为理念，故宫维修保护事业全面推进。如今，故宫在王旭东院长领导下，把紫禁城600年作为一个新的起点，在古建筑保护和博物院发展上迈出了更加坚实的步伐。总之，经过18年、3任院长的持续努力，基本完成了故宫的修缮任务，达到了预期目标。

二、实现故宫完整格局的努力

民国初年，古物陈列所在故宫的"前朝"部分即三大殿一带建立。1925年10月，故宫博物院成立，但只占有故宫的后廷部分，而非整个故宫，所以李煜瀛理事长书写的"故宫博物院"石匾只得安装于神武门。在故宫各项工作逐步走上正轨、博物馆事业蓬勃发展之际，如何整体地保管故宫，就成为一个十分紧迫的问题。

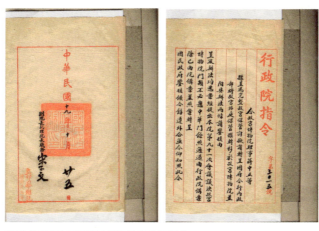

关于"完整故宫保管计划"的行政院指令

　　1930年，国立北平故宫博物院理事会以理事蒋中正领衔，12位理事签名，向行政院呈送了一份"完整故宫保管"的提案，提出将故宫的"前朝"划归故宫博物院管理等。行政院很快批准了《完整故宫保管》提案，同意将设在紫禁城外朝的古物陈列所与故宫博物院合并，将中华门（即大清门，在天安门外，今已拆除）以内至保和殿直至景山，以及大高玄殿、太庙、皇史宬、堂子等处一并归入故宫博物院，一同保管。后因形势的变化，合并事宜暂时搁置，完整故宫保管的意愿在抗日战争胜利后终于真正实现。

　　"完整故宫"，即故宫的完整性，包括故宫古建筑的完整性与故宫文物藏品的完整性。这一"完整"概念的形成，基于故宫同人对故宫价值的深刻认识。故宫的空间是完整的，它不能只有后廷而没有前朝，也不能只有孤立的一个故宫而没有与其关系极为密切的其他一些皇家建筑物；故宫的文物也是一体的，需要完整地保护。这种完整性是由其价值的整体性所决定的。因此，争取故宫的完整并不是出于扩大自身地盘的狭隘意识，而是故宫价值自身的要求。"完整故宫"体现了故宫人守护民族文化遗产的责任感，也成了故宫保护工作的一个理念。

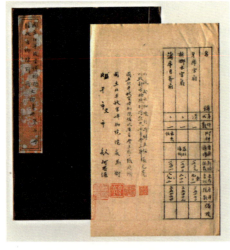

故宫博物院接收古物陈列所文物清册

　　"完整故宫"的理念，必然要求全面恢复故宫建筑的整体格局和历史原貌。由于历史原因，故宫博物院院内外的一些文物建筑被外部单位长期占用，有的长达数十年，严重影响了故宫的完整性；有些建筑未得到有效保护，状况很差，有的已成危房。故宫是世界遗产，这种状况不能再继续下去了。

可贵的是，对收回这些文物建筑，不仅故宫院内，而且在社会上形成了共识。从20世纪90年代以来，院内外坚持不懈，经多方努力，克服困难，取得显著成效。其中大高玄殿的收回很有代表性。

大高玄殿（俗称大高殿）建于明代嘉靖二十一年（1542），为我国唯一的皇帝进行"玄修"的大型道观。这座道馆位于西城区景山前街，占地13000平方米，总建筑面积5302平方米。清代因避康熙帝玄烨之讳，改称大高元殿。大高玄殿与故宫宫廷建筑为一整体，且布局严整，建筑保存明代特征。1996年被列为全国重点文保单位。1950年，大高玄殿借给某单位使用，后拖延不还，形成历史问题。大高玄殿是文物价值极高的古代建筑，但由于使用单位长期把它作为宿舍、仓库、车库和伙房使用，且有多处临时建筑，不仅对古建筑造成破坏，还存在严重的安全隐患。20世纪90年代以来，大高玄殿问题引起各界人士包括人大代表、政协委员以及专家学者、普通民众的关心，他们以保护文化遗产为己任，不遗余力地呼吁，向有关部门反映这个

2015年4月2日，故宫举办大高玄殿修缮工程开工仪式

问题，提出解决建议。党中央、国务院也十分重视，有关领导就大高玄殿回收以及故宫完整保护问题做出重要批示，协调解决具体问题。2010年7月11日，大高玄殿在被借用60年后正式回归故宫。

陆续收回的还有端门及清稽查内务府御史衙门。

端门位于天安门与午门之间，形制与天安门相同。端门内两庑为连檐通脊的长房，各42楹，为六部九卿朝房及六科公署，现建筑完好。1917年划归历史博物馆。国家博物馆建成后，经文化部主要领导的主持协调，于2011年4月29日划转故宫博物院。

稽查内务府御史衙门简称御史衙门，设于清雍正四年（1726），位于现陟山门街，大高玄殿北，与景山西门相直。20世纪20年代辟为故宫博物院供职人员宿舍，最初主要还是院级管理人员居住，以后逐渐沦为大杂院，但房屋规制、格局未变，主体仍旧是清代晚期建筑。2003年7月，北京市西城区政府决定将陟山门街作为历史文化保护区，对其环境进行整治。借此契机，故宫博物院决定对院内居民进行搬迁，对整个院落进行保护维修。稽查内务府御史衙门占地2400平方米，建筑面积2000平方米，是目前所知北京仅存的一处保留最为完整的宫廷衙门。

故宫内外还有一些建筑被外单位作为文物库房长期占用，为故宫博物院的安全管理带来一系列问题。通过多年多方面的工作，这些建筑也陆续收回，主要有雁翅楼、宝蕴楼等。

午门城台上东西各有长庑13间，俗称东西雁翅楼，建筑面积4400平方米，曾被外单位借作文物仓库，2011年再度收回。

1914年古物陈列所成立，将武英殿及敬思殿改造为陈列室，又在武英殿西边已毁咸安宫的基础上，建设宝蕴楼文物库房。1948年故宫收回。后被外单位借作库房，2011年再度收回。

这些建筑物的先后收回，不仅对故宫的完整保护有着重要意义，也极大地拓展了故宫博物院的文化空间，为更好地服务社会提供了契机。故宫院内还有"屏风楼"，因其为特殊年代的产物，而且早已失去了当初建造时设想的功能，严重破坏了故宫内外环境和历史景观原貌，违反历史真实性与完整性原则，社会各界与故宫仍在继续努力，呼吁早日将其拆除，尽快恢复故宫完整风貌。

三、匠心技艺的传承

我国特有的传统文物（包括可移动文物与不可移动文物）制作修复与复制工艺，不但包含了精巧的技术，还包含了中国千年的文化精粹，有着自己独特的发展轨迹，是研究和保护中国古代历史文物的重要途径之一。

故宫在这方面就很有代表性。故宫博物院不但收藏了180余万件的文物精品，还保存了许多中国古代特有的传统手工技艺——传统文物修复复制技术。其中包括古书画的装裱与修复、青铜器的修复与复制、宝玉石的雕刻与镶嵌、传世漆器与木器的修复、古书画临摹复制技术、古钟表的修复技术、囊匣的制作技术、古建修缮技术等。这些技术，都有着上百年的历史，有的历史甚至更为悠久，是经过世代相传，在不断完善和发展中形成的有着完整工艺流程的技术，具有中国鲜明的民族风格。它们大多是在"故宫"这个特殊环境下完善和发展的，是具有故宫特色的"非物质文化遗产"。《故宫博物院2003—2020年发展总体规划纲要》中提出："要特别注意进一步挖掘、存留、传承非物质文化遗产。"故宫博物院在2008年制定的《故宫博物院近期科研规划》中把"加强我院非物质文化遗产的整理和传承工作，整理出我院非物质文化遗产的具体项目并初步制定包括传承在内的保护措施和申报工作"作为近期的科研发展目标之一。2007年以来，已有"故宫官式古建营造技艺""中国传统书画装裱修复技术""古字画人工临摹复制技术""中国青铜器传统修复、复制技术""古代钟表传统修复技术""宫廷传统囊匣制作技艺"等六项被

赵振茂先生在指导修复司母辛方鼎。右起：贾文超、赵振茂、王有亮、王五胜

列入国家级非遗名录项目，另有"传统百宝镶嵌制作与修复技艺""传统木器制作与修复技艺""传统漆器修复技艺"三项列入北京市级非遗名录项目。

例如，建成至今600余年的时间里，故宫古建筑在建造、维修的过程中，在中国古建营造技术的基础上，形成了一套完整的、具有严格形制的宫殿建筑施工技艺，被称为"官式古建营造技艺"，其内容包括瓦、木、石、土、油漆、彩画、镶嵌、裱糊等各工种匠作，其主要特点为各部位做法、工序都有严格的定式，选料上乘、工艺严谨、做工精细。正是由于这种工艺技术的保证，以故宫为代表的中国宫殿建筑，数百年来始终保持着华贵精美、壮丽辉煌的面貌，原汁原味地呈现着其独有的魅力。同时，作为中国古建营造技术的精华，这种工艺也直接影响着整个中国古建营造技术的发展，在中国古建技术领域，特别是中国北方地区的古建技术发展中，发挥着重要的作用。20世纪50年代初期，故宫博物院延聘社会上高师良匠，重新组建了古建修缮队伍，至今一直担负着故宫古建筑的主要维修工作，多年来师徒口传心授，始终延续着故宫这种传统的古建营造技艺。

近年来，国家重视中国传统文化的发掘和弘扬，故宫官式古建营造技术的研究、整理也日益受到大家的重视，一些过去多年没有实践、濒临失传的传统做法，如室内装修裱糊等工艺，也得到发掘应用。2008年，"故宫官式古建营造技艺"被国务院公布为国家非物质文化遗产项目。2014年，故宫博物院又被确定为明清官式建筑保护研究国家文物局重点科研基地。

故宫漆器修复组在太和殿修复蟠龙金柱（韩童摄）

故宫保存的中国古代书画临摹复制技术是中国各博物馆中仅有的。中国书画临摹技术的历史非常悠久。历史文献记载，公元3世纪，东晋画家顾恺之不仅创作了很多名画，同时临摹了许多绘画作品；公元5世纪，南朝刘宋时期的画家刘绍祖，是个"善于传写"的摹画高手；公元7世纪，南齐谢赫撰写的画论《古画品录》中有六法之一的"传移模写"；唐初，皇家设立掌理秘书图籍的官署"集贤院"，曾大规模地进行临摹和研究古书画的工作；宋代大书法家米芾因爱好古人书画，遍临晋唐名迹，可以乱真；宋代

故宫官式古建筑营造技艺被评为国家级非物质文化遗产

155

以后随着绘画艺术的发展，书画临摹的风尚也随之更加普遍，特别是明清以来，临摹书画之风更盛。但是，随着社会的发展，书画艺术品进入社会经济领域。人们由于利益的驱使，开始利用特殊的技术进行古书画临摹复制，即古书画"作伪"。从明末开始，赝品书画的制作不仅手法多样，且带有地区特色，出现了"湖南造""河南造""广东造""苏州片""扬州皮匠刀"等。民国初期，上海地区集中了一批专以临摹传世名画作伪的书画临摹高手，成员主要有谭敬、汤安、金仲鱼、郑竹友、胡经等。他们分工合作，制作赝品书画，或绘画、或写字、或摹刻印章、或装裱做旧，所摹作品惟妙惟肖，几乎可以乱真，现在包括故宫博物院、上海博物馆等很多博物馆还收藏有当时他们临摹的作品。与此同时，北京、天津画坛也出现了一批绘画高手，其中包括"湖社画会"的陈林斋和著名女画家冯忠莲（陈少梅之妻）以及专门临摹书法印章的金禹民。中华人民共和国成立后，故宫博物院成立文物修复工厂，聘请金仲鱼、郑竹友、冯忠莲、金禹民、陈林斋等大师临摹故宫收藏的国宝级书画文物。金仲鱼摹制的宋代郭熙《窠石平远图》、冯忠莲摹制的宋代张择端《清明上河图》、陈林斋摹制的五代胡瓌《卓歇图》等，都成了经典之作。这些大师在故宫传承技艺，培养了包括刘炳森在内的一批书画临摹大师。

故宫古书画装裱修复也曾大师聚集。孙承枝主持修复的唐代韩滉《五牛图》、杨文彬主持修复的宋代米芾《苕溪诗》、徐建华主持修复的明代林良《雉鸡图》等以及装裱修复工作室集体完成的倦勤斋通景画，都已成为这一技艺的典范。事业在继续，人才在成长。纪录片《我在故宫修文物》里的杨泽华，已是徐建华传授的古书画装裱修复技艺的第三代传承人。

故宫钟表的制作、修复技术成形于18世纪后半叶，已延续了300多年。这项技术源于清宫造办处做钟处，当时的做钟处是承制御制钟的地方，也兼修宫廷钟表，主要技术集广钟制造、西洋钟表修复、清宫钟表技术于一身，以宫廷钟表为主要修理对象，传承有序。直到清末，清宫造办处做钟处仍负责宫廷钟表的制作、维修与保养。辛亥革命后，原做钟处的工匠仍然留在紫禁城中从事清宫钟表的修复与维护。1925年故宫博物院成立，原做钟处的工匠又被留在了故宫博物院，为故宫修复钟表文物。中华人民共和国成立后，这些工匠继续在故宫博物院从事古代钟表修复工作，同时传承技艺，培养了一批技术精湛的钟表修复专家。

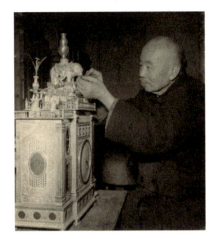

徐文璘先生在修复钟表

　　这一批批接力传承的文物修复者，在红墙下、在小室中，青春入宫，皓首穷"艺"，经年累月，满怀对历史文化遗产的感情，修复着这些凝聚千百年光阴的稀世珍宝，演绎着新时代的"工匠精神"。

国宝的展示

故宫是中华文明的最重要载体之一，也是最有特色的中国符号。日复一日、川流不息的海内外游客前来故宫，为的是饱览雄伟壮丽的紫禁城宫殿与精美绝伦的中华国宝，感受源远流长、博大精深的中国文化。

陈列展览是博物馆发挥其功能的最重要工作。近百年来，故宫博物院把不断改进、提升展览水平作为永恒的课题来抓，力争讲好故宫文物故事，传播故宫文化。

一、与时俱进的展陈

以宫殿建筑为陈列展览的场所，以丰富的皇家收藏为陈列展览的主要内容，以再现明清时期宫廷政治、生活场景为主旨的宫廷史迹原状陈列，是故宫博物院陈列展览的主要特色。

陈列展览作为故宫博物院最重要的日常工作，是不断发展、提升的。

1925年10月10日，故宫博物院宣告建立。这一天，新生的博物院精心筹划，为参观者开辟了多处专门展览室，首度将清宫所藏历代文物公诸国人：设于坤宁宫北侧的古书画陈列室分书画、铜器、瓷器三馆；设于文渊阁、昭仁殿的图书陈列室展陈《四库全书》及历代善本册籍；设于养心殿、乐寿堂的文献陈列室展陈康、乾两帝戎装盔甲、乾隆帝鞍马戎装画像、后妃画像、《南巡图》、《大婚图》，以及雍正帝以降诸帝朱批谕旨等文献、金梁等人密谋复辟文献、溥仪与妻妾生活照片等。顺贞门内竖起了大幅《故宫略图》，指引参观路线。北京城内万人空巷，争睹皇家宝藏。

皇宫成为博物院，陈列展览是个探索的过程。1928年后，故宫博物院逐渐走上正轨，陈列展览也有了重大发展。在故宫博物院历史档案中，陈列展览始有专门记录是在1929年。

故宫陈列展览与古物清理、宫殿修缮结合在一起。1929年3月至次年3月，故宫博物院继续清室善后委员会的文物清点工作，出版《故宫物品点查报告》，于是有了更多文物可以展出；同时制定完善提取库房文物制度，也是对展览文物管理的规范化。

宫殿的修缮更是陈列展览的基础工作。清室善后委员会接收清宫之初，宫内建筑除养心殿、储秀宫、长春宫、永和宫、重华宫等处尚未破旧外，其余殿、宫多年久失修，荒芜残破。从1929年后半年开始，故宫得到国内外不少资金，陆续将神武门及钟粹、慈宁、景仁、承乾、景阳、咸福等宫修缮、粉饰，为展览创造条件。

为了加强文物展览工作，故宫制定了三项处理原则：对具有历史意义的重要宫殿（如乾清宫、坤宁宫、储秀宫、慈宁宫、交泰殿、养心殿等），保留原有格局，对其加以修缮后，以宫廷原状形式开放，使观众能感受到昔日帝王日常生活之实景；凡原为文物集中贮放处所（如《四库全书》所在之文渊阁、"四库全书荟要"所在之摛藻堂、《宛委别藏》所在之养心殿等），且保存条件良好、具有历史意义之宫殿，皆维持原状，保留原有典藏风貌；对与典制无关或不太重要的配殿，则将原存其中的文物分类迁存于各库房集中保管，在整理装修后，辟为文物陈列室，举办各类主题展览。如改造建福宫和抚辰殿为家具陈列室、承乾宫为瓷器陈列室、修缮斋宫为玉器陈列室，修缮咸

1930 年 10 月 1 日，承乾宫、景仁宫陈列室开幕时来宾于绛雪轩前留影

福宫为乾隆珍赏物陈列室、景阳宫为瓷器陈列室、景仁宫为铜器陈列室等。

　　故宫的文物管理机构分为古物馆、图书馆、文献馆，即三大馆。故宫大致将奉先殿、斋宫、毓庆宫及东六宫划于古物馆，以奉先殿为总陈列室，斋宫及毓庆宫为美术品陈列室，东六宫为古物分部陈列室。外西路之寿安宫、英华殿各处则划属于图书馆，作为收藏室及阅览室。宁寿宫各宫殿，划属于文献馆，作为各史料陈列室及办公室。

　　故宫陈列室的布置摆设，皆由各馆自行负责，总务处则派员协同照料。新增文物陈列室颇多。院内展览极一时之盛。中路包括乾清、坤宁两宫，以及交泰殿、御花园、神武门城楼等处，足显皇宫建筑之宏伟。辟有陈列室近20间，展出雕刻、文房四宝、珐琅、法器、郎世宁作品、鼻烟壶、如意、朝珠、图书、碑帖、剔红、扇子、象牙、瓷花盆、织绣、武器、銮舆仪仗等。西路包括西六宫、养心殿及慈宁宫等处，展现宫廷生活状况。计有陈列室五间，展出多宝槅、木器像

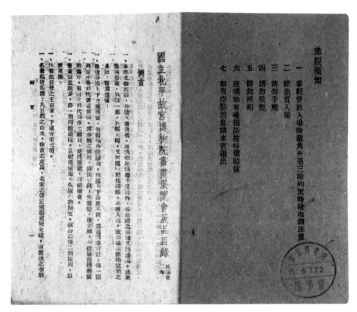

故宫书画在重庆展览的参观须知及目录

俱、佛画像与刻本佛经、武英殿版图书等。东路包括东六宫、斋宫、皇极殿、宁寿宫等处，为故宫主要文物展示区。计有陈列室十余间，展出宋元明书画、清瓷、商周铜器、宋元明瓷、钟表、玉器、历代名臣图像、乾隆南巡图、戏衣、剧本、奏诏档案、图书、皇帝盔甲服饰等。

鉴于当时院内职员、军警人数有限，无法全面兼顾，因此采用中、西、东三路轮流开放的方式，规定除周二闭馆外，每路每周各开放两路；太庙、景山经整理修葺，亦开放参观。1930年10月10日为纪念建院5周年，故宫五路同时开放3天，并开始出售紫禁城环游券。

1931年日本发动"九一八"事变，故宫文物开始准备南迁，故宫展览再没有大的变化。

中华人民共和国成立后，故宫展览有了重大改进与发展。1954年，故宫试行《故宫博物院整顿改革方案》，确定要在普及与提高相结合、以普及为主的方针下，首先进行中国艺术品陈列：既要组织好

161

古代文物艺术品的陈列，也要做好宫廷史迹的陈列，在陈列展览工作中要不断提高思想性、艺术性和科学性。基于上述思想，故宫博物院对陈列展览格局进行了一次完整规划，确定前三殿、后三宫、养心殿、西六宫等处为原状陈列的重点，采取"保存清代历朝发展中的原状，表现某一时代特色"的方法，在大量调查研究的基础上，重新进行了布置。后又陆续开辟重华宫、体顺堂、燕喜堂、军机处等宫廷史迹原状陈列。在艺术品陈列方面，规划设计了大量专门用于陈列展览的区域。开辟前三殿及东西两庑建成展示历代艺术品为主体的综合性陈列馆，内东路、外东路开辟陶瓷、青铜、书画等陈列专馆。这次陈列展览格局的规划与实施，使原状与艺术品陈列两个重点方向得以兼顾，基本确立了故宫博物院的两大展览体系。

在20世纪七八十年代，故宫原状与艺术品陈列两个主要方面内容

1971 年 7 月 5 日，故宫恢复开放第一天，神武门外排队购票的观众

未做调整，随着改革开放新时代的到来，原状陈列内容得到进一步丰富，艺术品陈列方面也取得了巨大成果。20世纪90年代中期，又对陶瓷馆、青铜器馆和绘画馆进行了一次大规模的改陈工程，称为"三馆"改造。

进入21世纪，根据《故宫保护总体规划》，整个展览格局重新调整，将展览区域做了明确划分：故宫中轴线和西六宫主要殿宇继续保持皇家的政务活动和内廷生活原状；中轴线西庑房，紧密围绕皇室政务和典章制度举办相关的长期展览和临时展览，如中和韶乐卤簿仪仗、车马轿舆及其他典制文物等；书画、陶瓷、青铜等器物类展览逐渐移至紫禁城两侧；开辟文华殿、武英殿、慈宁宫等新展区，以进一步扩大开放参观面积。继续保持、完善钟表馆和珍宝馆两个亮点的展览；于2014年正式开放宁寿宫新石鼓馆以替代原有的老石鼓馆，于2015年开放慈宁宫雕塑馆、东华门古建馆、寿康宫系列展区；改陈更新乾清宫两侧的万寿展和大婚展。

故宫陈列展览一直都在殿堂中进行，虽往往可收相得益彰之效，但也受到诸多限制：一是缺乏大型陈列展示场所，二是老宫殿密封性不好，又缺乏恒温恒湿的设施，不利于书画、服饰等珍贵易损文物的展出。过去为了办展览，有时不惜破坏宫殿的内部结构。为了解决"宫"与"院"的这一矛盾，故宫博物院多年来着力于筹建新的现代化展馆，在选址、论证上做了大量工作，至今仍在继续推进。

2005年，午门城楼的改造缓解了这一矛盾。午门城楼内部格局早已改变，地处故宫南门入口，有利于吸引游客，也便于管理。改造工程在保持原古建不受损坏的前提下，在室内营造颇具现代感的玻璃房，形成与古建相隔离的展示场所。这里配置了先进的灯光照明设备、安防报警设备、气体灭火设备、恒温恒湿设备、安全美观的钢木结构现代化展示柜。午门展厅成为设备一流的现代化多功能综合性展厅，于2005年获得联合国教科文组织颁发的"文化历史遗产保护创新奖"，同年还获得"2005年全国十大科技成就奖"。午门展厅自启用

午门展厅获联合国教科文组织颁发的"文化历史遗产保护创新奖"

以来，举办了一系列引进的国外重要展览。

故宫博物院于2013年又启动了午门的整体修缮工程，对午门城楼内部展厅进行了改造。原展厅内部钢架结构较多，考虑到对午门承重的影响，在新设计中，采用了更轻、更实用的结构和材料。此外，在不破坏古建原貌的前提下，还将午门东西的雁翅楼和崇楼改造为现代展厅和配套设备房间。总体改造工程于2015年完工，展厅空间由原来的750平方米扩展为2100平方米，并开放东南城墙，令午门展区与东南角楼城墙及东华门城楼展厅相连接，形成一个大展区。这为故宫展览迈上新台阶创造了极好的条件。

进入新世纪，故宫博物院展陈设备与手段的更新也向前迈了一大步。重新设计改陈的钟表馆、珍宝馆，引进大量现代高科技技术，在灯光照明、展柜设计、环境控制等方面均有所创新。陈列内容更加丰富，形式新颖独特，并引入了现代多媒体技术，为观众营造出幽雅的参观环境。故宫也重视先进展柜的引进与更新。2011年，在午门举办的兰亭特展上，试点采购了三台世界上最为先进的德国汉氏展柜，收到了最佳的展示效果。该展柜目前均应用于故宫最为重要的珍贵文物展示上。随后，故宫博物院提出结合故宫和故宫文物本身特点的一些技术要求，并进行新一批的展柜整体更换。最新的展柜除了具备和汉氏展柜一样的硬件条件外，还采用了最新的低反射玻璃和文物隔震系统。

故宫的陈列展览分为古代艺术品展览、宫廷史迹陈列展览和特别展览三大类。

二、琳琅满目的专馆

专馆陈列是指通过特定的主题或者内容来介绍中国古代文化历史的一种展览形式，它建立在故宫的文物藏品优势上，一般都经过多次改陈，是故宫建院以来持久不断举办的且深受公众喜爱的展览项目。故宫博物院比较著名的专馆陈列主要有历代艺术馆、珍宝馆、钟表馆、陶瓷馆、书画馆、青铜器馆等。2015年，故宫博物院90周年院庆期间开辟东华门区域为古建馆，外西路宝蕴楼作为故宫院史陈列馆，慈宁宫辟为故宫雕塑馆。

历代艺术馆

历代艺术馆是故宫于1959年9月布置完成的一个大型陈列专馆，展览分布于保和殿及其东庑、西庑，展览面积达4140余平方米，是故宫博物院迎接中华人民共和国成立十周年的献礼之一。历代艺术馆是一个综合陈列馆，按中国艺术发展的历史进行布置，扼要展示了中国各个时期艺术发展的概况。内容分为绘画与雕塑、铭刻与法书以及陶瓷、青铜、织绣、玉石、漆器、金属器、竹木牙雕、文房四宝等门类的工艺美术品，展品共计1583件（套）。展品主要是清宫旧藏，还有许多为中华人民共和国成立后，通过国家调拨、故宫收购、私人捐献、兄弟单位支援等途径入藏故宫的。更有一些重大考古发现出土的珍贵文物，如长沙马王堆汉墓的丝织品、西安秦始皇陵兵马俑也曾于历代艺术馆陈列。此馆于20世纪80年代重新进行改陈，一直持续到90年代，是一部形象的中国古代艺术发展史。

珍宝馆

珍宝馆于1958年7月1日在养性殿、乐寿堂开馆。养性殿陈列文物

181件，乐寿堂陈列文物622件，其陈列的文物除金、银、珠宝和玉器外，还有一部分织绣品。颐和轩为原状陈列。故宫博物院特请郭沫若先生为珍宝馆题写了馆名。

珍宝馆自正式开放以来，已经成为故宫博物院历史上展出时间最长的常设展览。其间，无数中外游客在此品赏精美的瑰宝，追寻历史的脚步。从1958年至2004年，根据形势的变化和人们的需求，珍宝馆先后进行了5次大的改陈，大致每10年进行一次，每次改陈都有明显的进步。1990年的第4次改陈，采用了与古建协调一致的黄铜展柜，展室内采用了人工照明与自然照明相结合的方法。展室内增加了环境照明，为专馆陈列的首次使用，成为展览形式上的重大突破。

2016年又对皇极殿东庑展厅进行了大规模的改陈，东庑南屋设为"珠光宝气"——珠宝饰品与珠宝镶嵌类器物展室，东庑北屋为"金昭银辉"——金银器展室。本次改造的一个亮点是根据每一件文物的形状制作金属展架，令文物可立起展示。

珍宝馆与石鼓馆。原位于皇极殿东庑的石鼓馆于 2017 年移入宁寿宫

钟表馆

清宫留存了1500余件中国制造与外国进口的钟表。这些钟表是故宫博物院藏品中一个十分特殊与珍贵的种类。

20世纪30年代，故宫就在永和宫举办过钟表专题陈列。中华人民共和国成立后，故宫从50年代开始展出院藏的钟表，60年代设立专馆展览，深受中外游客的欢迎。1985年，奉先殿设为钟表馆，后因1998年奉先殿大修，曾短期将展览移至保和殿东庑，后又重归奉先殿。钟表馆精选了162台钟、23只表，其中中国钟53台、英国钟83台、法国钟21台，其他还有美国、日本、瑞士、意大利钟共5台。所选的23只表系由英、法、瑞士等国制造，属首次公开展出。另外，博物院还将故宫保存的最大的自鸣钟和铜壶滴漏移至钟表馆内，增强了陈列效果。因此，故宫钟表馆可以称得上是一座世界性的钟表工艺品陈列馆。2004年，钟表馆进行了一次大规模改陈，在展柜、照明光源、展览形式、室温控制和安全保卫等方面都有了较大改善和提高。琳琅满目、金彩绚烂的各式精致钟表与气势恢宏、富丽堂皇的殿堂原状风格交相辉映。

钟表馆

陶瓷馆

故宫博物院现收藏有约35万件陶瓷文物。故宫建院初期，就有瓷器陈列室。20世纪50年代，故宫开辟了陶瓷陈列专馆，并在1985年和1995年进行过两次大规模改陈。2008年，新陶瓷馆建在文华殿正殿及

文华殿原陶瓷馆，现已改为书画馆

东西两庑，面积约1000平方米，收藏、展览400多件具有代表性的精品，曾是故宫最重要、最知名的展厅之一。

2021年5月1日起，故宫陶瓷馆又从文华殿"搬家"到武英殿。新陶瓷馆在展览空间、主题设计以及展示形式与古建筑融合等方面进行创新，力求给公众以全新的观感体验。新改陈的陶瓷馆反映了中国陶瓷8000年延绵不断的历史，展品从原来的400余件（套）增加到1000余件（套），按照年代和类别划分为17个主题，展品的时代从原先的新石器时代至清代，延长到了民国时期。在新陶瓷馆内，"五大名窑"汇聚一堂。展览不但提供了丰富的背板内容，与展出文物相呼应，体现出文物展品丰富的学术内涵；而且根据最新学术研究成果，还会更新、丰富文物展品的信息。

书画馆

故宫博物院收藏有丰富的中国古代书画，自建院起就设有书画馆。20世纪30年代到50年代，故宫将钟粹宫辟为书画馆；60年代至80年代，书画馆移至皇极殿及东西庑展厅，展出故宫藏历代名画直至近代百年绘画通史与各类书画专题临时特展；进入90年代，故宫书画馆除皇极殿西房外，又增设保和殿西庑展厅。

2008年，故宫博物院正式将武英殿展区开辟为故宫书画馆，并推出常设"故宫藏历代书画展"，展览分为"晋唐宋元书画"、"明代书画"和"清代书画"三大部分，以中国美术史为脉络来展示院藏古代书画，所选展品均为中国美术史上的经典之作；每一部分都以这一历史时期内的绘画特点、画风转变、主要流派和代表画家为展示重

点，每一件作品都具有很
强的代表性，较为完整地
体现了中国美术史体系。
"故宫藏历代书画展"是
故宫博物院的常设展览之
一，共计九期，自2008
年起每年三期，2012年
起每年两期进行轮展。众

武英殿原书画馆，现已改为陶瓷馆

多深藏宫中难得一见的书画国宝呈现在广大观众面前，既适于一般观
众普及美术史知识，也为专家学者与高等院校相关专业学生的学术研
究提供实物参考。

自2018年起，故宫书画馆与陶瓷馆对调，文华殿成为故宫新书画
馆。2018年7月3日开幕的"铁笔生花——故宫博物院藏吴昌硕书画篆
刻特展"，为文华殿的首个展览。

青铜器馆

故宫博物院的青铜器藏品达
15000余件，是国内外收藏中国
青铜器数量最多的博物馆。故宫
博物院的青铜器馆也历经数次变
迁。20世纪50年代，寿康宫为故
宫青铜器馆；70年代后，青铜器
馆迁至斋宫、诚肃殿及景仁宫展
厅；90年代承乾宫东庑也曾作为
青铜器馆展厅；2005年，故宫博
物院正式将承乾宫开辟为青铜器
馆；2013年，青铜器馆进行升级
改造，除承乾宫外，又增设永和

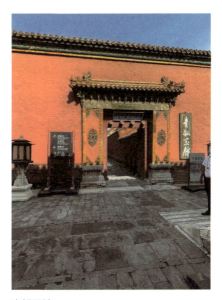

青铜器馆

宫及同顺斋展厅。青铜器馆的展览共分为"青铜与礼制""青铜与军事""青铜与音乐""青铜与生产、生活"4部分。

在专馆发展中，故宫又走出红墙，大胆与地方合作。2017年5月13日，由厦门市政府与故宫博物院合作建设的故宫鼓浪屿外国文物馆开馆。该馆是故宫博物院在地方设立的第一个主题分馆，集中展示故宫博物院收藏的明清两代的外国文物。这也是一个创举。

三、宫廷特色的原状陈列

故宫原状陈列是将宫廷历史文物，乃至艺术珍品、图书典籍与宫廷史迹有机结合，力图反映某一史迹（殿堂）的历史原貌，或某一史迹在历史上某一特定时期状貌的一种长期陈列。目前宫廷史迹原状陈列主要有三大殿、后三宫、西路殿堂等16处，另有宫廷历史常设陈列，如宁寿宫区的珍宝馆，奉先殿的钟表馆，畅音阁、阅是楼的戏曲馆以及慈宁宫的雕塑馆、东华门城楼的古建筑馆、南大库的家具馆、箭亭的武备馆等；还有清宫历史常设的专题陈列，如清宫卤簿仪仗展、皇朝礼乐展、清帝大婚庆典展、天府永藏展、宫阙述往展等。朱家溍先生对故宫原状陈列的贡献很大。

太和殿是明清两朝举行重大仪式的地方，它的原状陈列很有意义。朱家溍先生与故宫专家通过查阅大量的档案并去文物库房遴选，最终完成了原状陈列。据朱先生研究，清代的太和殿内陈设，正中固定的一组宝座陈设，其余地面上也是空洞无物，遇朝会临时设宝案、诏案、表案等。这都和明代基本相同。所不同的是，明代中和韶乐的乐器悬在殿内，清代则移至殿外檐下。

恢复原状的太和殿，正中设须弥座形式的宝座。宝座的正面和左右都有陛（即上下用的木台阶，俗称"搭垛"），宝座上设雕龙鬏金大椅，这就是皇帝的御座。椅后设雕龙鬏金屏风，左右有宝象、香筒、用端等陈设。宝座前面在陛的左右还有4个香几，香几上有三足香炉。当皇帝升殿时，炉内焚起檀香，香筒内插藏香，于是金銮殿里香烟缭绕，更为肃穆。1915年，袁世凯称帝时，把殿内原有的乾隆帝所题匾额"建极绥猷"以及左右联"帝命式于九围，兹惟艰哉，奈何弗敬""天心佑夫一德，永言保之，遹求厥宁"尽都拆掉；把雕龙髹金大椅也挪走了，但椅后的雕龙髹金屏风还是保留了下来。乾隆的匾额和对联找不到了，就重新复制。原来的雕龙髹金大椅也遍觅不得。1959年，朱家溍先生在一张光绪二十六年（1900）的旧照片上，看到了从前太和殿内的原状。于是根据这张照片进一步查找，终于在一处存放残破家具的库房中，发现了这个已相当残破的雕龙髹金大椅。朱先生说，此大椅很可能是明嘉靖时重建皇极殿后的遗物。清康熙时重修太和殿，这个龙椅经修理后继续使用，直到袁世凯时代才被撤出去。此件明代龙椅经修配后重新陈列在太和殿宝座上，其形体非常美观，与雕龙髹金屏风浑然一体。

中和殿、保和殿的原状陈列也都是由朱家溍先生主持复原的。

乾清宫一区的布局，明清两朝基本相同，现存建筑为清嘉庆时期重建，布局为清代原状。

交泰殿殿内东西两侧分别安放体积庞大的铜壶滴漏和自鸣钟，格外引人注目。这件庞大的自鸣钟是明代万历年间意大利传教士利玛窦进献给万历帝的礼物。大钟被送至工部，皇帝下令为大钟建造一个木阁楼，共花费了1300两白银才建造成。清朝入主紫禁城后，大钟才被移至交泰殿中。这座自鸣钟一直运行稳定、报时准确，而且操作

修整后的太和殿宝座

简单，只需每月上发条一次，其钟声可以传到乾清门外。殿内东侧，同样十分庞大的铜壶滴漏建造于清乾隆十一年（1746），安置在殿内左侧，表示它作为计时工具的地位要高于西洋的自鸣钟。嘉庆二年（1797）十月二十一日，交泰殿发生火灾，自鸣钟和铜壶滴漏等被烧毁。嘉庆三年（1798）八月二十二日，重新制作的自鸣钟和铜壶滴漏陈设于殿内，一直保存至今。直至光绪年间，自鸣钟才停止使用。御座左右是清代二十五宝玺。装置宝玺的宝盝为两重，木质，外罩黄缎绣龙纹罩。

坤宁宫位于故宫中轴线的最北端，明代为皇后寝宫，清代明间为萨满教祭祀场所，西暖阁作为萨满教祭祀时萨满祭祀人员的出入场所，东暖阁则作为皇帝大婚时的洞房。1959年，由朱家溍先生主持，先后对明间萨满教祭祀场所和东暖阁清代大婚洞房进行了原状恢复陈列。朱家溍先生在《坤宁宫原状陈列的布置》一文中，曾对布置的依据和具体实施过程有过详细的记述。"文化大革命"中，坤宁宫萨满教祭祀原状又被拆除，文物收入西暖阁临时库房保存。2002年，宫廷部重新恢复了坤宁宫明间萨满教祭祀原状。这次恢复的总体设想是原状式，而不是原状恢复，因此确定不再只做一般的某一具体场景的复原，更多着重于文物的展示，与朱先生的设计理念略有不同。

寿康宫为原状式展览。寿康宫是乾隆帝为其生母钮祜禄氏（乾隆帝即位后被尊为"崇庆皇太后"，逝后谥号"孝圣宪皇后"）所建。其母在此居住长达42年，宫殿保存完好。寿康宫展览为复原展，展览复原时间定位为崇庆皇太后居住时期，具体时间为乾隆三十六年（1771）皇太后八旬万寿庆典之后至乾隆四十二年（1777）去世之前。原状展旨在展示崇庆皇太后的日常生活场景。寿康宫的收藏有等级最高、御笔集中、品类繁盛、数量庞大等特点，这与皇太后三次大庆的寿礼密不可分。展览总计选取文物284件，其中御笔64件，占展品的22.53%，彰显出太后的尊崇与皇帝的孝行，承载着母亲与儿子之间的骨肉亲情。而寿康宫旧藏以及与档案记载相关的文物有213件，占总数的75%；首发文物93件，占32.74%。整个展览由"万岁千秋奉寿康——寿康宫原状陈列展"和"庆隆尊养——崇庆皇太后专题展"两部分组成，于2015年10月10日开展，为常设展览。展览由

寿康宫"万岁千秋奉寿康——寿康宫原状陈列展"

故宫宫廷部原状陈列组承办。展出后得到业内外专家、学者的首肯，也受到广大观众的欢迎。

四、令人期待的特展

特展是有别于常设展览的一些临时展览，其共同特点是展览主题引人关注，投入人力、物力较多，花费时间较长，所用的文物也比较重要、比较多，往往需要借用本院以外机构的相关文物，一般都会举行学术研讨会甚至国际学术研讨会，都要印制图录、开发有关文创产品等。可以说，特展是特别准备的展览，或称大展。有的特展会产生重大而长久的影响，因此是故宫院内展览的重要组成部分。

20世纪五六十年代，故宫就举办过"反对美国侵略集团阴谋劫夺我国台湾文物展览""敦煌石窟艺术展览""五省重要出土文物展览""明定陵出土文物展""永乐宫壁画展"等一系列具有政治意义和文物研究价值的临时性展览。70年代，故宫举办了"'文化大革命'出土文物展览""西沙群岛出土文物展览""陕西宝鸡市出土文物展览""长江水文考古展览""各省市自治区征集文物汇报展""战国中山王墓出土文物展览"等。八九十年代，故宫博物院临时展览的举办数量剧增，许多展览在当时产生了非常巨大的反响，如

"中国古代体育文物展""中国文物精华展""故宫建院六十周年纪念展览""故宫博物院五十年入藏文物精品展"等。

进入21世纪，故宫博物院自办和引进的临时性展览为数不少。其中有很多具有重要意义的临时性专题展览和引进展览，社会反响强烈。其中，以"铭心绝品——两晋隋唐法书名迹特展"、"兰亭特展"、"石渠宝笈书画特展"和"丹宸永固——紫禁城建成六百年"等四个特展最具代表性。

铭心绝品——两晋隋唐法书名迹特展

2003年7月10日，隋人书《出师颂》被北京故宫博物院行使优先购买权从拍卖市场以2200万元购藏。这不仅使宫藏国宝重归故里，而

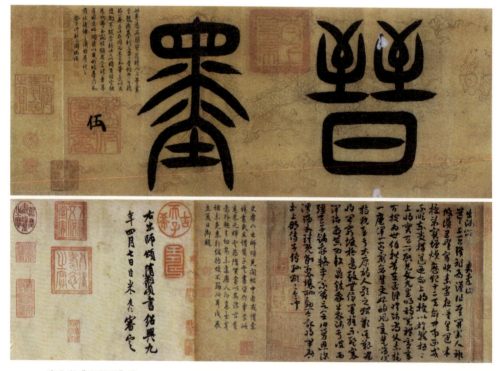

隋人书《出师颂》卷

且弥补了故宫藏品中隋代书法的不足，使故宫两晋、隋、唐早期书法名迹形成系列。

为庆祝隋人书《出师颂》重回故宫，故宫博物院于2003年8月24日至8月29日在保和殿西庑绘画馆举办"铭心绝品——两晋隋唐法书名迹特展"，与《出师颂》共同展出的有本院收藏的西晋陆机的《平复帖》、东晋王献之的《中秋帖》、王珣的《伯远帖》和唐代冯承素摹的《兰亭序帖》等存世名迹。展览共展出法书墨迹5件、刻帖6种11件，将诸墨迹和与之相关的法帖拓本中上佳者一并展出，以期使观众更加深入地了解这些作品的艺术价值和历史影响。

本次展览得到了社会的广泛关注。2003年8月22日及8月29日，故宫两次召开"铭心绝品——两晋隋唐法书名迹特展"学术报告会。多位书画界专家学者、北京众多文博单位的业务人员和高校相关专业的师生参加了报告会。

兰亭特展

该展为故宫博物院2011年推出的年度大展。"兰亭特展"位于午门展厅，展品共计110件，展期自2011年9月21日至12月5日。"兰亭特展"展出了故宫博物院及境内外兄弟博物馆珍藏的综合书法、碑帖、绘画和器物等各类"兰亭"文物。其中16件（套）为外借展品（东京国立博物馆2件、香港中文大学10件、南昌市博物馆2件、黑龙江省博物馆1件、南京市博物馆1件）。故宫博物院藏品则有晋陆机的《平复帖》、王珣的《伯远帖》，唐代虞世南、褚遂良和冯承素等最早、最接近原作的摹本和历代名家临本。乾隆帝集诸家大成的"兰亭八柱"帖首次全部与观众见面。另有陶瓷、玉器、文房用具中与兰亭有关的文物共同展出。

展览以独特的角度，通过"王羲之的兰亭""唐太宗的兰亭""乾隆皇帝的兰亭""谁的兰亭：中国特有的文化现象"四部分，展现《兰亭序》的产生、至尊地位的确立以及对后世的影响，从而剖析在威权社会中帝王对文化艺术的巨大引导和推动作用，以及后世书法追踪的方向、文人的生活情趣、生活方式的潮流和对普通人生活的示范效应。

配合兰亭特展而举办的书法活动，孩子们在写"之"字

在展览的形式设计上，设计师将展览形式表达划分为三个层次：表现书法艺术的美感；对书法创作背景的展现；文人雅集，传统文人精神的传递。设计师最终将展览基调界定为"随心所欲、顺其自然"，以最简洁的形式出现，从展墙到文物展台不带有任何装饰，令观众感悟玄学之境界。

故宫举办了"2011年兰亭国际学术研讨会"，来自中国海峡两岸暨香港、澳门地区及日本、德国、美国等国家的62位学者出席会议，提交论文45篇，出版了《兰亭图典》《兰亭展事纪实》等书籍。同时，故宫还举办了院内外专家讲座、故宫知识课堂"兰亭专场"和"北京城中寻找兰亭印记"、征集临摹作品、集字创作诗文对联、交流论坛"共叙兰亭"、志愿者宣教等一系列活动，并通过故宫网站及各大媒体进行宣传，取得了良好的效果。在短短的两个半月的展期内，"兰亭特展"参观人次达13万余，许多观众是专程为参观展览而来。

石渠宝笈书画特展

该展为2015年故宫博物院庆祝建院90周年的重点项目。展览分为武英殿及延禧宫两个展区，由"典藏篇"和"编纂篇"两个部分组成，武英殿展区展陈面积为1122平方米，延禧宫展区展陈面积为453

平方米。展览于2015年9月8日上午正式开幕，分为两期：第一期为2015年9月8日至10月11日，展出文物138件（套）；第二期为2015年10月13日至11月8日，展出文物176件（套）。展品多为宋元时代的一级文物，如《游春图》、《清明上河图》，及《伯远帖》、《冯承素摹兰亭帖卷》、《写生蛱蝶图》、《渔村小雪图》、《听琴图》、《明宣宗行乐图》等家喻户晓的名家书画作品。展览以《石渠宝笈》著录书画为主轴，详细地介绍了作品的流传经过、递藏经历，同时也展示了故宫博物院在建院90年中征集、保存、维护书画方面所取得的成就。两个展区相互呼应、共为一体，可使观众更深入、全面地了解、研究《石渠宝笈》及其著录的书画珍品。

展览在形式设计上体现《石渠宝笈》编纂者乾隆帝的文人理想与艺术品位，在展厅中营造宫廷书屋与庭院的意境；并注重细节设计，以低调的方式阐释中国书画的意韵，展现皇帝的审美趣味，向传统文化致敬。

出席"2015年《石渠宝笈》国际学术研讨会"的有来自我国海峡两岸暨港澳地区，以及美国、加拿大、英国、德国、日本、新加坡等国家的64位正式代表，中央美术学院、北京大学、清华大学、中国社会科学院等约150位青年学子及数十位媒体、社会人士。

"石渠宝笈书画特展"自开展以来便引起社会各界的极大关注，展览期间共有17万余名观众慕名前来，争相一睹《清明上河图》《伯

"石渠宝笈书画特展"宣传海报

观众排队参观"石渠宝笈书画特展"

远帖》《五牛图》等国宝级传世书画的风采。第一期展览期间,武英殿客流量平均每日达2600人次。其中,10月10日及11日分别出现4600人次、4800人次的参观高峰。武英殿两日的参观结束时间则分别延长至次日凌晨2点和4点,呈现出难得一见的文化盛况。

丹宸永固——紫禁城建成六百年

2020年既是紫禁城建成600年,又是故宫博物院成立95周年,故宫博物院为此筹办了40多项系列纪念活动,"丹宸永固——紫禁城建成六百年"为其中最重要的展览。这是在控制新冠疫情斗争中所举办的展览。

展览通过"宫城一体""有容乃大""生生不息"三大单元、18个历史节点介绍紫禁城规划、布局、建筑变迁及其所涉及的宫廷生活,重点展示故宫博物院成立95年来,特别是中华人民共和国成立以来,在文化遗产保护方面的努力和成果。展览使用午门区域的西雁翅楼、正楼及东雁翅楼三个展厅,展出文物及史料照片450余件。展览于9月10日正式向公众开放,11月15日结束。

第一单元西雁翅楼展厅的主题为"宫城一体",展示的是这座巍峨的皇家宫殿是如何建设的。它分为"1405年·朱棣营北京""1420年·紫禁城建成""1535年·钦安殿奉道"3个时间节点。

第二单元午门正楼展厅的主题为"有容乃大",展示的是清代紫禁城内的建筑变迁,有8个时间节点:"1655年·改建坤宁宫"

"1695年·重建太和殿""1723年·入主养心殿""1738年·改乾西五所""1776年·建成宁寿宫""1859年·连通长春宫""1902年·重建武英殿""1909年·探秘灵沼轩"。

第三单元东雁翅楼展厅的主题为"生生不息",通过"1914年·初开紫禁城""1925年·肇建博物院""1933年·战时护古物""1949年·重整修缮队""1961年·首荐颁国保""1987年·瑰宝列世遗""2002年·大修百年计"7个历史节点,讲述了昔日皇宫成为博物院后发生的故宫文物南迁、中轴线建筑测绘等事件。为了更生动地展现明代紫禁城的建筑特色,筹备组更是从南京博物院借调了明中都工程遗址出土的龙、凤纹滴水勾头及仙人兽头。

这是一个成功的展览。公众徜徉其间,在对紫禁城600年历史的回望中,能够体味贯穿紫禁城"时""空"的历史文化,感受宫殿技术与艺术完美结合的最高境界,感悟中华优秀传统文化的无穷魅力,也便于更有针对性、更加系统地参观紫禁城。

"丹宸永固——紫禁城建成六百年"展厅

故宫也是一个学术机构

故宫是博物院，也是一个学术机构。

故宫及其珍藏是一个巨大的文化宝库，也是一方有待开发研究的学术沃土。故宫博物院的创始者敏锐地认识到了这一点。李煜瀛在主持组建"清室善后委员会"时，就主张"多延揽学者专家，为学术公开张本"，又提出故宫"学术之发展，当与北平各文化机关协力进行"。（李煜瀛：《故宫博物院记略》，《故宫周刊》，1929年第2期）故宫博物院从一开始，就被定位为一个学术机构。

一、故宫的学术传统

故宫博物院民国时期的专业学术机构是专门委员会。依照《故宫博物院组织法》，故宫于1929年开始聘任以学术为职志的专门委员，后又成立了书画、陶瓷、铜器、美术品、图书、史料、戏曲乐器、宗教经像法器、建筑物保存设计等9个专门委员会。专门委员除本院人员外，还聘有社会上颇有名望的众多专家学者。

专门委员会大致经历了初建、1934年的调整及1947年的重建3个阶段，聚集了一大批中国当时最著名的文史及古物研究方面的专家学者。1934年故宫博物院聘任的通信专门委员共43人，包括朱启钤、汪申、梁思成、容庚、沈尹默、王褆、钢和泰、邓以蛰、俞家骥、金绍基、柯昌泗、钱葆青、狄平子、凌文渊、严智开、吴湖帆、叶恭绰、陈寅恪、卢弼、陶湘、洪有丰、江瀚、马裕藻、蒋毅孙、钱玄同、蒋复璁、刘国钧、朱希祖、徐炳昶、吴承仕、朱师辙、傅斯年、罗家伦、周明泰、齐如山、顾颉刚、蒋廷黻、郑颖孙、吴廷燮、姚士鳌、溥侗、张珩、徐骏烈；特约专门委员12人，包括朱文钧、郭葆昌、福开森、陈汉第、唐兰、张允亮、余嘉锡、赵万里、陈垣、孟森、胡鸣盛、马廉。他们参与故宫文物的审查鉴定、明清档案的整理刊布、清宫典籍的清点出版、文物展览的策划筹备以及古建库房的修缮营建等工作，为推进故宫博物院的文物保护及学术研究做出了突出贡献。

专门委员会的工作成果与有益探索，积累了从故宫实际出发的学术研究的特点与方法，丰富了故宫学术的内涵。特别是明清档案的整理研究，是当时"整理国故"的重要组成部分，不仅对推动明清史研究起了重要作用，而且成为确立现代学术的一个契机，在中国传统学

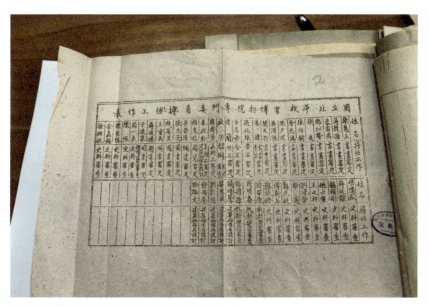

1948 年聘任的故宫博物院专门委员会委员名单

术向现代学术转变过程中有着重要意义。

从20世纪50年代开始，故宫博物院的重点工作是文物清理、鉴定等基础建设，其学术的研究方向也体现在这一方面。如唐兰亲自动手对院藏青铜器进行编目制档，有着很高的学术含量。罗福颐于1957年到故宫博物院工作，负责筹建青铜器馆。陈万里、孙瀛洲、冯先铭等系统、全面地对院藏的30余万件清宫藏瓷进行整理、鉴定、定级，做出了重大贡献。陈万里运用考古学的方法对古窑址进行实地考察，为现代陶瓷学奠定了基础。孙瀛洲运用类型学方法对明清瓷器进行排比研究，使清宫旧藏的一些被错划时代的瓷器得到纠正，尤其是对明清带年款的官窑瓷器的研究取得突破性进展。他发表的一些论述瓷器鉴定与辨伪的文章，为明清瓷器的科学鉴定奠定了基础。徐邦达与王以坤、刘九庵等一起，对院藏书画鉴别整理，并进行认真、细致的考证，发现了许多问题，《古书画伪讹考辨》一书就是他这一时期的收获。朱家溍等人在恢复宫廷原状方面做出了重大贡献。结合故宫古建筑修缮的实践，王璞子的《工程做法注释》补图体现了当时古建筑维修的成果与古建筑研究的水平。这一时期成就了一批文物鉴定专家。

20世纪八九十年代，故宫博物院学术委员会成立，并诞生了全国博物馆系统唯一的出版社——紫禁城出版社（2011年改名为故宫出版社），在办好《故宫博物院院刊》的同时，又创办了面向社会大众的普及性刊物《紫禁城》杂志，1999年故宫博物院又和北京大学合作创办了大型明清研究集刊《明清论丛》。

整理内阁大库档案的情形

这一阶段，故宫博物院的老一辈专家出了一批学术硕果，如唐兰对马王堆帛书的

整理、罗福颐的古玺印调研、徐邦达的
古书画鉴定、单士元的《故宫札记》、
顾铁符的《夕阳刍稿》、冯先铭主编的
《中国陶瓷史》、于倬云主编的《紫禁
城宫殿》、耿宝昌撰写的《明清瓷器鉴
定》以及刘九庵、杨伯达等先生的相关
著作，掀起了相关学术著作集出版的小
高潮。一批经过长期培养与实际工作锻
炼的专业人才成长起来，一些人担任了
"中国美术全集""中国大百科全书"
"当代中国"等丛书的主编、副主编、

1979 年，《故宫博物院院刊》复刊

编委等。这一时期，许多中青年研究人员也在崛起。特别是故宫列入世
界文化遗产后，中国紫禁城学会及清宫史学会成立，吸引了社会上更多
的力量参与故宫研究。

　　在研究过程中，逐渐形成了所谓的"故宫学派"，涌现出一批著
名的，甚至是"国宝"式的专家学者。

1983 年，紫禁城出版社成立。现改为故宫出版社

二、应运而生的故宫学

故宫学是在对故宫价值的深刻认识基础上提出来的。通过长期探索，如前所说，人们认识到故宫是一个文化整体。故宫是个文化整体的实质就是要从联系中看待故宫遗产的价值，认识一个全面的、立体的、生动的、丰富的故宫。也只有这样，对故宫及其文物的研究才能获得更为宽广的视野、更为丰富生动的内容，故宫文化也因此可以得到深刻的阐扬。

2004 年 10 月，《故宫学刊》创刊

正是从故宫的文化整体性来考察，故宫学术研究虽已有诸多成就，但仍存在明显的不足，突出的是学术研究的"碎片化"。故宫研究的材料十分丰富，研究者是在不同领域中进行的，但多是就文物研究文物、就建筑研究建筑，而没有注意把文物、古建、文献档案等看作一个不可分割的整体，没有从更为广阔的视域挖掘、认识所研究的具体对象的价值与意义。随着时代发展，其他学科都在发展中努力打破学科界限，产生新的研究成果。故宫博物院的学术研究也要求研究者重视从理论上对实践工作进行探索和总结，要求研究者站在一定的学术高度来审视自己所从事的具体工作，这是故宫博物院学术发展的大趋势。然而，在故宫博物院研究者的群体中，知识结构欠缺、研究方法单一、理论知识不足、学术视野狭窄等，仍是较为普遍的问题，从整体上影响着故宫研究的继续深入和重大成果的出现。

文化整体性也因此成为故宫学方法论的哲学基础。故宫学倡导的就是从文化整体的角度去评估故宫的文物价值和文化内涵，提出打通学科界限，将院藏文物、古建筑和宫廷史迹这3方面作为互相联系的整体来研究。这种研究将开拓人们对单体文物研究的思路进入哲学化的思维方式（即强调联系与发展），进入美学化的思维方式（即导向审美与评赏），进入历史化的思维方式（即注重社会与背景），并且扩展到对其他学科的认识，防止孤立地看待文物，防止文物研究（可移动与不可移动文物）的"碎

郑欣淼：《故宫学概论》繁体版，香港中华书局，2018年

片化"。这就是故宫学的精要所在。故宫学促进着故宫遗产价值的挖掘，也推进着故宫知识的传播、故宫精神的弘扬。

　　故宫学虽然是2003年提出来的，但其萌蘖则始自故宫博物院的成立，而后随着以故宫博物院为主体的研究队伍的不断扩大、研究成果的不断涌现，为这门学科的形成打下了良好的基础。这是故宫学术由自发到自省再到自觉的过程，是向更高层次、更高境界的提升，因此也是水到渠成、应运而生。

　　故宫学的研究及成果带有博物馆事业的特点，即学理性与实践性的结合。故宫学是以文物（可移动的文物藏品与不可移动的古建筑）作为研究对象，这不同于一般的主要以文献为对象的研究机构。故宫学研究与文物的收藏、保护、展示不可分割。以鉴定来说，要收藏，就要鉴别真伪，就要划分等级，这就需要科学地鉴定，这是硬功夫，也是博物馆工作的基本要求。因此，故宫学研究不是经院式的烦琐论证，也不是从书本到书本；它直接面对故宫的文物、古建筑、档案、文献，对此进行客观分析、比较，解决宫廷历史人物和事件的物证和历代文物的真伪鉴定及其艺术价值、文化联系等诸多问题。总而言之，即以物证史、以物论史，或以物鉴物、以史论物等，都离不开史

"故宫学视野丛书"

与物的辩证关系。

正因此，故宫科学研究的成果除学术论著外，还有大量的成果与业务工作如文物的编目制档、陈列展览、文物修复等结合在一起。这就是学理性与实践性的结合。例如，故宫博物院有一项特殊的陈列，即用宫廷史迹陈列来展示宫廷原状，使人们准确而直观地了解宫廷的有关礼仪活动，澄清"戏说"之风带来的一些错误认识。但这却是一项极为细致和繁难的工作。故宫保护维修工程更是离不开古建筑研究。

三、从研究中心到故宫研究院

2005年至2011年间，故宫博物院从院藏文物资源特点以及学术研究优势出发，陆续成立了古陶瓷研究中心、古书画研究中心、古建筑保护研究中心、明清宫廷史研究中心、藏传佛教文物研究中心等5个研究中心，设立古陶瓷保护研究国家文物局重点科研基地，为国内外专家学者开展合作性课题研究提供了一个"开放、流动、联合、竞争"的学术平台。同时，通过签署战略合作协议、合作开展文物保护项目和科研课题项目、合办学术会议、合办学术刊物、联合办学等方式，全力拓展与国内外知名博物馆、高等院校、科研院所及其他学术机构的学术交流与合作，拓宽学术研究的视野与渠道，并在数字故宫和信息技术、文化遗产保护、陶瓷考古发掘和藏传佛教艺术研究和保护以及培养人才方面取得了明显的成绩。

如2005年起与四川省文物考古研究院进行了长达10年的合作，对四川甘孜、阿坝藏族地区进行考古和民族学调查，先后出版了《穿越横断山脉——康巴地区民族考古综合考察》（2007年）、《木雅地区明代藏传佛教经堂

2005年10月10日，故宫博物院古书画研究中心、古陶瓷研究中心成立。左起：耿宝昌、杨伯达、郑欣淼、李季

碉壁画》（2012年）、《2013年穿越横断山脉——阿坝藏羌文化走廊考古综合考察》（2014年）3本书，其中"四川石渠吐蕃时代石刻考古调查项目"为唐蕃古道走向或文成公主进藏路线的考证提供了新的论据，填补了青藏高原东部唐蕃古道走向重要环节的资料空白，对研究吐蕃历史、佛教史、佛教艺术、唐蕃关系史具有重要的意义，因此被评为"2013年度全国十大考古新发现"。

2008年8月，故宫博物院、首都师范大学和甘肃永登鲁土司衙门博物馆3家单位对甘肃永登鲁土司的属寺进行联合考察，第一次完整、系统、详尽地收集了鲁土司属寺的图像学方面的资料。2007年开始与浙江省文物考古研究所、德清县博物馆合作发掘浙江省德清县火烧山原始瓷窑址，其成果反映在《德清火烧山》（文物出版社，2008年）一书中，"浙江原始青瓷及德清火烧山等窑址考古成果汇报展"于2011年10月在故宫延禧宫展厅开幕。2012年，故宫古陶瓷研究中心与湖北省文物考古研究所联合对位于湖北省东北部丹江口市习家店镇青

塘村的一座明代琉璃窑进行考古发掘。国际上，2007年与德国马普科学史研究所（Max Planck Institute for the History of Science）合作开展"宫廷与地方——十七至十八世纪的技术交流"科研项目。

2013年10月，故宫研究院成立。这是"学术故宫"建设的有力举措，也标志着故宫学研究进入新的阶段。故宫研究院是故宫博物院设立的学术研究与交流的非建制机构，是以故宫研究院为基本力量，吸纳故宫博物院学术人才，会集国内外知名专家学者，共同搭建的开放式高端学术平台。故宫研究院以创建"学术故宫"为宗旨，以服务"平安故宫"为指针，引领学术发展，制定科研规划，考评学术成果，实现故宫学术研究、人才培养、学术出版和对外交流等事业的可持续发展；以"科研课题项目制"为基点，创新管理模式，努力发展成为国家级重大科研课题项目学术基地和故宫学研究的中心。

经过多年发展，故宫研究院已有1室15所，即研究室及故宫学研究所、考古研究所、古文献研究所、明清档案研究所、古建筑研究所、宫廷戏曲研究所、明清宫廷技艺研究所、文博法治研究所、书画研究所、陶瓷研究所、藏传佛教文物研究所、中外文化交流研究所、中国画法研究所、宫廷园艺研究所、书法研究所；在故宫博物院初步形成覆盖全面、专业突出和梯次完备的学术团队。故宫研究院成立以来，以其开放的学术胸襟、创新的机制接纳国内外学术界热心于故宫学术研究的人才，且与院内的专家学者共同构建高端学术研究平台。

2013年10月23日，故宫研究院成立。揭牌者为文化部副部长项兆伦（左）与故宫博物院院长单霁翔（右）

　　例如，考古研究所主要以历代王朝遗存考古、古陶瓷窑址考古为基础，结合出土文物，开展对中国古代文明和院藏文物的研究。其中对紫禁城的考古研究尤为人们所关注。考古所把紫禁城考古作为大型综合课题，以逐年配合院内工程建设进行考古发掘为切入点，建立相应的工作程序、科研路径和保护方案，逐步拼缀、完善紫禁城地下文化遗存地图。2014年7月至11月，故宫博物院在基础设施改造过程中，经国家文物局批准，对故宫内南三所、南大库、慈宁宫花园等3处发现古代遗迹的施工区域进行抢救性考古发掘，取得了一系列重要收获和对明清紫禁城的新认识：首次对故宫城墙的现代地面以下部分进行了考古解剖，认清了生土之上城墙基础、墙基、墙体乃至排水系统的完整结构；首次在多处宫殿建筑群范围内通过考古发掘揭露出年代明确、布局特殊的早期宫殿建筑遗址；首次在宫内库房区域科学发掘一处御窑瓷器的集中埋藏坑，填补了研究宫廷内残损御用瓷器管理制度的空白；首次将紫禁城视为一个整体，对城内各处考古发现的早期

设立在故宫城隍庙的故宫研究院

建筑基础进行精密测绘、科学记录，同时开展多学科的检测，为研究紫禁城建筑群的格局变化、工艺传承与制度沿革等提供了重要的第一手材料。专家们认为，故宫明清建筑基址考古项目体现出故宫考古理念与方法的新尝试，具有多方面的重大学术意义。

2013年8月获批设立的故宫博物院博士后科研工作站，是首批文博系统博士后工作站之一，使故宫跻身高端学术人才培养基地的行列。目前在站博士后人员28名，研究专业方向涵盖了考古、古建筑研究、文献整理、宫廷史、工艺史、文保科技、古代书画鉴藏史研究、古窑址调查、宫廷戏曲研究等方面。

从1999年到2020年，故宫博物院每年进行的一次科研课题申报，共立项院级课题446个。多年来，故宫博物院争取到国家社科基金重大项目、国家社科基金"冷门'绝学'和国别史等研究专项"课题、国家社科基金艺术学项目、教育部甲骨文专项和院课题等各类课题20多项。其中"新中国出土墓志整理与研究""故宫博物院藏殷墟甲骨文整理与研究""故宫文物南迁史料整理与史迹保护研究"先后被列入国家社科基金重大项目。"《满文大藏经》研究"被批准为国家社科基金"冷门'绝学'和国别史等研究专项"项目。2019年，故宫完成国家重点研发计划项目"不可移动文物本体劣化风险监测分析技术和装备研发"和"有机质可移动文物价值认知及关键技术研究"两个重大项目的申报立项。良好的学术土壤使故宫涌现出一批优秀的中青年学者，一大批青年专家也在迅速地进行学术积累。截至2020年8月，故宫博物院共有专业技术人员893人，其中高级职称345人。科学研究队伍的不断壮大、学术平台的搭建与完善、出版工作的蒸蒸日上，使"学术故宫"的建设也初具气象。

四、学术成果积累与故宫文化传播

编辑出版图书是宫廷文化的传统，也是今天传播故宫文化的一个重要形式。自1925年成立以来，故宫博物院把整理、刊印、传播故宫文化作为一项自觉使命，购买了先进的印刷设备，通过大量的各类印刷品，介绍故宫的文物藏品、明清档案以及紫禁城宫殿建筑，在学术界、文化界乃至全社会都产生了重大影响。

故宫博物院民国时期的出版物，较重要的有《故宫善本书影初编》《交泰殿宝谱》《历代帝后像》《掌故丛编》《史料旬刊》《故宫文物月刊》《故宫书画集》《故宫砚谱》《故宫方志目》《郎世宁画帧专集》《故宫名扇集》《清内阁库贮旧档辑刊》《历代功臣像》，以及《故宫善本书目》《故宫普通书目》《故宫殿本书库现存目》《故宫所藏观海堂书目》《满文书籍联合目录》《天禄琳琅丛书》等等。

1983年，紫禁城出版社正式成立。截至2003年底，紫禁城出版社成立20周年，出版物共计376种，其中反映故宫珍藏的有《故宫青铜器》《明清帝后宝玺》《清宫藏藏传佛教文物》等，配合故宫展览的图录有《清代宫廷包装艺术》《故宫藏日本文物展览图录》等，属于

故宫博物院早期的部分出版物

学术研究成果的有《明清瓷器鉴定》（耿宝昌）、《中国瓷器鉴定基础》（李辉炳）、《两朝御览图书》（朱家溍）、《中国历代书画鉴别图录》（刘九庵主编）等。紫禁城出版社还投入大量人力物力，利用清乾隆年刊刻的书版重新印刷《满文大藏经》40套，当年仅印刷12套。这一时期，故宫与香港商务印书馆合作的《故宫博物院藏文物珍品全集》（60卷），历时10多年得以出版，是全面展示故宫藏品的第一部大型丛书。

2004年，故宫成立了科研处、编辑出版委员会、文物征集鉴定委员会，筹建了研究中心，创办了《故宫学刊》，《故宫博物院院刊》和《紫禁城》也进行了改扩版。全院的科研出版和其他工作进入一个新的发展时期。

紫禁城出版社于2011年改名为故宫出版社，经过摸索，形成了文物艺术、宫廷文化、明清历史三大有特色的出版板块，并形成了"故宫博物院学术文库""中国考古文物通论""故宫博物院藏品大系""故宫经典"等若干富于故宫特色的系列出版物，逐渐形成囊括各个文物门类，资料性、学术性和普及性兼备且富有艺术性、知识性的出版特色。

故宫出版社的"故宫经典"系列、"明代宫廷史研究丛书"、《赵孟頫书画全集》、《钦定武英殿聚珍版书》、《故宫博物院藏清

《故宫博物院藏文物珍品全集》（60卷）

宫陈设档案》、《苏轼书法全集》、《蔡襄书法全集》、《黄庭坚书法全集》、《养心殿造办处史料辑览》（乾隆朝）、《故宫书画馆》、《故宫藏古代民窑陶瓷全集》、《故宫博物院藏品大系》、《明代宫廷建筑大事史料长编》、《王羲之王献之书法全集》、《故宫博物院藏中国古代窑址标本》、《中国古陶瓷研究》、《明清史学术文库》等17种图书列入"十二五"国家重点图书出版规划项目。收入清宫1万余册戏本的《故宫博物院藏清宫南府升平署戏本》（2017年）、收入故宫2000余件家具的《故宫博物院藏明清家具集》（2014年），都是故宫重要藏品全面整理的成果。

故宫重视学术传统的传承、学术资源的积累和学术成果的出版。从2005年以来，出版"故宫专家学术全集"系列丛书，其中收集了许多未曾公开发表的论著，有的带有抢救性质。目前已出版的有徐邦达、单士元、唐兰3位先生的全集，正在出版的有《罗福颐集》。故宫学术大家、中国古书画鉴定名家刘九庵先生300余万字的《刘九庵书画鉴定研究笔记》也于2020年由故宫出版社出版发行。

"故宫博物院学术文库"已出版14本。"紫禁书系"以学术专题专论为特点，偏重为中青年业务人员搭建学术平台，已出版29本。"明代宫廷史研究丛书"是2005年确定的故宫博物院重点科研项目，共计20种已出版15种。"故宫学视野丛书"旨在展示故宫学研究的新

故宫博物院学术文库

成果，已推出9种。

　　故宫博物院近年来有计划地组织编写、出版大型的资料丛书或工具书。除古建筑类的《明清宫廷建筑大事史料长编》《故宫古建筑保护工程实录》外，重要的有《故宫博物院藏品大系》、《故宫博物院藏品总目》和《故宫博物院藏文物精品集》（10卷英文版）等。这三部书既是北京故宫博物院的基本建设项目，也是故宫学研究的重要基础。《故宫博物院藏品大系》从故宫博物院180余万件藏品中精选最具典型和代表性的文物15万件，分为26编，总规模预计500卷左右，是一项浩大的出版工程，被誉为"纸上故宫"，至今已出版80多卷。2013年1月，故宫博物院通过网站首次向社会公布第一期《故宫博物院藏品总目》简目，共18大类66万件。《故宫博物院藏文物精品集》（10卷英文版）收录珍贵文物图片近3000幅，20万文字（汉字）则凝聚了故宫三代专家学者的鉴定与研究成果，这也是国内出版史上第一次推出的大型英文版文物图集。全书2015年由商务印书馆香港有限公司译成英文后出版并向全球发行。

　　《明清论丛》是故宫博物院和北京大学合作创办的大型明清研究集刊，于2000年创办，每年出一辑，每辑80万到100万字。《故宫学

《故宫博物院藏文物精品集》（10卷英文版），香港商务印书馆，2015—2017年

刊》创刊于2004年，每年一辑，每辑60余万字，甚至100万字。持续出版的还有《中国紫禁城学会论文集》《中国古陶瓷研究》。这些书刊，都受到学界的普遍关注。

五、"故宫在北京，故宫学在中国、在世界"

公开、开放是故宫博物院的优良传统。由于故宫学具有多学科交叉或者说跨学科的特点，加之清宫文物在海内外的大量散佚，客观上为更多的机构与个人参与故宫学研究提供了条件，因此故宫学从一提出就强调其开放性的特点。学术为天下公器，故宫学一直倡导"故宫在北京，故宫学在中国、在世界"的学术理念。故宫学不只是两岸两个故宫博物院、海内外收藏有关清宫文物的机构或个人的事，而应该是海内外学术界的共同事业。

故宫学的学科概念，自提出以来逐渐得到学界和教育界的认可和重视，故宫博物院也十分重视与各有关研究机构尤其是高等院校的交流与合作。

自2010年起，一些著名的高等院校与故宫博物院就联合开展故宫学的教学与研究达成合作意向。中国社会科学院研究生院自2010年11月在其文物与博物馆专业硕士教学中心下设"故宫学"方向课程，学制两年，授予"文物与博物馆专业硕士"学位。至2021年，共招生78人，已毕业并授予学位64人，目前在读7人，即将入学7人。2011年5月，浙江大学"浙江大学故宫学研究中心"正式挂牌。2012年12月，南开大学成立"故宫学与明清宫廷研究中心"。2018年5月，深圳大学成立故宫学研究院。

自2012年起，故宫博物院于每年暑假期间，举办故宫学高校教师讲习班，学员来自国内知名高校相关专业领域的一线教师。至2021年共举办9期（2020年因疫情未办），参加的有来自全国27个省级行政

2011年7月14日，故宫博物院与浙江大学在杭州合作"浙江大学故宫学研究中心"。揭牌者为郑欣淼与浙江大学党委书记张曦

区（含香港、台湾）120所大学的210名教师，还有美国、日本的教授各1名。故宫博物院自2012年开始启动招收故宫学访问学者，为愿意并有能力到故宫博物院从事学术研究的国内外专家学者提供良好的研究机会和学术环境，搭建学者之间深层交流的平台。

　　与此同时，故宫博物院还就陶瓷研究、藏传佛教研究以及文物科技保护研究等方面与美国、法国、日本等国家以及我国香港地区的一些大学积极展开合作，并取得了显著的成果。

　　令人注目的是，海内外一些大学也陆续开设了传播故宫知识、故宫文化的"故宫学"课程，有的还被评为精品项目，受到学生的欢迎。2009年秋季，我国台湾新竹清华大学的谢敏聪先生开风气之先，设立了"故宫学概论"选修课程，而且给予学生正式学分。学生对故宫知识十分渴求，每学期80位的选课名额，约有2000名学生踊跃申请。为此，校方特增加15位选课名额以满足学生的报名需求。深圳大学2016

年在大陆高校首开"故宫问学"通识课程（选课人数曾位列全校公选课前10名），至今已开设9个教学班；另还开设有聚徒教学、科研短课等，选课学生累计近500人。

2009年秋季，我国台湾新竹清华大学的谢敏聪老师开设了"故宫学概论"课程

"智慧树"是大型的学分课程运营服务平台，其策划与制作的"走进故宫"课程，由故宫的14位专家讲授，设28个学时，2学分。作为高校通识教育的在线教程，至2019年5月，累计已有469015名大学生修读并获得学分，开设故宫学课程的选修学校为1007所，学生满意度达96%。截至2020年春季学期，已经获得学分的大学生总人数为74万。截至2022年8月，"走进故宫"累计选课人数已达121.31万，开设课程的学校累计达1170所，目前我国普通高等学校共2759所（未含港澳台地区），"走进故宫"已覆盖42%。

目前与故宫博物院合作的高等院校大都有着先进的教育理念、雄厚的教育资源、严谨的科学态度和优良的学术氛围，而且在学科设置和发展上各具特色、优势突出，并形成各自优良的学术传统。与高校

2012年，首届故宫学高校教师讲习班举办　2021年，第九届故宫学高校教师讲习班举办

的合作将极大地发挥故宫博物院和高等院校在学术资源和学术人才方面的优势互补作用。故宫博物院的发展将得到强大的理论支持和学术后盾，高等院校也将完善自身的学科建设与社会沟通的能力，尤其是故宫学作为学术研究方向和人才培养方向被纳入研究生教育体系，这对故宫学的学术研究和学科建设具有重要意义。

在扩大与高校合作的同时，故宫博物院也与包括中国台北故宫博物院、沈阳故宫博物院、南京博物院等在内的一些文博机构建立合作关系。这些合作研究平台和多元化学术交流机制的建立，为故宫博物院的学术研究、人才培养创造了更多条件。

从2019年以来，故宫博物院在与大学、文博机构的合作基础上，思路更开阔，步伐也更加大；其中2019年10月20日与北京大学、敦煌研究院三方签署战略合作协议，启动战略合作，受到文化教育界的广泛关注。

2019年10月20日，故宫博物院与北京大学、敦煌研究院三方在故宫签署战略合作协议，启动战略合作。左起：故宫博物院院长王旭东、北京大学校长郝平、敦煌研究院院长赵声良

　　故宫博物院、北京大学、敦煌研究院三方合作的原则是"立足长远、优势互补、务求实效"。北京大学充分发挥历史学系、考古文博学院、艺术学院等院系的优势学科力量，故宫博物院、敦煌研究院充分利用资源优势和现有研究基础，强强联合，建立多学科、跨学科的协同研究机制，充分发掘现有及潜在的物质与非物质文化遗产资源。北京大学充分发挥在云计算、大数据、互联网+、人工智能等领域的技术优势和科技创新潜力，在文化遗产领域从挖掘到保护、从传播到传承的多个方面引入前沿技术，提升文物工作的科技水平。三方共同致力推动我国加快建成文物科技创新体系，在基础研究、重大关键技术、国产主要装备、标准体系建设等方面取得突破；三方鼓励并支持专家学者共同申报国家级、省部级科研项目，参与重大课题攻关；三方共同策划、组织具有国际影响的文物和艺术展览，共同推动故宫文化研究、敦煌文化研究工作。共建"一带一路"，加强同相关国家的文化交流，增进民心相通。

　　故宫博物院与北京大学签署共建合作协议，以共建研究中心为平台，合作开展文博人才培养、文化遗产保护研究等工作。北京大学在故宫博物院挂牌学生社会实践基地，聘请故宫博物院宫廷历史、古建筑、古书画、古陶瓷、博物馆等领域知名专家学者担任博士生导师。北京大学充分发挥历史、艺术、考古文博等院系的优势学科力量和人文社会科学研究院、国学研究院的雄厚学术资源，集合双方及国内外学术力量，推出一批与故宫相关的重大研究成果。这一战略合作宏图正在逐步具体实施，其成果可期。

对外交流的通道　文明对话的平台

　　故宫博物院一成立，就不仅是中国的故宫，也成为世界的故宫，成为中外文化交流的重要通道。

　　回顾故宫博物院近百年的历程，对外交流始终没有停息过。建院早期由于政局的原因，有过短期的停顿，后来又有战争的影响；但即使是在最艰苦的岁月里，故宫人仍然致力于让世界了解中国，凭借精彩的展览，让世界惊叹于中国光辉灿烂的传统文化和艺术。

　　中华人民共和国成立后至20世纪70年代初，由于国家总体外交大局的影响，故宫博物院仍然保持了与一些友好国家的交流与合作关系。改革开放以来，故宫以更为开阔的视野和更为开放的意识，加强与国际的联系沟通，无论在展览、国际合作，还是在学术交流、培训方面，都呈现出新的局面。2004年故宫外事处成立是个标志性事件。随着故宫对外交流的步伐不断加快，交流的范围不断扩大，其交流的形式也不断变化。总的发展趋势表现在以下三点：一是由过去单一的对外展览为主转变为全方位、多层次的交流；二是从以前单方面赴外展览转变为与从国外引进展览、交换展览并重；三是从过去只针对发达国家的交流转变为面向更加广阔的国家和地区，包括更多的发展中国家。同时，继续保持与我国港、澳、台等地博物馆的展览和学术联系，特别是保持与我国台北故宫博物院的联系。

　　故宫博物院的对外交流在配合国家外交大局、传播中华传统文化方面做出了积极贡献，同时在促进博物院自身的学术研究、文物保护、人员培训、博物馆管理方面也发挥了重要作用。

　　故宫博物院的对外交流主要包括与海外文博界的广泛交流、对外展览以及在故宫古建筑维修上的多方面合作。

一、从故宫协助会到国际博协国际培训中心

　　早期故宫在有限的条件下，重视对外交流，体现了博物院的胸襟。1927年3月7日10时，德国博物院东方美术部长曲穆尔博士参观故宫博物院并进行演讲，这是故宫，也是我国与国际进行的最早的有关博物院管理与陈列形式的学术交流活动。

　　故宫建院之初，秉持"学术为天下公器"的理念，在进行文物整

1930 年 10 月 21 日，故宫博物院理事长李煜瀛柬请各国公使、外交团并河北省政府各要人及银行团来院参观，并在御花园餐叙

理、业务建设时，大胆地引进中外专家学者共同参与。最早获聘任的外国专家是钢和泰。钢和泰的贡献在本书后面的"故宫人"板块中有专门介绍。

还有一位著名人物是美国人福开森（John Calvin Ferguson，1866—1945）。他是教育家、文物专家、慈善家、社会活动家，中华民国初期总统府政治顾问。福开森在华57年，对中国社会颇具影响，对中西文化交流卓有贡献。他能说一口极流利的南京话，能书写漂亮的毛笔汉字，特别热衷于鉴别与收藏中国古董字画。福开森后居北京，且著书立说，专论中国艺术品和古代文物。

故宫博物院1929年开始聘任专门委员，古物馆遴选文物鉴定专家，提了一个10人名单并附简介，第七位是"福开森，美国人，主办《中国美术》杂志，善鉴别书画瓷器"。故宫专门委员后来分为特约与通信两种，特约专门委员是直接参与故宫文物清理、鉴定及审查工作；通信专门委员是给予知名学者的荣誉性职衔，也在文物审定等工作中以备咨询，给予指导。在55位专门委员中，福开森名列12位特约委员之中，每月有80元薪金，就是说，他经常要行走在红墙之内。钢和泰则是通信专门委员。1948年5月25日，福梅龄女士将其父福开森生前收藏的金石、书画类中文图书1237种捐赠给故宫博物院。

故宫博物院的顾问中也有外国人。如英国人斐西瓦乐·大维德（Sir Percival David，1892—1964），就是一位重要的中国瓷器收藏家。他收藏的中国瓷器达到1400多件，绝大多数为历代官窑中的精品和带重要款识的资料性标准器，所藏汝窑、官窑和珐琅彩瓷器均甲于海外藏家，名重天下的元青花标准器——至正型青花瓶更被陶瓷界命名为"大维德瓶"。他曾捐款修缮景阳宫瓷器陈列室，也是举办"伦敦中国艺术国际展览会"的倡议者之一，并被故宫博物院聘为顾问。

故宫博物院的外籍顾问还有司徒雷登（John Leighton Stuart，1876—1962）及顾临（Roger S. Greene，美国人，或译葛霖，协

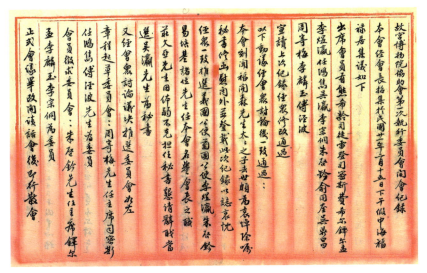

故宫博物院协助会第一次执行委员会开会记录

和医院代理院长）、孔达（Victoria Contag，德国人，女，文学博士、柏林东方艺术博物馆研究员）、铎尔孟（André d'Hormon，字浩然，法国人，汉学家，前北京大学教授、中法大学教授、中法教育基金委员会委员）、贝熙业（Jean Jérome Augustin Bussière，法国人，医学博士、北平法国医院院长、法国大使馆医官）。故宫博物院给这些人士都发放了故宫徽章，以利其出入。

　　值得注意的是，1932年2月7日，一批中外人士在北平中海福禄居还组织成立了"故宫博物院协助会"，这是与故宫发展有直接关系的一件大事。熊希龄、司徒雷登、吴鼎昌、福开森、钢和泰、周作民、朱启钤、周寄梅、裴习尔、司米斯、铎尔孟、任鸿隽为常务委员，熊希龄、司徒雷登为事务会长。会长司徒雷登，美国传教士，出生于杭州，说一口流利的杭州话，为燕京大学创始人并主持校务达27年之久，最后一任美国驻中华民国大使。后来加入协助会的中外人士不断增多，都是当时有一定地位与影响的人。如仅1932年11月，协助会就接收会员18人，其中13位为外国人，包括协和医院代理院长、美国人顾临，新加坡华裔吴赉熙。吴赉熙为英国剑桥大学医学博士，后定居北平，喜欢中华文物。国人则有胡若愚、沈兼士、江瀚、张继、马衡等5位。

协助会得到故宫博物院的大力支持。从李煜瀛、易培基、张继到俞同奎、马衡、李宗侗、袁同礼、吴瀛等都是协助会会员，李煜瀛、易培基还与意大利公使、葡萄牙公使、法国公使、朱启钤一起被聘为名誉会长。协助会召开常务会，每次邀请故宫方面如李宗侗、俞同奎甚至李煜瀛、易培基等人列席，"以备接洽"。故宫博物院档案室保存了协助会成立及7次常务会与其他临时会的所有记录材料。协助会在文物南迁后，因"故宫博物院以国难期间，一切工作暂时不能发展，本会会务连带停止"。协助会存在时间不长，但产生过相当的影响。

协助会者，襄助故宫事业发展之民间组织也。协助会的常务会做出过一些有关故宫博物院建设的决议，如提出故宫博物院美术出版物应与外国博物馆或图书馆交换，议决由故宫秘书处与图书馆协商，拟具办法直接办理；讨论过修理文渊阁的建议，议决由故宫函请营造学社同主管人勘察后提交协助会讨论。故宫博物院也重视发挥协助会的作用。1932年9月23日，故宫第二次院务会议讨论图书馆房屋修缮，议决"向协助会建议筹款修缮"。

协助会对故宫文物南迁之事一直予以高度关注，并为此召开多次会议。1933年1月初，日军占领山海关，故宫协助会即于1月13日召开临时紧急会议，商议故宫文物南迁上海事宜。会议由会长司徒雷登主持，故宫院长易培基列席。经会议决议：故宫物品南迁部分应在沪由故宫博物院组织分院保存陈列，或俟北方时局平靖仍可运回一部分，其留北平部分仍应就地尽力设法维护。1月16日，司徒雷登、朱启钤、周作民、钢和泰代表协助会出席故宫博物院理事会在北平理事会议，提出"故宫文物运沪，即在沪设故宫博物院分院，整理陈列，不得分散；如迁他处，同此办理"等请求，并致故宫易院长请转电行政院，请早日决定确实安全办法，妥为保存南迁文物。应协助会函请，故宫理事会在北平理事于1933年1月15日特开会议一次，听取协助会司徒雷登、朱启钤、钢和泰、周作民4位代表关于文物南迁重要意见的陈述。1933年2月16日，故宫协助会召开临时会议，时南迁文物已运抵南京浦口，但中政会议决定又要运存其于河南开封，协助会认为"古物停留该处，殊多危险"，决议拟请故宫博物院"按照本会前此建议，电请政府速定安全办法与地点，妥为保存"。

中华人民共和国成立以来，故宫博物院在对外交流、文明对话中发挥着不可替代的作用。故宫认为，博物院的历史就是文明对话的历史。故宫及其丰富的珍宝属于中国人民，也是全人类的文化遗产，在人类文明及其对话中具有新的历史地位。2004年，故宫博物院在迎接建院80周年华诞的前夕，就曾以"文明对话"为主题举办过紫禁城国际摄影大展。

作为文明对话的一种特殊形式，故宫接待了全世界几乎所有国家的元首。时至今日，凡是与中国友好交往的国家，其国家元首访问中国时，几乎无一例外地会参观访问故宫博物院，这已经成了中国和世界外交活动领域的一个重要内容。文明对话从当初打破政治僵局、缓和紧张气氛的一缕清香，进而成为增进了解、达成谅解、结成友谊的纽带和桥梁。这种世界政治文化现象充分说明，以一个国家一个民族最具有代表性的文化遗产为媒介的文明对话，在世界和平与人类进步的事业中发挥着极其重要的作用；不只是举足轻重的外国政要，包括来自世界任何一个地方的普通公民，都可以作为各自文明的使者，通过参观访问故宫，来和东方及中华文明平等对话。他们用这种特殊的方式来表达对中华文明的尊重和对中国人民的友好情感，故宫博物院也因此成为人类文明对话的重要舞台和吉祥胜境。

1956年5月，故宫博物院吴仲超院长赴苏联参加特列恰可夫画廊100周年纪念大会，这是故宫首次参加国际性的会议；1983年4月，杨伯达应邀赴香港中文大学讲学；1985年5月，杨伯达、徐邦达应邀参加美国纽约大都会艺术博物馆举办的"图像与文字：中国诗、书、画的关系"国际学术研讨会，为故宫研究人员到海外学术交流开了个头；1989年，故宫举办了"明代吴门绘画国际学术研讨会"，这是故宫筹办的第一个国际性的学术研讨会。

故宫与国际博物馆界的交流合作在不断发展。2004年以来，故宫先后与法国卢浮宫博物馆，英国大英博物馆、维多利亚与阿尔伯特博物馆，美国博物馆联盟、大都会艺术博物馆、波士顿美术馆、弗吉尼亚美术博物馆，俄罗斯艾尔米塔什博物馆、克里姆林宫博物馆，澳大利亚维多利亚州国家美术馆，印度尼西亚国家博物馆等世界级博物馆签署全面合作协议，2005年成功举办题为"紫禁城对话"的博物馆馆长高峰论坛。

故宫博物院重视国际学术交流。特别是随着故宫博物院古陶瓷研究中心、古书画中心等研究机构的成立，博物院与境外学术界的交流更加频繁。各中心通过聘请境外学者担任客座研究员、召开国际研讨

2005年9月，世界五大博物馆馆长紫禁城对话在故宫举办

会等形式进行国际学术交流活动。

如2005年10月成立的以故宫院藏约37万件陶瓷为研究对象的古陶瓷研究中心，除聘请故宫耿宝昌、李辉柄等10人为研究中心研究员外，还聘请了20位国内外著名专家、教授、学者担任研究中心的客座研究员，他们都是享誉国际陶瓷研究界的翘楚：戴浩石先生（Mr. Jean-Paul DESROCHES），法国巴黎吉美博物馆馆长；伊娃·斯特霍伯女士（Dr. Eva Str. ber），德国德累斯顿国家艺术收藏馆东方陶瓷研究员；苏珊·瓦伦斯登女士（Ms. Suzanne G. Valenstein），美国纽约大都会艺术博物馆研究员；长谷部乐尔先生，日本出光美术馆理事；艾丝维尔多女士（Ms. Ayse Erdogdu），土耳其伊斯坦布尔托普·卡普·萨莱博物馆研究员；郭勤逊先生（Mr. Kenson Kwok），新加坡亚洲文明博物馆馆长；宿白先生，北京大学教授；汪庆正先生，上海博物馆副馆长、研究员；郑良谟先生，韩国京畿大学校硕座教授、文化财务委员会委员长；葛师科先生，香港"敏求精舍"收藏家协会现任执委；林业强先生，中国香港中文大学文物馆馆长、教授；廖桂英女士，中国台北鸿禧美术馆副馆长；蔡和璧女士，中国台北故宫博物院研究员；廖宝秀女士，中国台北故宫博物院研究员；叶喆民先生，中央工艺美术学院教授；陈铁梅先生，北京大学考古系教授；关振铎先生，清华大学材料科学与工程系教授；李家治先生，上海硅酸盐研究所研究员、世界陶瓷科学院院士；罗宏杰先生，上海硅酸盐研究所所长、研究员；李虎侯先生，首都师范大学地理系教授。他们对故宫博物院的古陶瓷研究、保管、陈列提出了指导性意见，并在相关课题研究中发挥了学术顾问的重要作用。

故宫博物院还努力为国际文博事业做出新的、更多的贡献。2013年7月，根据国际博协第二十二届上海大会通过的决议，国际博协、中国博物馆协会和故宫博物院三方合作建立"国际博物馆协会国际博物馆培训中心"。该中心设在故宫博物院，是国际博协唯一的博物馆专业培训机构。培训中心以促进发展中国家，特别是亚太地区国家博物

2013年7月1日，国际博物馆协会国际博物馆培训中心签署框架协议

2019年11月29日，第三届文明古国论坛部长级会议开幕

馆业务水平为宗旨。截至2019年11月，共有434名国内外博物馆专业人员参与培训中心项目，并获得由国际博协颁发的结业证书。其中国际学员231名，覆盖亚、非、欧、拉丁美洲和大洋洲73个国家的175家机构。这些机构中，既有综合类博物馆，也有自然科学、艺术、遗址类博物馆，还有高校博物馆和文博科技公司等。

近几年来，故宫博物院在对外开放合作中有不少举措，其中影响最大的是举办"太和·世界古代文明保护论坛"，努力为世界古代文明保护与传承做贡献。从2016年至2019年，"太和论坛"已连续成功举办了四届。论坛代表在2016年为涉及埃及文明、美索不达米亚文明、印度文明、希腊和罗马文明、中华文明、波斯文明、玛雅文明7个古文明的专家学者、外交人员；后又把文明古国范围扩大到20个左右。论坛还邀请了国际文物保护与修复研究中心、国际博物馆协会、国际古迹遗址理事会这三个国际组织的专家与会。论坛旨在研究和探讨在当今国际环境下，世界文明古国文化遗产在保护方面存在的问题，促进文化遗产领域同人的交流与合作，推动世界古代文明在当今人类社会发展中发挥持久作用。每次都有新的主题，会议结出了丰硕的成果。

二、从伦敦艺展到盛世华章展

对外展览是故宫对外交流中最为重要的部分，直接关乎世界舞台上中国传统文化的弘扬问题。

故宫第一次参加国际展览是以图片形式进行的。1929年，故宫博物院将文渊阁建筑之内外构造、文渊阁藏书及庋藏图书之设备拍成照片6种，并加以染色，作为展品，参加国际图书馆协会于7月在意大利罗马举办的国际图书展览会。

故宫第一次文物出国是1935年冬至次年春赴英国参加的"伦敦中国艺术国际博览会"。这是20世纪初举办的规模最大、影响最为深远的中国古代艺术品展览，此次展览共计15个国家参加，提选展品总计

1935 年，故宫文物运赴英国伦敦参加伦敦艺术展。图为文物抵英后开箱的情形

3000余件；中国提选857件，其中故宫博物院选品共735件，其他文博机构及个人共287件。地点为伦敦皇家艺术学院百灵顿厅，展览以英国国王夫妇及中华民国国民政府主席林森为荣誉主席，英国首相拉姆齐·麦克唐纳及中华民国行政院院长蒋介石为荣誉会长，这是中国历史文物，也是故宫博物院文物首次出国展览。参观者逾42万人，为英国人民了解中国悠久的历史和璀璨的文化打开了大门，在英国甚至欧洲掀起了一股"中国热"。

故宫第二次外展是1939年。这一年，故宫博物院挑选100件精品文物赴苏参加莫斯科"中国艺术展览会"展览。1940年1月2日，展览在莫斯科国立东方文化博物馆开幕，并取得良好效果；后来展品又运往彼得格勒展出。苏德战争爆发后，这批文物于1942年运回中国。

故宫还有一次鲜为人知、未能成行的外展。1938年4月，故宫奉行政院令提选展品参加美国"纽约世界博览会"，已积极准备了3个月，后因这年10月武汉沦陷，此决定遂予以取消。故宫博物院理事会文献存留下了这件尘封的旧事。

中华人民共和国成立后，故宫外展在新的国际环境下逐渐发展。20世纪50年代组织了赴苏联及各东欧国家的大型巡展，70年代曾组织赴日本的"明清绘画展"和"陶瓷标本展"。70年代初期，由于外交形势的变化，故宫的对外交流工作进入了一个新的阶段。1974年，中日邦交正常化两年之后在日本举办的"故宫博物院密藏：中华人民共和国明清工艺美术展"展览，标志着故宫赴外展览的复苏。

随着改革开放的步伐，故宫对外展览也出现了新局面。不仅数量大幅

1940年1月，故宫文物参加莫斯科"中国艺术展览会"展场

增加，展览主题也由传统的器物和书画扩展到生活用品、家具内饰、武备仪仗等古代宫廷文化及生活多个方面。1984年两次赴美的"紫禁城文物展览"和"紫禁城中和韶乐乐器展"，1985年赴德国的"故宫珍宝展"，1986年赴美国的"故宫钟表工艺展"，1987年赴中国香港的"清代广东贡品展览"，均收到良好效果。从1988年开始，外展数量进一步增多，展览主题也开始多样化。经对故宫1990年到2000年的10年间各种外展统计，日本21次、美国10次、西班牙2次、法国2次、葡萄牙1次、韩国1次、墨西哥1次、荷兰1次、瑞士1次、意大利1次、德国1次以及我国香港7次、澳门3次、台北5次，合计57次。又据统计，从1980年首赴新加坡举办"故宫珍宝展"以来，截至2014年底，故宫赴我国港、澳、台三地及北美、欧洲、大洋洲、亚洲等十几个国家的境外展览，总数已达250多次。

进入新世纪，特别是从2004年以来，故宫对外展览有了新的发展，重要展览项目增多，展览水平进一步提升；其中配合国家大局和重要外交活动而赴外国举办的一些展览，更是广受关注，影响深远。

"中法文化年"的重点项目是2004年1月24日至5月31日由故宫博物院在法国凡尔赛宫博物馆举办的"康熙时期艺术展"，该展正值胡锦涛主席访法和北京文化周隆重推出期间。"康熙时期艺术展"作为在法举办的"中法文化年"三大主题之一的"古老的中国"中的重头戏，迎来了"中法文化年"的第二个高潮。

作为在法国举办的"中法文化年"的压轴戏"神圣的山峰展"，于2004年3月30日至7月28日在法国巴黎大宫殿博物馆举办，这是由故宫博物院与上海博物馆、辽宁省博物馆、南京博物院、河南博物院等8家文博单位的绘画和器物精品组成的大型展览。法国总统希拉克参观展览并参加了开幕式。

与远在法国的"中法文化年"遥相辉映，2004年10月10日晚，作为在中国举办的"中法文化年"开幕式的雅尔激光音乐会在故宫午门举行。为准备这场音乐会，确保场地安全，故宫博物院连续10余天关闭午门，并暂停了午门的修缮工程，这是故宫博物院建院近80年来首次为重大活动关闭午门。

配合国家主席胡锦涛访英，2005年赴英国伦敦皇家艺术学院举办"盛世华章展"，胡锦涛主席与英女王伊丽莎白二世出席，盛况空前。

2006年10月赴丹麦克里斯钦堡宫举办的"中国之梦展"，丹麦女王玛格利特二世与丈夫亨里克亲王等出席了开幕式。

2007年赴俄罗斯的"故宫博物院皇家珍藏展"，是我国在俄罗斯举办"中国年"活动的重点文化项目，国家主席胡锦涛为该展览图录题写了贺词。

2011年赴美国夏威夷檀香山艺术博物馆的"紫禁城山水画精品展"，由檀香山艺术博物馆与2011亚太经合组织领导人峰会共同举办，来自亚太经合组织21个成员国的政府高层领导人，包括来自中美两国的高层代表团，均参观了该展。

2011年在法国卢浮宫举办的"重扉轻启——明清宫廷生活文物展"，是卢浮宫与故宫博物院对等交换的展览，也是故宫首次在卢浮

2011年，故宫文物在法国卢浮宫内的展览宣传海报

宫这一西方最重要的古典文明的核心地带高水准、大规模地展示中华文化遗产，打破了中国乃至东方文物从不在卢浮宫博物馆展出的惯例，具有重要而深远的意义。胡锦涛主席和萨科奇总统是这个展览的监护人。同时，北京故宫博物院文物保护基金会也赴法组织了"中法企业家在文化交流中的作用"的主题座谈会。

值得重视的是2005年故宫在英国伦敦皇家艺术学院伯灵顿宫的展览。这是相隔70年后，故宫又在同一地点举办的展览。400余件精品文物，反映了清代康熙、雍正和乾隆三朝历时130余年间政治、宗教、军事、文化、艺术等各个领域的强盛与辉煌，在英国媒体上再次掀起讨论中国文化的热潮，并再现了70年前的盛况。但两次的时代背景不同，效果也有不小差别。1935年故宫文物避寇南迁，赴英展览文物就是从南迁文物中挑选出来的。中国的艺术珍品虽然在英国乃至欧洲引起巨大反响，但中华民族却到了最危难的时刻。当时的中国还是一头"睡狮"，是被外国人所看不起的。故宫博物院派往英国办展览的一位先生就对此很有感触，他说："夫艺展之在英伦，固曾轰动一时，若谓由是可以增睦邦交，提高国际地位，虽非缘木求鱼，亦等镜花水月。"（庄严《山堂清话·伦敦中国美术国际展》）

2012年1月，为纪念中日邦交正常化40周年，"国宝观澜——故宫博物院文物精品展"在东京国立博物馆开展，254件稀世珍宝为展览带来了瞩目的亮点。其中，经国务院特批，《清明上河图》首次走出国门，亮相海外，引发轰动。日本天皇夫妇、前首相鸠山由纪夫、福田康夫、森喜朗等众多政要及学者、文化界知名人士专程前往参观。我国党和国家领导人对展览给予了高度评价并做出重要批示。

此外，还有2010年与2013年在英国维多利亚与阿尔伯特博物馆举办的"紫禁城皇家服饰展"与"中国古代绘画名品展"，2014年在加拿大皇家安大略博物馆及温哥华美术馆等举办的"紫垣撷珍——明清宫廷生活文物展"等。

1958年5月，"罗马尼亚民间艺术展览"在故宫昭仁殿开幕，展品91件，这是国外艺术品首次在故宫办的展览。进入21世纪，故宫不只把更多的故宫文物展览送到国外，也有计划地把国外重要博物馆的展览引进故宫，让国人可以在故宫看到不同民族的文化瑰宝，看到世界文化的多元性。这既是故宫博物院胸怀眼界的不断开拓，也是跻身于世界大博物馆之列的体现。

2004年5月，巴西"亚马孙原生传统展"在故宫神武门城楼举办，巴西总统卢拉与中国国务委员陈至立出席开幕式。

2005年午门现代化展厅的建成，开启了故宫博物院举办国际大展的历程。其中有些是配合国家的外交，引起很大轰动：

2005年4月21日，在午门举办的"太阳王路易十四——法国凡尔赛宫珍品特展"开幕

配合"中法文化年"，于2005年4月举办"太阳王路易十四——法国凡尔赛宫珍品特展"，国务院总理温家宝与来访的法国总理拉法兰共同出席了开幕式，为展览剪彩并参观展览。

为纪念中瑞建交55周年，2005年9月举办了"瑞典藏中国陶瓷珍品展"，瑞典王国王储维多利亚公主出席开幕式并剪彩。

2006年引进的"克里姆林宫珍宝展"，俄罗斯联邦总统普京为展览题写祝词。

还有2007年的"英国与世界——1714—1830展""中国·比利时传统绘画展""西班牙骑士文化与艺术——马德里皇家武器博物馆珍品展"，2008年的"卢浮宫·拿破仑一世展"，2009年的德国"白鹰之光——萨克森-波兰宫廷文物精品展（1670—1763）"、法国"卡地亚珍宝艺术展"等。这些展览分别从法国、瑞典、英国、俄罗斯、比利时、西班牙等不同国家引进，合作单位大多是世界著名的博物馆，像英国的大英博物馆、法国的卢浮宫博物馆、俄罗斯的克里姆林宫博物馆、西班牙的马德里皇家武器博物馆等。这些展览中，多数是以两馆交换的形式进行，即双方根据对等原则，各自挑选展品赴对方馆内展出。

后来还有2016年的"梵天东土并蒂莲华：公元400—700年印度与中国雕塑艺术展"、2017年的"茜茜公主与匈牙利：17—19世纪匈牙利贵族生活展"、2018年的"贵胄绵绵——摩纳哥格里马尔迪王朝展（13—21世纪）"等，也都展现了不同文化的精髓，得到了观众好评。

2017年在故宫展出的"浴火重光——来自阿富汗国家博物馆的宝藏"也很有意义。代表着20世纪阿富汗考古发掘成果的231件（套）顶级文物，在讲述阿富汗历史的过程中，让观众更深入了解了那条古老的文化之路，更直观地理解了"丝绸之路"的历史意义与"一带一路"的现实意义。这次阿富汗文物展览既是丝绸之路精神的传承，也为增进中阿两国传统友谊增添了浓重的一笔。

从以上展览可以看到，故宫多年来也着意于与世界皇宫类博物馆的交流。

故宫博物院已形成了以宫廷文化生活为主题展览的响亮品牌并颇受欢迎，此外还在展览主题方面积极创新，做了一些有益的探索。如2007年故宫与比利时布鲁塞尔美术宫合作举办的"中比绘画五百年展"，首次以中、外双策展人的形式策划展览，将中国与西方绘画对比展出。2010年至2011年，故宫赴美国数个博物馆巡展的"乾隆花园古典家具与内装修设计展"，首次大规模和全面地赴外展出原状文物和室内装修，所选文物种类虽多，但在级别上不算很高，甚至还有建筑构件及花园中的山石等。这些打破常规的文物的组合，因很好地反映了乾隆花园的精美景致和乾隆帝的思想、情趣以及追求，收到了很好的效果。这使故宫受到很大启发，即文物展不能只强调文物的等级，而要确立富有创意的展览主题，重视文物的组合及文物背后的故事，重视故宫文化的整体性。

三、从洛克菲勒基金会的第一笔捐款到
故宫文物保护基金会

紫禁城是世界上规模最大的木结构皇宫古建筑群,它是世界人民喜爱的文化瑰宝,它的修缮保护也引起海外的关注与支持。

清室善后委员会接收清宫之初,宫内建筑除养心殿、储秀宫、长春宫、永和宫、重华宫等处尚未破旧外,其余殿、宫多年久失修,荒芜残破。故宫博物院成立之初,由于经费紧张,加之政治环境复杂,仅对西朝房、右翼门等处进行了修缮。1928年南京国民政府接管故宫,博物院进入一个新的发展时期,古建修缮提上重要议事日程。1929年3月,乐寿堂修缮开始。

1929年5月,故宫得到第一笔捐助资金。5000元美金来自美国洛克菲勒基金会,牵线人是故宫博物院专门委员会外籍委员钢和泰,用途是修缮慈宁宫花园的几座佛堂。因为钢和泰认为,世界各国博物院所藏的佛像,唯慈宁宫花园各佛殿所藏最为精美,但可惜供奉如此精美而具有重要价值佛像的几座喇嘛庙却因年久失修而破败不堪。从故宫档案看,他于1928年赴美访学时"向美国代为募款修缮"也是受故宫之托。

故宫博物院对这笔专款使用很重视。1929年7月4日,钢和泰偕同洛克菲勒基金会驻华代表暨协和医院代理院长顾临及工程师安纳等勘查慈宁宫花园工程,决定先行修理咸若馆、宝相楼、吉云楼、临溪亭、慈荫楼5处屋顶工程,并更换朽烂柁柱;6月7日,故宫博物院拟成立慈宁宫花园工程委员会,并聘任钢和泰、安纳、汪申、马衡与俞同奎为委员;6月7日,工程委员会召开第一次会议,开标择选承修厂商,并讨论洛克菲勒基金会捐款的支付方式以及安排钢和泰拍摄记录修缮工程事宜。7月15日,工程委员会召开第二次会议,勘验第一期屋

顶工程成果，并讨论第二期工程进行办法。配合工程进度，顾临和安纳将洛克菲勒基金会的捐款分期拨付故宫博物院。1930年上半年，慈宁宫花园修缮工程结束。

1930年3月7日，故宫博物院袁同礼与马衡二人代表故宫博物院致函钢和泰，对洛克菲勒基金会捐款修缮慈宁宫花园的善举做出了高度评价，并说："这是故宫博物院最早收到的一份大礼，其他朋友也因此大受感动，纷纷解囊对我们的工作给予帮助。蒋介石总统给了一大笔钱用于维修大门、塔阁等，这笔钱也大大改善了通往博物院的主干道。大维德爵士和摩登先生也为博物院瓷器和铜器藏品的保护和展览慷慨解囊。""他的大礼不但使我们维修了喇嘛庙，而且对类似的捐助产生推动作用。"

钢和泰引介洛克菲勒基金会捐助故宫古建修缮，开创了故宫博物院利用国内外资金进行维修的新路子，也加强了故宫博物院与外界的

1930年，故宫接受柯洛齐将军夫妇捐献的函件及收据

联络和影响。诚如信中所言，洛克菲勒基金会的捐款感召了一批中外人士，他们纷纷解囊，资助故宫博物院各项文物保护工程和文化出版事业的开展。1929年7月27日，国民政府主席蒋介石参观故宫，批交北平行营拨款6万元，以作故宫紧急修缮之用。

1929年7月，英国大维德爵士捐款6264元，用以修缮景阳宫瓷器陈列室；1930年2月，美国盐业大王摩登先生捐款3625元，用以修缮景仁宫铜器陈列室；1931年3月，美国艾乐登先生捐款美金1500元，用以修缮斋宫作玉器陈列室；4月，英国公使蓝普森先生也捐款4886元，用以修缮咸福宫作为乾隆珍赏物品陈列室。

可以说，慈宁宫修缮工程为引进国内外机构与个人参与故宫古建修缮起了带动作用，也反映了早期故宫博物院锐意进取的精神状态和不断扩大的开放意识。

随着改革开放新时代的到来，故宫文物保护的力度在不断加强。

故宫接受英国大维德爵士的捐款，用以修缮景阳宫后院御书房及制作宋、元、明瓷器陈列柜。图为景阳宫瓷器陈列室

这同样有海外力量的积极参与，其中与香港中国文物保护基金会合作的建福宫花园的复建就很有代表性。

与此同时，故宫博物院在故宫保护上还与一些国家合作。如2004年5月，故宫与美国世界建筑文物保护基金会（WMF）合作，进行倦勤斋保护工程。2006年2月，又合作开展乾隆花园修复项目。2008年11月，倦勤斋修复工程竣工。2010年10月，由美国世界建筑文物保护基金会捐资的"故宫——WMF家具与内檐装修保护培训中心"在故宫正式成立。

倦勤斋的研究保护项目是故宫博物院成立以来对内檐装修进行的首次大规模保护工程。鉴于清代，特别是乾隆年间装修具有空前绝后的复杂性，而倦勤斋内装修又代表当时的最高水准，所以这一项目既有开创性又有挑战性。参与该项目的中美双方专业技术人员团结合作，从前期历史、艺术、工艺、技术调研，病害记录分析，空气环境分析，采光分析，原状陈列复原研究，传统工艺材料的恢复研究等，直至全面实施保护，攻克一个又一个难题，做到研究与保护的密切结合，为以后故宫内檐装修保护进行了有益的探索和尝试，并且积累了理论与实践方面的宝贵经验。先后出版的修复及调研报告有《乾隆遗珍》（2006年）、《倦勤斋研究与保护》（2010年）、《倦勤斋》（2012年）、《木艺奢华》（2013年）、《符望阁（上）》（2014

年）。正在编辑整理的有《符望阁（下）》《竹香馆和玉粹轩的前期调查研究》《宁寿宫花园建筑彩画研究》等。

故宫博物院还与意大利合作，进行了保护修复太和殿的前期勘查及修复研究。这是故宫博物院和意大利文

故宫博物院与美国世界建筑文物保护基金会合作的倦勤斋内檐装修复原工程

化遗产部于2003年达成的协议，是按照故宫整体维修计划所开展的一项修复研究活动。罗马修复中心的专家们在一年的时间里，采用三维激光扫描技术对太和殿进行测绘，对保存现状开展多学科调研，针对不同材质不同部位的病害实施科学测定，编制了500页的保护修复方案。经过论证，于2005年5月至7月，组织中意双方的三个专业修复小组，选择性实施太和殿石质台基、墙体表面、木质彩绘的科学修复，其效果十分明显；其验证方法、材料和工艺的可靠性，为后来开展大面积保护修复工程的实施提供了详尽的科学依据。

与上述项目有关的是，2005年3月至4月间还举办了"中意合作故宫文物保护修复技术人员培训班"，为故宫15名专业技术人员开设石质和木质彩绘修复专题培训，共授课156课时。专业学科涉及修复理论、建筑结构、物理、化学、岩石矿物、生物等方向，讲授保护材料、技术方法等内容，交流中外修复理念，研讨传统修复和现代修复结合问题，为中意合作故宫修复项目提供了必要的技术支持。

这些合作项目，为故宫古建筑维修带来资金、技术支持，也是保护理念与经验的交流。

故宫保护与博物院发展是相互联系的事业。故宫不只是古建保护，还有多方面的任务。争取社会的积极参与和大力支持，是故宫事业发展的需要。故宫博物院多年来为建立故宫保护基金会而不断地努力。1991年4月7日，中共中央政治局常委、书记处书记李瑞环同志视察故宫博物院，参观"中国文物精华展"。4月19日，故宫博物院向李瑞环同志呈送《关于呈请批准成立故宫基金会的报告》，请他并请中国人民银行批准成立故宫文物保护基金会，筹集基金以加速进行故宫古建维修与文物保护工作。

过了整整20年，2010年10月10日，北京故宫文物保护基金会终于正式成立。这是国内首家国家级博物馆基金会。故宫文物保护基金会属于非公募基金会，它的成立标志着国内博物馆开始在吸纳社会力量和制度管理创新上做出了积极探索。

2010 年 10 月 10 日，北京故宫文物保护基金会在故宫建福宫花园内举行成立仪式

　　基金会自2010年成立至2021年7月底，实际收到捐赠总收入6.72亿元，总支出2.7亿元。资金来源于理事单位及社会爱心人士捐赠，支出主要用于支持故宫的文化事业发展。

　　为了进一步提升故宫基金会管理水平和管理效率，2017年7月18日故宫基金会上线了"北京故宫博物院文物保护基金会内部控制平台"。至此，故宫基金会的全部业务均在互联网上完成。根据工作需要，该系统建立了公文审批、合同管理、财务审批、人事审批、项目管理、项目立项、预算申报、支出申请、费用报销、考勤管理、理事空间等多个管理模块。同时还开发了手机App客户端，通过手机客户端随时处理、跟进业务进展情况，至今已安全运营4年。

　　成立10年来，基金会始终致力于资助故宫博物院建设、藏品保护开发及其他社会文化公益活动；奖励文物、博物馆学等相关领域的教学和研究。基金会以维护和扩大故宫博物院藏品和建筑，为故宫博物院学术研究和公众服务提供支持，扩大故宫博物院国际、国内影响力为宗旨；以公益力量保护民族文化遗产，实现了基金会自身的良好发展。

海外，特别是香港的一些企业家，为故宫发展慷慨解囊，向基金会捐献了不少资金。如香港中国文物保护基金会理事长陈启宗先生为养心殿研究性保护项目捐助1亿元人民币；香港世茂集团董事局主席许荣茂先生也为养心殿研究性保护项目捐助8000万元人民币，还捐赠了一件古代《丝路山水地图》；香港信和集团董事局主席黄志祥先生则为延禧宫研究性保护项目捐助1亿元人民币。

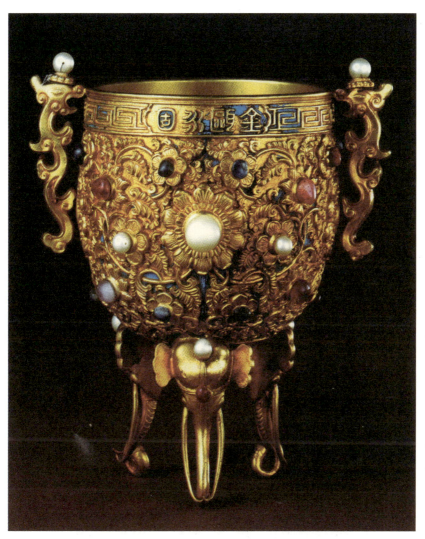

金瓯永固杯

中华文化的弘扬

　　故宫博物院重视与港、澳、台文博机构，特别是台北故宫博物院的交流，努力弘扬中华优秀传统文化。

　　故宫博物院与香港历来都有学者互访与学术交流的传统，改革开放后，故宫在香港举办了10余次文物展，得到了良好的社会反响。

　　回归祖国第10个年头的2007年，香港举办了"国之重宝——故宫博物院藏晋唐宋元书画展"。30余件作品，有"三希堂"法书中的王珣《伯远帖》，有故宫21世纪初重金收购的隋人书《出师颂》，有皇

在香港艺术馆举办的"国之重宝——故宫博物院藏晋唐宋元书画展"开幕式

皇巨制冯摹《兰亭序》，有北宋书法四大家苏、黄、米、蔡的大作。宫廷画家如唐代阎立本，五代周文矩，南宋刘松年、梁恺等代表了不同时期宫廷绘画的最高艺术成就和艺术新创，特别是北宋张择端的《清明上河图》卷更是以荟萃多个画科的形式反映现实生活的艺术经典。这是故宫所藏早期书画最集中的一次出宫，同时也是在大陆以外地区举办的最高级别的文物展览。这也是送给特区的一份文化大礼，希望以这种特殊的方式来庆祝这个富有纪念意义的日子！

令人鼓舞的是，香港特别行政区与故宫博物院拟合作在西九文化区兴建香港故宫文化博物馆。它的总建筑面积达到3万平方米，将分别从文物展览、数字多媒体展示、故宫学术讲座、故宫知识讲堂和故宫文化创意产品营销5个方面展现故宫博物院及其代表的中国传统文化。2017年7月29日下午，习近平总书记在香港西九文化区出席《兴建香港故宫文化博物馆合作协议》的签署仪式。

1999年12月澳门回归祖国，故宫与澳门艺术博物馆合作，举办了"盛世风华"故宫文物展，联系着传统与今天的康、雍、乾三朝书画器物精品，使庆典活动锦上添花。此后，故宫国宝每年亮相濠江，

澳门艺术博物馆在展览设计上采用了皇宫中最基本的三个色调：红、黄、蓝，使观众在进入展室时马上能感觉到这是故宫的展览

至2021年已举办了23次展览，"妙谛心传""日升月恒""邃古来今""永乐文渊""天下家国""钧乐天听""九九归一""玉貌清明""斗色争妍""君子比德""清心妙契""朱艳增华""太乙嵯峨""平安春信""大阅风仪""海上生辉""星槎万里""一代昭度""御瓷菁华"等，从这一连串深蕴传统文化内涵的展览名称中，就可想见展览的多姿多彩。这些展览不仅在澳门引起反响，而且在香港及东南亚地区产生了重大影响。可贵的是，两个博物馆从发挥自身文化桥梁和文化媒介作用的高度认识合作办展的意义，看到这是自己应该承担的文化使命，因此做得特别认真，展览的学术水平、展陈水平和组织水平也逐年提高，双方博物馆都受益匪浅。

两岸故宫博物院的交流合作更是为世人所关注的一件大事。

故宫只有一个，故宫博物院却有两个。海峡两岸两个故宫博物院在国际上都享有盛名，但它们之间却形同陌路，长期没有正式的来往。1992年，两岸达成"九二共识"，两岸同胞交往由此日益热络，两岸文物交流合作也由此起步。1993年，两岸故宫博物院首次合作编撰出版的大型图册《国宝荟萃》在北京举行大陆首发式。2001年9月10日至25日，应北京故宫博物院邀请，中国台北故宫博物院前任院长秦孝仪及夫人回大陆参访北京、西安、南京和浙江溪口、杭州等地。

2009年初春，暌违一个甲子的两个故宫博物院终于打破坚冰，正式迈开交流合作的步伐。开端始于中国台北故宫博物院举办清雍正时期文物大展向北京故宫博物院借展。两岸故宫博物院院长实现首次互访，开启了两岸故宫博物院高层60年来首次正式交流的大门，被誉为"破冰"之举，并达成包括"落实双方合作机制""使用文物影像互惠机制""建立展览交流机制""建立两院人员互访机制""出版品互赠机制""信息与教育推广交流机制""学术研讨会交流机制""文化创意产品交流机制"等在内的8项合作交流协议。协议的特点多是从个案入手，形成在某个方面合作交流的意向，并建立有利于实行的机制。这样，由"雍正大展"发展为建立展览交流机制，由

《龙藏经》出版发展为建立使用文物影像互惠机制，由"雍正大展"学术研讨会发展为建立学术研讨会交流机制等。

两岸故宫博物院合办的"雍正——清世宗文物大展"于2009年10月开幕。其中大量雍正朝的文物精品具有不可分割的联系和互补性。中国台北故宫博物院拟定的展览和研讨会主题是"为君难"，这件开题文物——"为君难"印章就是北京故宫博物院的藏品。而此次北京故宫博物院借出的《十二美人图》画面上陈设

2009年10月7日，两岸故宫博物院院长郑欣淼、周功鑫在"雍正——清世宗文物大展"开幕记者会上互赠两院出版物

2010年7月，两岸故宫博物院开展重走故宫文物南迁路活动

的一件汝窑椭圆花盆，则是台北故宫博物院的藏品。两岸的珍贵文物在这次"雍正——清世宗文物大展"上重新聚首，珠联璧合，交相辉映，从而使展品具有非同寻常的完整性、代表性，这也使该展览成为名副其实的大展。

2010年7月，为纪念故宫博物院建院85周年、紫禁城肇建590周年，世界反法西斯战争胜利65周年，由北京故宫博物院倡议，北京故宫博物院的16位人员和中国台北故宫博物院10位人员参加，进行了长达半个月的"温故知新：两岸故宫博物院重走文物南迁路"考察活动。他们先后考察了四省八市，探寻了37个重要的故宫文物存放地点，寻找了当年部分运输路线，串联起一条忆旧思今的携手重走之路。早期故宫博物院院史是两岸故宫博物院的根，是共同走过的路，也是共同的财富，对故宫博物院今后的发展有着重要意义。两岸故宫博物院都感到需要认真研究早期院史，还互相交换有关档案资料，并且做出研究的规划。

两岸故宫博物院交流从2009年初开始以来，稳步进行并不断发展。我同单霁翔院长与周功鑫、冯明珠院长都先后做过积极的推动

2013年1月22日，两岸故宫博物院院长单霁翔、冯明珠在北京故宫举行记者会

工作。我们又合作举办了"为君难——雍正其人、其事及其时代"、"永宣时代及其影响"、"康熙大帝与太阳王路易十四：十七、十八世纪中西文化交流"和"乾隆皇帝的艺术品味"4届两岸故宫博物院学术研讨会，并且努力拓宽合作交流的内容与形式，以及多方面人员的交流等，已经形成了一些制度。这不仅有力地促进了两岸故宫博物院的工作，而且在两岸民众中获得了广泛好评。

两个故宫博物院的交流与合作，既是两个博物院事业发展的需要，也是两岸同胞的福祉。国宝长久分隔，故宫的完整性受到影响，又由于长期以来两岸的对立，人们难以全面了解故宫的珍藏。两个故宫博物院的交流与合作，不仅是清代皇家私藏的圆满团聚，而且是海峡两岸民众以故宫为起点去拥抱共同的文化、共同的历史。因此，两岸故宫博物院的交流是中华民族的幸事。

第三编

故宫人

从一定意义上而言，故宫博物院的历史就是人的历史。有了人，才有事，才有故宫博物院的成立、建设与发展。在近百年来的院史上，有着无数闪光的名字。他们有博物院的肇建者、探索者，有博物馆的多种专业人士，有专家学者，有很多在平凡而重要工作岗位上的广大职工；当然，还有支持并参与故宫发展的社会贤达、文化名人以及各界人士。他们共同书写了或继续书写着故宫历史的重要篇章，并为人们所怀念与研究。

院长侧影

故宫博物院成立以来，已经历8任院长。院长们在故宫发展的不同阶段承担着不同的历史任务，都能尽力而为，使故宫保护与博物院事业有所发展。特别是故宫博物院的创始人和早期领导人筚路蓝缕，做出了卓越的贡献。

李煜瀛

李煜瀛（1881—1973），字石曾，河北高阳人。1902年，以随员名义随清廷驻法使臣孙宝琦赴法国，入蒙达顿莪农校。毕业后，入巴斯德学院及巴黎大学从事研究。1906年8月，由张人杰介绍参加中国同盟会。1917年归国，任北京大学生物学及社会学教授。1919年，组织留法勤工俭学会。1924年，当选为中国国民党第一届中央监察委员，其后连任至第六届。1925年，任中央政治委员会委员。

1924年10月，直系将领冯玉祥在第二次直奉战争中发动北京政变，决议修正《清室优待条件》。11月5日，北京大学教授李煜瀛作为国民代表同京畿警

李煜瀛理事长

卫司令鹿钟麟、警察总监张璧等一起进入紫禁城，执行《修正清室优待条件》，要求溥仪废除皇帝尊号，即日移出紫禁城，并交出印玺。李煜瀛又作为清室善后委员会委员长，领导文物点查，筹备成立博物院。按照《故宫博物院临时组织大纲》《故宫博物院临时董事会章程》《故宫博物院临时理事会章程》，故宫博物院设立临时董事会、临时理事会，李煜瀛是两个理事会的理事，又是临时理事长，成为新生的故宫博物院的最高领导人。当时不设院长，李先生因此没有院长的称呼。叫法虽不同，但却是实实在在的院长，这个职务甚至比后来院长的权力还大：因为1934年以后的故宫院长并不是理事会理事，理事会开会，院长只是列席，没有表决权。

1926年"三一八"惨案的次日，段祺瑞执政府以涉共产党为由下令通缉徐谦、李煜瀛、易培基等人。李、易二人遂避居东交民巷，后逃出北京。李、易二人出走后，新成立的故宫博物院顿陷风雨飘摇之境地。

1928年南京国民政府二次北伐胜利后，重新组建故宫博物院理事会，从1928年第一届直到1948年第八届的20年间，李煜瀛都是理事。也就是说，从清室善后委员会、北京政府时期到南京国民政府时期的故宫，他一直担任理事，1933年之前还是理事长。

李煜瀛在筹建故宫博物院时，对学术性质有着明确的认识。1924年11月5日把溥仪赶出故宫后，李煜瀛等人即与冯玉祥、黄郛商组办理清室善后委员会事宜。"二君欲由我委员长，由政府明令发表。吾允担任，但须多容纳几分社会乃公开性质，不作为官办。遂决定委员长与委员不用任命而用聘请，并多延揽学者专

李煜瀛手书"故宫博物院"木质匾额（1925年摄）

家，为学术公开张本，同时并言及博物院事。"后李又提出，故宫"学术之发展，当与北平各文化机关协力进行"。（李煜瀛：《故宫博物院记略》，《故宫周刊》，1929年第2期）故宫博物院从一开始，就被定位为一个学术机构，这反映了李煜瀛先生的远见卓识。

易培基

易培基（1880—1937），湖南长沙人，号寅村、鹿山，毕业于湖北武昌方言学堂。1913年起在湖南高等师范学堂、长沙师范学校任教，兼任湖南省教育行政委员会委员，湖南省图书馆馆长。1922年到广州，为孙中山大元帅府顾问。1924年，出任黄郛摄政内阁的教育总长，北京女子师范大学、上海劳动大学校长等职。1928年任国民政府农矿部长，清室善后委员会委员（代汪精卫），主持筹备建立故宫博

1931年4月29日，易培基院长在御花园招待张学良副总司令

物院。1929年被国民政府任命为故宫博物院院长。

　　易培基从受聘担任清室善后委员会图书博物馆筹备会主任开始，即投入主持筹建故宫博物院的工作，并付出了大量心血；在担任院长期间，更是筚路蓝缕，多所创建。他按《故宫博物院组织法》的规定，调整院的职能机构，成立专门委员会，延聘著名专家学者到院工作，进一步整理院藏文物；首次提出《完整故宫保管计划》，并筹措专款整修破损严重的宫殿建筑；增辟陈列展室，组织安排古物、图书、文献资料的陈列展览；创办《故宫周刊》，对外宣传介绍院藏古物、图书、文献以及宫殿建筑。在此期间，还筹组建立了警卫队和守护队，为故宫博物院建立了专门的安全保护机构和专职的安全工作队伍。特别是"九一八"事变后就开始筹谋，并于1933年1月至5月主持了故宫文物的南迁工作。他不仅是故宫博物院的创建人之一，而且为故宫博物院各项事业的发展做出了贡献。在故宫博物院各项事业蓬勃发展的今天，人们不应忘记易培基院长的功绩。

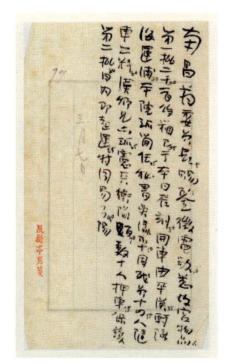

第一批文物南迁后易培基致蒋介石电稿

　　但是，易培基生前曾背负偷盗故宫珍宝的恶名，而且"喧嚣一时、腾笑世界"（吴瀛语）。我对这一问题的关注，是由鲁迅一篇文章的注释所引起的。1934年7月10日，鲁迅写了《隔膜》一文，文中说："这一两年来，故宫博物院的故事似乎不大能够令人敬服，但它却印给了我们一种好书，曰《清代文字狱档》，去年已经出到八辑。"2005年人民文学出版社出版的《鲁迅全集》，对此"似乎不大能够令人敬服"的事加了条注释："指故宫博物院文物被盗卖事。故宫博物院是管理清朝故宫及其所属各处的建筑物和古物、图书的机构。1932年至1933年间易培基任院长时，该院古物被盗卖者甚多，易培基曾因此被控告。"

易培基"盗宝案"是一起冤案。1983年，作为此案的牵连者，吴瀛先生所著的《故宫盗宝案真相》在大陆出版发行，其中引用大量历史资料，说明了这一冤案的起因及形成过程。这次我通过梳理与挖掘有关材料，对此案的起因、过程及影响等又做了进一步的叙述与分析，写了《由〈鲁迅全集〉的一条注释谈故宫"盗宝案"》一文，刊于《鲁迅研究月刊》2007年第九期，并为《新华文摘》2007年第二十四期转载。可以说，易案为冤案已是人们的共识。

马衡

马衡（1881—1955），浙江鄞县（今宁波鄞州区）人，字叔平。早年在南洋公学读书。1922年被聘为北京大学研究所国学门考古研究室主任兼导师。

我到故宫工作第三年即2005年，是故宫博物院成立80周年，也是马衡先生逝世50周年的日子。从1924年进入故宫点查清室文物直至1952年调离，马衡先生在故宫博物院服务了28年，其中19年担任院长之职。马衡又是著名的学者，金石学大师，中国近代考古学和博物馆事业的开拓者。为了饮水思源、不忘过去，并礼敬前

马衡肖像（素描，徐悲鸿1933年1月16日绘）

贤、激励后人，我决定写一篇纪念马衡先生的文章。

从1937年8月故宫文物西迁以至抗战胜利，北平本院与西迁文物处于隔绝状况，故宫决策机构理事会议的记录及有关文档存放在南京中国第二历史档案馆，故宫博物院并没有上述存藏。为此，我专门去南京"二史馆"看了几天档案，又结合其他能收集到的资料，拟写了文章初稿，并奉送几位与马院长有交往的老先生过目。原拟的题目是《其功甚伟其德永馨——纪念马衡先生逝世五十周年》，王世襄先生建议可把第一个"其"字改为"厥"字，因为"厥功甚伟"是个成语，我接受了他的建议。

《厥功甚伟其德永馨——纪念马衡先生逝世五十周年》这篇16000多字的文章刊登在2005年第二期《故宫博物院院刊》，《新华文摘》于同年第十四期予以转载，而且题目醒目地出现在封面目录上。"马衡"，这个沉寂了数十年的名字随着故宫博物院的一段峥嵘岁月引起社会的关注，更引起故宫同人的怀念。这一年，故宫举办了马衡逝世50周年纪念活动，在景仁宫举办了马衡捐献文物特展，接着紫禁城出版社出版了《马衡日记：一九四九年前后的故宫》《马衡捐献卷》《马衡诗抄·佚文卷》等书籍。

马衡是因易培基被诬盗宝被迫辞职后继任院长的。故宫博物院院长是被社会关注并为一些人所觊觎的职务，但等待马衡先生的却是沉重的担子。此时文物南迁基本告一段落，文物的整理、存储为首要任务；抗战中，南迁文物又在西南后方辗转疏散，备受艰难。从1933年后半年到1945年抗日

任命马衡为院长的行政院训令

战争胜利的12年中，马衡先生带领故宫同人，在社会有关方面有力支持下为保护文物安全竭尽心力，做出了伟大的贡献。

例如，在文物疏散即西迁过程中，行政院只是提出文物储放的大致地区，具体的地点则由马衡院长通过实地考察来选择、确定。第一批文物运到长沙后，他即赴长沙视察，做出了在湖南大学后方岳麓山爱晚亭侧开凿山洞以存贮文物的决定。山洞如期凿成后，因形势骤变，又奉令将这批文物运往贵阳。运到贵阳的文物，开始在北门内租屋存储。后马衡院长亲往贵阳视察，觉得不够安全。最安全的是山洞，但凡山洞无有不潮湿的，他费了七八天工夫，看了几十处山洞，才知道洞口是轩敞的，受潮程度比较轻些。结果在安顺县（今贵州安顺市）南门外五里找到一个华严洞，洞外还有庙，有公路直达洞口，是比较理想的地方。于是便请了工程设计师，在洞内搭盖两所板房，上盖瓦顶以泻滴水，下铺地板以隔潮气。正是这种踏踏实实、不惮劳苦的作风，才使西迁文物找到了较好的存放地。

马衡先生又是一位治学谨严的学者。郭沫若先生对其学术成就给予了中肯的评价，他说："马衡先生是中国近代考古学的前驱。他继承了清代乾嘉学派的朴学传统而又锐意采用科学的方法，使中国金石博古之学趋于近代化。他在这一方面的成就是有目共睹的。"（郭沫若：《凡将斋金石丛稿·序》，《凡将斋金石丛稿》，中华书局，1977年）1922年，北京大学研究所国学门成立，他任考古研究室主任兼导师，并在历史系讲授中国金石学。马衡继承了清代考据学的一些宝贵经验，又不因循守旧，倡导用西方近代考古学的发掘和研究方法丰富中国的金石学。他突破了旧金石学足不出户的书斋式研究，主张到野外实地勘察和进行科学的考古发掘。他还多次主持或参加野外考古和调查，如1923年、1924年赴河南新郑、孟津、洛阳等地现场调查，1928年参加辽东半岛"貔子窝"的发掘工作，1930年主持燕下都的考古发掘。马衡先生从一位金石学家向考古学家转变的历程，说明他既是我国传统金石学的集大成者，又是近代考古学的开拓者。马衡先生金石学的成就主要集中在《凡将斋金石丛稿》一书中。除金石学概论，他在铜器、度量衡制度、石刻、石经和书籍形制等方面都有开创性贡献，亦为世所重。

马衡诗稿

马衡院长还是诗人。但他"能为诗而不常为。违难入川，感时兴怀，遂斐然有此。其间与亲故往还之什尤款款见至性"（沈尹默语）。他存留至今的87首诗歌，全都写于1938年至1945年故宫文物西迁期间。感时抒怀，慷慨悲歌。这些诗作，使我们进一步认识了先生的才情和心绪，看到了他朴茂、笃实性格的另一面。

马衡先生1952年离开了他以身相许的故宫博物院，心情当是很复杂的。但他对故宫的挚爱不仅没有改变，反而得到了升华。也就在这一年，他将珍藏的包括宋拓唐刻颜真卿《麻姑仙坛记》卷在内的甲骨、碑帖等400多件文物捐献给了故宫博物院。在他去世后，子女遵其遗愿，又把14000余件（册）文物捐给了故宫博物院，有青铜器、印章、甲骨、碑帖、书籍以及法书、绘画、陶瓷、牙骨器等，种类众多，数量惊人，精品不少。这是马衡先生日积月累收购来的，花费了他一辈子的心血，最后全部捐给了国家，捐给了与他的生命联结在一起的故宫博物院。这批文物不仅有着巨大的价值，而且其中表现出的马先生的品格和襟怀更是培育故宫人精神和形成故宫传统的宝贵财富。

2017年，我又一次到南京"二史馆"查阅故宫文物西迁期间理事会档案，看到马衡院长为文物播迁到处奔波、竭尽心力的文献心潮澎湃，遂写小诗一首：

纸上犹闻杀伐声，八年典守鬼神惊。

劬劳踵顶西迁记，礼敬心香马叔平。

值得庆贺的是，马衡先生的哲孙马思猛先生十多年来致力于马衡著作及资料的整理，在编出《王国维与马衡往来书信》《马衡日记（1948—1955）》后，又于2020年公开出版了135万字的《马衡年谱长编》，这既告慰于先人，也为马衡研究、故宫研究以及中国现代学术文化研究提供了重要的资料。

吴仲超

吴仲超（1902—1984），1928年9月加入中国共产党。中华人民共和国成立后曾任中共华东党校副校长兼华东人民革命大学副校长，1954年7月被政务院任命为故宫博物院院长兼党委第一书记，曾任文

1974年9月14日，吴仲超院长（左一）在日本东京"中国明清工艺美术"展览现场

化部部长助理。吴院长从1954年任院长到1984年去世，整整30年，时间跨度上几乎从中华人民共和国成立初期一直到改革开放初期，他在故宫博物院和中国博物馆事业中的地位、对故宫博物院和中国博物馆事业的贡献是不言而喻的。

1952年一场"三反"运动，许多人被迫离开故宫，受到批判，这对故宫人才队伍而言是一次严重的损失。马衡院长于1952年离任后，在两年多时间里故宫没有院长。所以吴仲超院长来了以后，不仅院内殿宇待修、垃圾成堆，而且面临着人才缺乏等各方面问题成堆的局面。吴院长本人又是一个革命家，他要从一个革命家转变为一个文物专家、博物馆管理者，而且是中国最重要的，已经有30年历史的故宫博物院的管理者，这对他无疑也是一个严峻的考验。

从这个大背景来看，吴院长受命故宫之意义是很大的。吴院长了不起之处就在于，他在如此千头万绪的情况下接手工作，并能很快地扭转局势。他确实是一个开拓者。他对故宫的开拓有以下几个方面：

第一是古建筑维修队伍的建设。过去故宫并没有自己的专业维修队伍，从博物院成立到新中国成立初期，维修工程都是采取社会招标，由社会上的专业公司来承担。马衡院长在日记中就提出故宫博物院要有自己的队伍，没有队伍是不行的。1953年故宫成立了工程队，吴院长上任后，更加重视古建维修，提出了修缮保

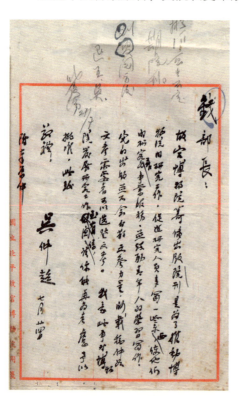

吴仲超院长关于创办《故宫博物院院刊》的请示

护方针，多方招募和培养技术工人，逐步健全了维修保护机构和专业施工队伍。这对故宫古建筑保护和古建技艺的传承，具有重要意义。

第二是文物的清理。新中国成立初期，故宫仍有堆积如山的物品未认真清理。吴院长1954年上任后，就开始了整理历史积压库存物品以及清理非文物物资的工作。参照1925年的《故宫物品点查报告》和1945年《留院文物点收清册》，逐宫进行清点分类、鉴别划级，建立了故宫博物院藏品总登记账。经过严格的审批程序，处理了大量"非文物物资"。对当时的文物清理，我在《天府永藏》一书中做了充分的肯定。当然，以今天的理念，其中也有值得我们吸取的教训；但这是我们认识的一个必然过程，反映着一个社会对文物的认识，这是当时文物观念的反映。当时文物的清理，从总体上讲是成功的，经得起历史的检验，我认为这是很了不起的。

第三是对展览格局的调整。故宫展览的是皇宫的文物，它的藏品特点、宫殿特点，决定了它不能用一般的其他博物馆现成的模式。这也是故宫博物院成立以来探索的问题。在吴院长主政期间确定，故宫的展览要有原状陈列，有原状式的陈列，还要有专题展览，另外还要有一些临时的展览。由这几大系列构成的展览格局，我们现在仍然坚持着。

第四就是对人才队伍建设的重视。这个我们感触最为深刻。我曾经和朱家溍、王世襄等先生谈过，他们对吴院长感受最为深切的就是他对人才的重视。吴院长认为故宫的重要性不光是珍贵的藏品，故宫还要有一支队伍——专家

《故宫博物院院刊》第一期

队伍。这支队伍凝聚着吴院长的心血，他的眼光是深远的，考虑到当时的背景，这真的是相当了不起的。现在故宫的地位和影响，其中就与这批人才在社会上的影响有关，一提起故宫大家就会想到这一批专家。这批专家也是国宝。当时的人才建设为以后故宫的发展打下了很好的基础，所以其开创意义很大。

张忠培

张忠培（1934—2017），湖南长沙人，毕业于北京大学，著名考古学家，吉林大学考古专业的创建者。张先生1987年任故宫博物院院长，在故宫的建设与发展上做出了重要贡献。他的一个突出贡献是重视故宫人才的培养，首次有计划地、成规模地接收大学生，开始了故宫自觉培养人才的时代。

人才是事业的根本，也是学术发展的基础。1925年故宫博物院成立时，其干部和业务队伍主要是大学教师与学生。因战争、动乱等各种原因，故宫人才有过中断，特别是在中华人民共和国成立初期，人才十分缺乏。难得的是，吴仲超院长从大学、从其他行业、从社会上，引来了一批学者教授、文物专家以及文物修复专家、古建修复专家，加上故宫原来的专家学者，这些人在20世纪50年代至70年代初故宫博物院的恢复与发展中起了重要作用。张忠培先生1987年进入

2015年2月17日，郑欣淼看望张忠培先生

故宫时，故宫职工队伍文化程度普遍不高，大学生少。1987年，故宫共有职工968人，其中本科毕业生仅44人；张先生调来后，学历就是最高的，他是副博士，相当于

硕士研究生，加上他共有大学生45人，占职工总数的4.5%。

接受过大学教育的人，作为社会新技术、新思想的前沿群体，是国家培养的专门人才。从故宫当时的职工队伍状况出发，张先生认为有计划地接收大学生来故宫工作，对从整体上改变和提高职工的文化素质，对故宫的长远发展，意义是重大的。张先生说，不能搞近亲繁殖，接收毕业生不能小家子气，要面向全国各名校延揽好的毕业生；不能以没有宿舍为理由，把青年才俊拒绝于门外。为此，故宫博物院克服了许多困难，做出了多种努力。一直到20世纪90年代初，根据故宫业务发展和学科布局、配置，大量接收了来自北京大学、清华大学、北京师范大学、中国科学院、中国社会科学院、中山大学、吉林大学、中央美术学院、中央工艺美院、南开大学等院校的四五十位毕业生。

在积极引进大学生的同时，张先生还重视学术人才的培养。故宫需要人才、需要专家。人才与专家可以引进，但更重要的是靠自身的培养。人才是有层次的，受过大学教育，在一定意义上说也是人才；但要完全适应故宫工作，进而成为工作骨干和某方面专家，还需要进一步的培养提高。

张先生对学术人才的关怀是从严格要求开始的。他要求年轻人把已有的知识基础与故宫学术传统结合起来，加强学术训练与学术规范。进入20世纪90年代，他更加关注年轻人的业务发展，认真阅读他们发表的论文，每次院里组织的论文审读会，他都是最后离开的。他关心了解许多年轻同志的业务成长经历，掌握不少业务人员的学术方向和定位。他们有了成果，张先生便积极肯定；发现问题，则给予严肃批评和耐心帮助，并无私地提供有关材料和正确的研究方法。我相信，他的苦心给许多人都留下了终生难忘的教益。这些人已成为故宫博物院文博和科研工作的主力，一些人已成为宫廷文物和历史、书画、陶瓷、工艺、织绣、藏传佛教文物以及古建筑、文物保护、文物出版等领域著名的专家和学者。

　　我在任故宫院长时，常向张先生请教，他也总是想着故宫事业，有话直说，令人感动。他一直担任故宫学术委员会负责人，为大家所敬重。2013年，故宫研究院成立。有单霁翔院长的支持与指导，有张忠培先生任名誉院长，忝列故宫研究院院长的我顿觉有了底气。张先生大力支持研究院工作，帮助具体谋划。由他指导成立的考古研究所，已以其一系列重要成果为文博考古界所瞩目，也充分显示了故宫研究院的活力。

　　2017年4月17日，我收到张先生在中华玉文化中心第五届年会上的讲稿，收录于《玉魂国魄——中国古代玉器与传统文化学术讨论会文集（七）》（浙江古籍出版社，2016年），即与先生联系，约定畅谈一次，但为琐事所扰，一再推后。7月5日，先生遽然病逝，我抱憾不已，曾赋诗悼念：

哀哉亡大雅，百感自难禁。

短杖孤松影，幽怀空谷音。

2015年8月3日，庆祝故宫建院90周年，张忠培、郑欣淼、单霁翔三任院长在央视《一人一世界》节目录制现场

世人崇考古，夫子贵知今。

有约长留憾，鸿文所思深。

单霁翔

　　单霁翔（1954—），我与单霁翔院长在故宫博物院是先后任职，但在工作上却颇多交集。2002年，霁翔同志担任国家文物局局长，我作为副局长、党组副书记，两人共事了一个月。后我到故宫博物院工作，但我们又都是文化部党组成员，当然还是同事。故宫博物院虽隶属文化部，但文物业务却由文物局主管，因此故宫保护工作霁翔理所当然要参与。他与我都曾是文化部故宫维修工程领导小组副组长。故宫的维修从一开始，他就是指导者、参与者，开这类会，他每会必到。文物局有的活动，他也曾邀我参加。他继任故宫博物院院长，也是我首先极力推荐的。

　　单霁翔同志有魄力、谋大事、善管理、重宣传，使故宫发生了重大变化。例如实施"平安故宫"工程，成立故宫研究院、故宫学院，筹建故宫北院，建立故宫外国文物馆（厦门），举办世界文明古国论坛，扩大故宫开放区域，办好展览，开发文创产品；特别是通过多种形式宣传故宫，让故宫日益融入社会生活，亲近普通民众，也不断激发着故宫遗产的活力。

　　霁翔自来故宫迄今，我们之间的交往，从我赠他的诗词可见一斑。

　　赠诗始于2012年。这一年，他接任故宫博物院院长。他看到我给即将退休的李文儒副院长的赠诗后，就希望给他也写。这就有了第一首。第二年他又要诗，我写了题为《霁翔同志索句，以七律一首为赠》的诗。霁翔的性格既热情又幽默。我想，既然他喜欢我的诗，写诗也是我的积习，我当然可以每年赠他。他以后没有再说过，我的赠诗则持续了下来。2019年春，王旭东同志接任故宫博物院院长。记得在欢迎旭东同志履任的那天晚上聚餐时，霁翔同志将了我一军："郑

2016年9月7日，中国台北故宫博物院院长冯明珠女士转送台北副院长何传馨先生书写的郑欣淼赠单霁翔诗作

院长，我退了，您还给我写不写诗？"我说："当然会写。"

回头检看，从2012年到2021年，我已连续9年向霁翔赠诗13题17首，2015年、2016年各两次，2018年两次6首。第一次赠诗有"共事月余非偶然，今番踵继见前缘"之句，是说我与霁翔的缘分。

"多少人生梦，花甲最堪怜。"2014年霁翔同志60周岁，我写了《水调歌头·霁翔同志今届花甲，任故宫博物院院长亦三年，岁月如川，慨然有作》，末句"笑看雨风后，明月一轮圆"，也算是件逸事。霁翔还在国家文物局时，有次到故宫钦安殿检查工作，离开时走过存放真武灵签的签筒，有人就说抽一支吧，他顺便抽取了一支，第十五签——"一轮明月"，上签。过去不足为外人道，现在说说也无妨。

2015年，故宫建院90周年，举办"《石渠宝笈》特展"，我出席开幕式后到国外探亲一个多月。通过网络，我看到这个展览深受观众喜爱，出现早晨午门一开就有千人跑步冲向武英殿的情形，被网友戏称"故宫跑"。我深知这对故宫的意义，便用近10天写了长达百句的《宝笈歌并序》。这是我截至目前创作的歌行体中最长也是自己最为满意的一首。我特地买了一张明信片，抄录了该诗的一部分，亲自到当地邮局寄给万里之外身在北京的单霁翔同志。

养心殿研究性保护项目是故宫百年大修的收官之作，2016年7月25日工程启动，我很有感触，写有七律一首赠霁翔同志，诗曰：

> 缮修丹膜自徐徐，妙手今教沉疴祛。
> 千古文章须豹尾，五年踪迹见心初。
> 筹赀不弃海中粟，问计唯防密里疏。
> 六百春回紫垣日，飞甍宏殿庆云舒。

我的意思是，百年大修好像一篇完整的文章，既有了好的开头，还要有精彩的结尾，就像常说的"虎头豹尾"。当时他正多方筹措经费，我意不仅要重视大笔的资助，也要争取哪怕是微薄之力。

2018年9月3日，我受邀出席养心殿维修工程开工仪式。当时我心脏手术术后不到3个月，体力虚弱，霁翔院长力邀并搀扶我登上殿顶，共同取出正脊上的宝匣，见证了这一盛举。我当然有诗记感：

> 久立赢身已不支，偕登殿顶赖扶持。
> 手中宝匣多玄奥，眼底琉璃总义熙。
> 秣马厉兵工匠巧，高秋爽气淡云稀。
> 但期尔我缮完日，脊上同摅寥廓思。

霁翔同志2019年4月卸任，按他的说法，他自己也成了"前院长"。我写有《南歌子·赠霁翔同志》：

2018年9月3日，在故宫养心殿维修工程开工仪式上，单霁翔院长力邀病中的郑欣淼出席，并搀扶其登上殿顶，共同取出正脊上的宝匣

千古烟云老，七年擘画新。回头盛事总缤纷，最是平安二字印深痕。　　天阙霜晨月，和风御柳春。缘分当有又逢辰，我辈此生无悔故宫人。

霁翔是个有心人，善于策划，思虑极精，我常为之叹服。我的这些诗词，他又请人书写，先后有董正贺、张志合、金运昌、何传馨、苏士澍、张旭、耿宝昌、吴良镛等。董正贺、张志合、金运昌都是故宫的研究员，中国书法家协会理事。何传馨是中国台北故宫博物院副院长，著名的书画研究专家、书法家。苏士澍是原文物出版社社长，第七届中国书法家协会主席。张旭是文旅部副部长、书法家，其父也是故宫博物院的老职工，他小时就曾在故宫住过，可以说是故宫子弟。耿宝昌先生是陶瓷大师，国宝级人物，其书法就像他的为人一样厚重。吴良镛是清华大学教授，中国科学院和中国工程院两院院士，霁翔同志的博士生导师，是与耿宝昌同龄的老先生。他们的墨宝就是艺术品；而有这么多名家的垂顾，拙作得附骥尾以增光，也是不胜荣幸之至！

2021年2月3日，庚子年十二月二十二日，立春。我漫步北海公园，遥想正在南国"万里走单骑"、大力宣传中国世界文化遗产的单霁翔同志，赋小诗一首相寄：

又是融融御柳风，一湖烟水送残冬。

遥思万里布鞋客，脚下春光已几重？

名门风采

    家族是构成传统中国社会的基本单位，也成为中国传统文化的重要特征。相对于士绅家族与豪富家族，文化家族更彰显着文化的特色，即既有显赫的门庭，又有强烈的文化意识和良好的文化环境，重视教育，并有相当的文化积累。近现代以来，这些家族不仅是众多重大历史事件的亲历者，其中不少还是中国传统与现代化激荡历程的重要参与者，而其自身的坚守、转型和式微，又是"三千年未有之大变局"中的缩影。

    近百年来，许多来自文化家族的文化名人与故宫结缘。这些人士在当时文化学术界多有一定的影响，或昆仲兰桂，或父子同辉，或叔侄争耀，风云际会；他们有缘进入古老的皇宫，参与博物院的筹建，投入到点查、整理、保护中华民族文化瑰宝的事业中。他们或偶一为之，或服务半生，或终老红墙之下，都为故宫的建设与发展做出了令人永远难以忘怀的贡献。他们的努力与业绩使故宫的历史更加厚重，也使故宫的故事更加生动。

    这里以庄蕴宽、吴瀛及"三俞""三沈""四朱"为例。

庄蕴宽

    庄蕴宽（1866—1932），字思缄，号抱闳，晚年号"无碍居士"，江苏武进人。武进在清代属常州府，常州旧称毗陵，武进人故又称常州人和毗陵人。毗陵庄氏为江南望族，瓜瓞绵绵，其来有渐，清代以儒学精湛著称于时。《清史稿》载有武进庄存与、庄述祖伯侄二人，均为乾隆进士，存与曾遍注"五经"，述祖亦名列"儒林"，他们均为毗陵庄氏之先祖。庄蕴宽一生虽然经历曲折，极富传奇，但要在肯堂肯构，无坠先绪。尤其值得称道的是他与故宫的渊源和对故宫的贡献。

庄蕴宽先生

庄蕴宽早年曾就学著名的江阴南菁书院，后历任广西百色厅同知、平南县知县、梧州府知府、太平思顺兵备道兼广西边防督办。其间，光绪二十七年（1901），筹备广西武备学堂；光绪三十年（1904），创办广东武备学堂。国民党元老李济深、李宗仁、白崇禧等均出其门。宣统二年（1910），任上海南洋大学（今交通大学）教导主任。武昌首义成功，与张謇、汤寿潜、赵凤昌等筹划革命，为上海光复做出了贡献。中华民国成立，经孙中山、黄兴同意，临时政府任命其代理江苏都督。1913年，任北洋政府肃政厅都肃政史，曾上书反对袁世凯称帝。后任审计院院长。1928年，辞官回乡，任《江苏通志》编委会总纂。最后终老于乡，私谥为贞达先生。

庄蕴宽任审计院院长期间，曾任清室善后委员会委员，参与故宫博物院的创建。1925年10月10日，故宫博物院宣告成立，并在乾清门前举行隆重的开院典礼，庄蕴宽任开院典礼主席，同时还兼任故宫图书馆馆长。1926年"三一八"惨案后，段祺瑞临时政府通缉故宫博物院的负责人李煜瀛、易培基，二人潜离京师避难，此后直至1928年7月，庄蕴宽作为故宫"维持会"的副会长，成为故宫博物院的实际负责人。其间，庄蕴宽以个人名义向东方汇理银行借贷3万元平息"索薪工潮"，多方斡旋成功阻止直鲁联军进驻故宫；为防国宝重器流失公

庄蕴宽先生为《故宫》期刊题签

开发表启事，要求组织清点故宫文物。他作为故宫博物院的创始人和杰出的早期领导人，为故宫博物院的创建和发展做出了卓越的贡献。

庄蕴宽爱护故宫和重视文物，与其家学和素养关系密切。毗陵庄氏家学传承有序，自成一脉。其学以经学为基础，兼及文史百家。庄蕴宽继承家学，兼擅书画。书法融汇汉隶魏碑，尤精于草书。绘画以梅花见长，骨韵清劲，有如其人。可以说，庄蕴宽的家学和素养，决定了他的喜好和价值取向。可惜的是，长期以来，这样一位中国近代史上的风云人物，竟然没有一部关于他生平事迹的传记问世。

2012年，蒋元明所著《国士无双——庄蕴宽传》告竣，经庄蕴宽先生的孙女庄研审订。庄女士嘱我作序，我觉得不容推辞。这是一部好书。它的出版（上海锦绣文章出版社，2012年）终于弥补了庄先生无传的缺憾。相信读者看了这部传记，一定会对庄蕴宽的风雨人生和爱国情怀，以及他为中华传统文化所做的贡献有更加深入的了解。

"三俞"

"三俞"是指俞箴墀、俞同奎、俞平伯叔侄三人，原籍浙江德清。

俞箴墀（1875—1926），字丹石，号德孟，是晚清著名经学家俞樾（曲园老人）的侄孙，是俞平伯的堂叔。早年毕业于北洋大学。自1919年11月至1926年7月在京师图书馆工作，任舆图与唐人写经部主任。其中1924年11月，他曾应京师图书馆主任徐森玉的邀请，入清宫点收书籍。1925年2月至5月，他作为清室善后委员会特聘顾问，应邀参加了故宫文物的清点工作。

俞丹石参加过3个月清宫物品点查，在工作中有一些想法，并写信给陈垣先生。这件事记在他的日记中，今天读来也觉得很有见地：

民国十四年（1925）三月二十六日晴。晨起入宫，任第三组组长，偕万君华等检查毓庆宫。作一函致陈委员援庵（即陈垣），陈四事：一速事审查；一筹办图书、博物二馆；一从缓开放；一分部进行善后事宜，托陈君子文转交。（据孙玉蓉点校《俞丹石入清宫清点文物日记摘抄》，载《文献季刊》2006年第四期）

俞同奎（1876—1962），字星枢，号聚五，出生于福建省闽侯县（今福州市）。其祖父俞林，为清代著名学者俞樾的胞兄。俞同奎毕业于美国教会办的福州英华学校，因父母双亡，遂赴苏州投靠从祖俞樾，在他指导下攻读国文，4年后考入京师大学堂师范馆，翌年被派赴英国留学。这是北京大学历史上派出的第一批留学生。俞樾有送别之诗：

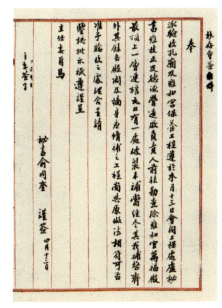

1947年，北平文物整理委员会秘书俞同奎就"验收孔庙、雍和宫工程"致文主任委员马衡

一经世守又农桑，百有余年祖德长。

吾道无端开别派，尔曹相率走重洋。

俞同奎1904年至1907年在英国利物浦大学攻读化学，获硕士学

255

俞同奎先生

位，成为我国留学国外最早获得硕士学位人员之一。1910年至1919年，任京师大学堂格致科研究所主任、化学教授及北京大学教授、化学系主任、教务长。俞同奎是中国化学教育的开拓者。1920年至1923年，任国立北京工业专门学校（北京工业大学前身）校长。1924年12月，任北京政府交通部技正。

俞同奎在故宫博物院的筹设及早期发展中做出了重要贡献。他是清室善后委员会委员，曾发表《对于清室善后委员会的希望》，提出了筹办图书、博物二馆的具体设想。1925年10月故宫博物院成立，任总务处处长。后又积极参加了维护故宫博物院生存的斗争。1928年任南京国民政府接管故宫博物院后的第一届理事会理事，仍任总务处处长。

故宫古建筑修缮由总务处负责。1929年美国洛克菲勒基金会捐款修缮慈宁宫花园是故宫开始的大工程，这不仅开创了利用国外资金进行维修的新路子，而且进一步扩大了故宫在世界上的影响。俞同奎在与洛克菲勒基金会的沟通、维修工程委员会的成立以及工程标书的拟定、开标择选承修厂商、工程质量验收等方面，认真安排每个步骤，工作严谨，顺利完成了工程任务。1929年7月27日，国民政府主席蒋介石参观故宫，俞同奎就故宫建筑残破、苦无经费整修现况提出简报，蒋即要求拟具整修计划及工程预算一并呈报，后批交北平行营拨款6万元，以作紧急修缮之用。随着国内外捐款及修缮项目的增多，故宫博物院于1930年成立临时工程处，由俞同奎兼任处长，汪申为副处长。这一机构的设置，反映了修缮工作在故宫所占的地位。

俞同奎还积极争取国外对故宫修缮及艺术品出版的捐助。故宫档案室现存多件俞同奎当年就募集资金与外国友人的来往信函。1930年，故宫做了《故宫旧殿廷修理计划》，译为西文发放，以广泛争取支持。1930年，俞同奎兼任故宫"临时工程处"处长，参与了1933年故宫文物的南迁工作，后调南京国民政府教育部。因液体燃料运输成为抗日战争时期后方交通命脉，俞同奎从1938年起从事液体燃料的管理和运输工作。

俞同奎1947年1月调任行政院北平文物整理委员会秘书，管理日常事务。1947年故宫博物院重行聘请专门委员，俞同奎以建筑物保存设计专长被聘为专门委员。

1949年后，北平文物整理委员会改为北京文物整理委员会，马衡任主任委员，俞同奎任秘书兼文献组组长。不久文化部成立北京文物管理委员会，俞同奎继续任秘书，实际上主持整体工作。在此期间，他对北京的名胜古迹做了考察和研究，并对首都的新城规划、古建筑和名胜古迹的去留问题，提出了许多很有价值的意见。1956年，北京文物管理委员会改为文化部古代建筑修整所，俞同奎担任所长兼资料室主任。

我在拟写《钢和泰与故宫博物院》一文时，查阅故宫历史档案，对俞同奎先生产生了兴趣，注意到有关他的资料。2020年，中国文化遗产研究院约我为《中国大百科全书（第三版）》撰写"俞同奎"词条，于是我又搜集资料，对俞先生有了更多的认识。他在50岁后，与故宫结缘，投入保护祖国文化遗产事业，鞠躬尽瘁，死而后已，是一个很了不起的人。

俞平伯（1900—1990），原名俞铭衡，字平伯，以字行，是清代朴学大师俞樾的曾孙，俞同奎的堂侄。1919年毕业于北京大学。曾在杭州第一师范学校执教，后历任上海大学、燕京大学、北京大学、清华大学教授。1925年俞平伯在北京外国语学校教书，经顾颉刚向沈兼士推荐，被清室善后委员会增聘为顾问，入宫点查书画藏品，从3月28

日至9月14日，参加了15次点查工作。

俞平伯在1925年参与故宫点查工作的间隙，曾写了两篇文章：一是《记在清宫所见朱元璋的谕旨》，写于1925年4月13日，是他在故宫景阳宫御书房参与点查清宫物品后的第三天。他提到的朱元璋谕旨，见于明代抄本《太祖皇帝钦录》。抄本为楷书，经折式本，有红圈断句，多为口旨、密旨，但也有"长章大篇的，如《祭秦王文》之类"，文中对朱元璋的性格与治国政策进行了分析。二是《杂记"储秀宫"》，将溥仪出宫前房间内的陈设摆放做了仔细描述，其中可见溥仪夫妇出宫时的仓促，如："我们在浴盆旁拾得真（珍）珠花钗一对，珠圆白而大，后并归之外屋柜中。此岂匆促出走时之遗钿耶？""更有一炕桌，上置苹果半个，是仓皇出走时，未食毕而投之之品。"两文公开发表于同年的《文学周报》。

此外，难得的是俞平伯还详细地记下了溥仪出宫前的最后早餐：

> 野意膳房九月初七日早膳，厨役郑大水恭作：清汤银耳、炉肉熬冬瓜、炒三冬、鸭条烩海参、葛仁烩豆腐、红烧鱼翅、炮羊肉、烩酸菜粉、锅烧茄子、红烧鳜鱼、炒黄瓜酱、干炸肉、羊肉烫白菜、大豆芽炒各达英、热汤面、黄焖鸡、摊鸭子、木樨汤。熏菜膳品：酱肘子、熏肝。蒸食膳品，厨役郑恩福恭作：猪肉馒首、烙饼、戗面馒首、包金卷、紫米膳、白米膳、小米膳、甜油炸果、粳米豇豆粥、玉米身粥、小米粥、香稻米粥。（《杂拌儿集·杂记"储秀宫"》）

这些都不失为这翻天覆地大时代的生动记录。

俞平伯还留有点查札记，见于复旦大学图书馆所藏的《学画杂录》中。根据札记所记，俞平伯入故宫点查共计7次，分别是：（1）3月28日，斋宫；（2）4月7日；（3）4月11日，景阳宫御书房；（4）4月28日，钟粹宫后殿；（5）5月□日，景阳宫静修斋；

（6）5月5日，钟粹宫后殿；（7）5月7日，钟粹宫后殿。第三次即俞平伯看到明抄本《太祖皇帝钦录》那次，第三次、第五次点查的是元明刊本古籍，其余5次所点查的均是宋元以来的古书名画以及缂丝、顾绣等工艺品。

俞平伯把所看到的书画都做了详细记录并有评骘，如"佳""尚佳""较精美""笔意极秀润""工细近俗"等，从中可见他的认真态度以及书画鉴赏水平。例如，1925年4月28日点查钟粹宫后殿，他在日记中详细记录了所看到的21件书画，并发表了自己的评论：

1.元人兰亭修禊图，绢地黑，无款，细笔（佳）。

2.夏圭画山水，萨都刺题（至正二年作）。

3.刘松年彻□图，绢地。

4.恽寿平富春山图，绢地，戊申秋杪作，佳。

5.宋李迪鸳鸯慕桂图，有篆字款，内府图书，佳。

6.明仇英雪栈图，有仇英实父图记，佳。

7.董其昌泉光云影图，纸本。

8.钱选三鸟图，上有款，旁边被割，款伤。画一母三孩。

9.李晞古乳牛图，绢地霉，无款，画尚佳。

10.马远雪景山水人物，绢本无款。

11.林璜双鹤图，绢地着色尚佳。

12.商维吉写生，作一猫一狗，尚佳，无款。

13.项圣谟蟠桃图，纸颇白，笔意极秀润。

14.宋徽宗杏花鹦鹉图，着色，有御题诗，瘦金体，印上有花押。

15.谢时臣青松白云图，气局颇好，惜损上半截，有拼截画上作后款，款非其笔也。

16.文伯仁溪阁围棋图，工细而密，隆庆时作。

17.明仇英九成宫图，着色，工细近俗。

18.顾绣罗汉,共有数册,有带观音者凡十九开,带韦驮观音者则为二十开,俱匀□,较精美。

19.梵力圆成装订甚精,紫檀嵌银丝夹板,上缀白玉,然更有饰套五彩释佛家故实,为降龙伏虎、散花、须石、降□等事。颜色煊烂无匹。

20.沈石田为吴宽作画册开首有李东阳书"石翁摹古"四大字,共廿开。苍凉秀润,乃其得意之笔。有题一段,录如下:客秋话别鲍庵先生于金昌,酒酣情剧,不能作一诗一图为照,倏忽一载,阔惊如渴。暇日漫成小帧二十册,其间或追忆昔游,或对时景写怀,积有时日,方能成帙。远字都门,或可博一粲也。长洲沈周。又有一题为"拙作四图奉字鲍公少宰"。末有吴宽跋云:石田先生绘事妙绝,天下□□。工力既到,而阅历又深,直入荆关之堂。……总李东阳、吴宽之题跋,共二十三开。

21.缂丝花卉册十二开,精美,颜色亦旧,但似非宋代物。

（以上日记内容转引自李军《俞平伯〈故官点查札记〉稿本纪要》,载《文献季刊》2011年第一期）

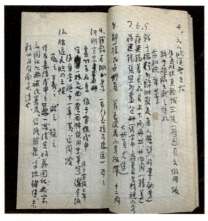

俞平伯《故官点查札记》手稿（毛笔）

俞平伯《故官点查札记》手稿（钢笔）

俞平伯是文学家，但对文物也颇有研究。1924年他就写出了《记西湖雷峰塔发见的塔砖与藏经》和《雷峰塔考略》两文，对塔砖与藏经进行了梳理与考证，时至今日，仍令业内叹服。这种人文素养与艺术情趣，不能不和俞氏世家和曲园先生联系起来。

"三沈"

"三沈"是指沈士远（1881—1955）、沈尹默（1883—1971）、沈兼士（1887—1947）三兄弟，他们皆生长于陕西汉阴，祖籍浙江吴兴（今湖州）。"三沈"得名于20世纪二三十年代的北京大学时期。沈士远曾任北京大学国文系教授兼庶务部主任，沈尹默曾任北京大学预科教授，沈兼士曾任北京大学国文系教授、研究所国学门主任。三兄弟又皆与故宫有缘，沈兼士曾任故宫博物院文献馆副馆长；沈尹默被聘为故宫博物院专门委员会委员；沈士远1952年调入故宫博物院，任档案馆（即后来的明清档案部）主任兼研究员，直至去世。

三兄弟中，尤以沈兼士对故宫贡献良多。他曾任清室善后委员会委员，是故宫博物院的重要创建者。从1925年10月至1929年3月，沈兼士任故宫博物院图书馆副馆长，图书馆下设文献部，沈兼士一直主持部务。其间，在1926年12月，任故宫博物院维持会常务委员。1927年10月，任故宫博物院管理委员会干事，后兼图书馆副馆长。从1934年10月至1947年8月，沈兼士为故宫文献馆副馆长。沈兼士在北京大学就进行过明清档案的整理，开保护与整理清宫档案风气之先。故宫博物院文献部成立后，在其主持下，就开始了明清档案的整理。1928年10月，故宫博物院设立专门的文献馆，明清档案整理便进

马衡致沈士远诗手稿

入了新的阶段，按军机处档案、宫中档案、内阁大库档案、内务府档案及其他档册书籍五大类进行整理。除了基本的整理外，同时还进行了库房陈列、提供查阅借抄、编纂出版等多项工作。故宫文物包括档案南迁后文献馆对留院的档案继续整理，并确立了普遍整理和系统分类的原则，不断探讨分类方法的科学化，1936年7月制订了《整理档案规则》。沈兼士馆长对档案整理做出了重要贡献。他制订了较为细密的计划，并开始对档案整理的原则和方法进行研究，先后撰写了多篇有关明清档案管理的论著，还对一些珍贵史料亲自审定并为其撰写序文。

沈兼士先生

当我得知"三沈"出生在陕西安康市的汉阴县时，很是惊奇。因为在有关"三沈"的资料介绍中，只说他们是浙江湖州人，没有提及他们与陕西的关系。另外，我对汉阴县并不陌生，我在陕西工作期间，曾多次去过汉阴；1985年作为一个工作组的成员，我还在汉阴住过10多天，怎么一点儿也不知"三沈"与汉阴的关系？

我获悉这一信息是2004年。这一年9月25日，汉阴县建成"三沈"纪念馆并召开了第一届"三沈"学术研讨会。这时，纪念馆与我联系，告知此事，并希望来故宫复制有关"三沈"的档案资料。这些要求，故宫自然都答应了。应纪念馆和安康市领导之邀，2005年4月我曾专门赴汉阴访问。这距我上一次去安康已15年了。当时汉阴油菜花盛开，春意盎然，给我留下了美好的印象。纪念馆办得不错，但因初开馆，稍显简陋。

我在此得知，"三沈"祖籍浙江吴兴竹墩村。其祖父沈际清

由启功先生题写馆名的汉阴"三沈"纪念馆

（1807—1873）曾考取顺天府乡试解元，后赴京参加乙巳会试挑取誊录，遵例改归原籍补国史馆誊录，议叙知县。初任江苏盐山知县，后升任顺天府宛平县知县。同治六年（1867），沈际清随陕甘总督左宗棠赴陕，先任绥德州知州，后调任陕南汉中府定远厅（今镇巴县）同知，升任候补知府加盐运使衔，举家迁徙兴安府汉阴定居。沈际清卒于陕西汉阴，诰授朝议大夫。"三沈"之父沈祖颐（1854—1903），监生，曾任汉阴厅抚民通判、汉中府定远厅同知，在任上去世。"三沈"祖孙三代均在汉阴居住生活。沈祖颐有三子三女，他非常重视子女教育。"三沈"兄妹幼年在家塾读书，常赋诗作文，呈请父亲评定甲乙。1903年，沈祖颐去世后才举家迁出汉阴，客居西安。1905年，沈尹默与沈兼士自费赴日本留学，因家庭拮据，不足一年尹默即回国，兼士则继续留日，在章太炎门下求学。也因此，后沈兼士在北大以讲授文字学而知名。

　　这一发现令我很有感慨。在三兄弟的文章中，似乎只有沈尹默满怀深情地说过他们在汉阴的生活经历，其他二人则对这段闭口不谈，

"三沈""二马"与王国维等先生合影。左起：佚名、张凤举、沈士远、周作人、王国维、马衡、马幼渔、沈兼士、沈尹默、陈百年、佚名

甚至讳莫如深。须知，离开汉阴时，沈士远已22岁，沈兼士已16岁，在尔后的生涯中，他们肯定不会忘记这个祖孙三代生活过的大山沟，但竟然如此吝啬笔墨，不着一字，着实令人遗憾。

真是无巧不成书！2021年4月28日上午，我正在拟写这篇小文，忽然接到故宫博物院研究员、中央文史研究馆馆员董正贺女士的电话，说她随中央文史研究馆的一个考察团，正在陕西汉阴的"三沈"纪念馆参观，还看到有我的照片，说这个馆办得很好，受到各位馆员的好评，随即通过微信发来一组纪念馆的照片。

"三沈"精神需要继承弘扬，愿纪念馆越办越好！

"四朱"

"四朱"是指朱文钧与朱家济、朱家濂、朱家潽父子4人，原籍浙江萧山。

朱文钧（1882—1937），字幼平，号翼盦，光绪末贡生，实业学堂（北京工业大学前身）毕业，后赴英国留学，于牛津大学研习经济学。回国后任职于度支部。中华民国成立，任财政部参事、盐务署长。

朱文钧先生为著名藏书家、文物收藏家，近现代碑帖鉴藏大家。1931年被故宫博物院聘为特约专门委员，负责鉴定故宫所藏古代书画、碑帖及古器物。1934年，朱先生还参加了征集择选文物赴"伦敦中国艺术国际展览会"的工作，与陈汉第、邓以蛰拟定书画展览标准，挑选赴英展览的书画珍品，很好地完成了这一重要任务。

朱文钧先生一家将全部珍藏捐献给了故宫及其他单位，更显示了其无比高尚的精神境界与收藏理念。朱先生一生殚心经史，以著述自遣，尤精于鉴别，收藏碑版、书画多为罕见珍秘之本，他的藏碑有三个特点：一是名碑名帖多。如两汉碑刻近70种，当时所能见到的几乎全部收入，唐代碑版数量最多，虞世南、欧阳询、褚遂良、欧阳通、王知敬、李邕、史惟则、苏灵芝、李阳冰、张从申、颜真卿、徐浩、柳公权等名家存世碑拓皆

朱文钧先生在家中

囊括其中。二是善本精拓多。宋拓20余种、元拓4种、明拓40余种，含英咀华，孙承泽难以比肩。三是有鉴家、学者题识为多。如元拓石鼓文，孙克弘故物，附周伯温临石鼓文墨迹，翁方纲、吴云、张祖翼、杨守敬等题识。因故宫这方面的藏品是弱项，而朱先生所藏为公认的一份系统完整、拓工最古的拓本，当年马衡先生任故宫院长时，拟用10万银圆收购，朱先生则表示将来要捐赠故宫。朱先生于1937年7月去世，1953年，由其夫人张宪祗女士及4个儿子（朱家济、朱家濂、朱家源、朱家潽）将全部碑帖706种无偿捐赠与故宫博物院。

1976年，朱家又将明代紫檀、黄花梨木器和清代乾隆时期做工紫檀大型木器数十件等无偿捐给承德避暑山庄博物馆，同时将家藏善本古籍数万册全部无偿捐献给中国社会科学院。1994年，朱家又将最后一批文物，包括唐朱澄《观瀑图》、北宋李成《归牧图》、南宋夏圭《秋山萧寺图》等书画作品，以及南宋王安道砚、明代潞王府制琴、明成国公朱府紫檀螭纹大画案等无偿捐赠给浙江省博物馆。

朱家济（1902—1969），字豫清（豫卿）。朱文钧先生长子，杰

《九成宫醴泉铭碑》拓本（朱文钧捐赠）

出的文物研究及保护专家、书画鉴定家、书法家。毕业于北京大学，曾在南开中学、杭州地方自治学校任教。1929年任故宫博物院编辑审查，同时兼任北京大学预科讲师。1932年离开故宫，1935年又入故宫博物院南京分院工作。

1938年与庄严、那志良、李光第等护送西迁的南路故宫文物到贵阳及安顺华严洞储存。1939年到重庆财政部贸易委员会任专员。1946年受聘为故宫博物院专门委员。1953年受聘为浙江省文物管理委员会委员兼研究组组长。

朱家濂（1909—1997），朱文钧先生次子，字景洛，资深的图书版本专家。毕业于北京大学。20世纪30年代初进入故宫，1949后任故宫博物院办公室副主任，在故宫工作20余年，1953年调入北京图书馆（今国家图书馆），曾任采访部副主任。

朱家溍（1914—2003），字季黄，朱文钧先生四子，毕业于辅仁大学国文系。1946年到故宫博物院工作，是著名的文物专家和清史专家。

朱家溍先生对故宫有种特殊的感情。这既与他的家世有关，更主要的是他对中国传统文化深入骨髓的热爱及对其深入研究、积极弘扬的坚持与执着。这种热爱与执着，又倾注在对故宫的建设和发展上。朱先生做了大量的研究工作，一些体现在他的著作中，但更多的是为故宫的实际工作，为陈列展览服务。特别是在太和殿、养心殿、坤宁宫和储秀宫的原状陈列中，他详细查阅清宫内务府档案及历史文献，深入各文物库房查找有关文物，亲自设计和布置出符合历史真实的原状陈列。这些大量的、默默的工作，他甘之如饴、一丝不苟。

朱文钧夫人与四子合影，后排左起：朱家源、朱家济、朱家濂、朱家溍

朱家溍先生是个博学多识的人。他在故宫曾做过征集、保管、陈列、图书馆和宫廷原状恢复各个部门的工作。就专业门类而言，他先后涉及书法、绘画、碑帖、工艺品、图书典籍、宫殿建筑、园林、清代档案。他还当过两年梅兰芳的秘书，不仅对戏曲深有造诣而且擅长表演。新中国成立初期，他本来做古书画鉴定征集工作，后来院里调进徐邦达、王以坤、刘九庵几位专家，于是书画力量增强，而工艺力量很弱。按照领导的意见，朱先生转到了工艺组，工作实践和刻苦钻研使他终于成了这方面的专家。1992年国家文物局成立了一个专家组，前往各地博物馆和考古所鉴定确认全国各省市呈报的一级文物。这个组里有专看陶瓷的、专看青铜的、专看玉器的，三类以外的文物则由朱先生一个人来看。由于工作需要而将一位原有专长的业务人员调换专业岗位，在20世纪五六十年代是很经常的事，许多人都有这样的经历。但要调一行专一行，那就不是许多人都能做到的了。朱先生的难能可贵之处就在这里。他是多方面的专家，是故宫博物院的通人。

我到故宫博物院工作不久，曾登门拜访朱家溍先生，向他请教。记得他谈到要重视文物对外展览，做好准备工作。后来我知道，1935年故宫文物首次出国，去英国伦敦展览，展出的书画即由朱家溍先生的父亲、时任故宫博物院特约专门委员的朱文钧先生负责挑选。朱家

朱家溍先生在家中书房

溍先生的室名"蜗居",是由启功先生题写的,挂在屋子正中,给我留下很深的印象。2003年5月,因"非典"原因,我在家待过半个月,认真拜读了朱老所赠的《故宫退食录》,他的这部大作内容相当广泛,有宫廷掌故,有故宫所藏书画典籍、竹木牙角、剧本戏装等几乎各类文物的研究,还有《红楼梦》研究、治学经验、人际交往、故宫博物院历史等,文章都不长,但内涵很丰富,使我加深了对他作为朱文公后人的认识,更加充满了对他的敬意。当时我填了首《贺新郎》"以词代柬",特向先生致意:

一帙余香袅。数家珍、角牙竹木,旧闻稽考。信手拈来言娓娓,曲尽宫闱秘奥。天不负、斯人才调。更有江山胸际溢,点染工、余事倪黄稿。腹似笥、国之宝。

素心未与沧桑老。但年年、御墙柳绿,殿堂星耀。家藏捐公名海内,三代输诚报效。喜克绍、文公遗教。名士流风何处觅?真性情、粉墨听吟啸。襟抱阔、蜗居湫。

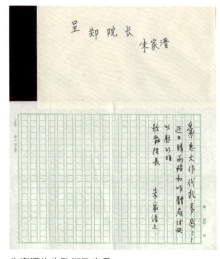

朱家溍先生致郑欣淼函

吴瀛

吴瀛先生

吴瀛（1891—1959），字景洲，江苏武进人。吴氏是有名的世家望族，吴瀛的舅父就是庄蕴宽先生。吴瀛毕业于湖北武昌方言学堂，与易培基为同学。他是紫禁城从皇宫到博物院这一重大事件的参与者，是故宫文物首次南迁的执行者，又是故宫盗宝冤案的知情者和当事人。

吴先生1924年进入清宫搞文物点查，开始只是以内务部官员身份来兼顾这项工作，此后竟离开了自己的本职，完完全全地加入故宫博物院的事业中，而且一干就是10年。这10年，故宫博物院经历了创办的艰难、成立初期的曲折、短暂的辉煌以及文物南迁等阶段。先生为之付出了全部心血，倾注了深沉感情。已成为经典的《故宫博物院五年经过记》一书，使我们既看到一幕幕惊心动魄的斗争，又感受到先生的辛勤努力与重要地位。

天有不测风云。所谓"易培基盗宝案"，不仅使这位故宫博物院首任院长蒙冤含恨，抑郁而终，也使吴瀛受到牵连，成为被告。吴先生豪爽、热情、憨直，是个汉子，又是为朋友两肋插刀的人。虽然他的蒙冤受害，完全是由"同患难而观点各异，亲而不信的总角之

吴瀛著《故宫博物院五年经过记》
书影

交"的易培基所引起，但他对易培基却一往情深，至死不渝。他在有生之年，念兹在兹，一刻也没有停止为易培基院长申雪。直到中华人民共和国成立之后，他还给毛泽东、董必武等写信呼吁。他所著《故宫盗宝案真相》，对这一案件做了详尽的记录，使之大白于天下。

尽管如先生哲嗣吴祖光所认为，故宫博物院"以它本身具有的特性注定了是一个不祥之地"（《故宫盗宝案真相·序》），尽管吴瀛先生在服役10年后，被迫离开了故宫，但他对故宫始终充满了感情。因为这个由皇宫变成的博物院，有着他的辛劳。他又是一个极其酷爱艺术而且有着深厚艺术造诣的人，故宫无与伦比的迷人魅力始终吸引着他。他在晚年时，仍然把一生珍藏的200余件精美文物无偿捐献给了故宫博物院。

吴瀛先生不仅有深厚的国学基础，且于西画及国画颇有造诣，诗文、书画、篆刻皆精。其绘画擅山水兼工花鸟，多以西画构图，隽永飘逸，意境高远。他的诗，沉郁雄奇，慷慨悲怆。他的主要著作有《中国语文法》《故宫博物院五年经过记》《故宫盗宝案真相》，以及诗文《风劲楼诗草》《蜀西北纪行》，剧作《长生殿》《章台柳》等。在那些落寞的日子里，在郁闷、愤激乃至困惑的时候，这些业余爱好曾给他带来很大的慰藉。

吴瀛先生还活着，活在他颇有建树的学术著作中，活在他气韵生动的笔墨中，活在他情思斐然的诗文中，更活在他为之奋斗、付出心血的故宫博物院不断发展的伟大事业中。青山常在，先生不朽！

吴瀛绘画《双蝶》（病后左腕）

我曾写有怀念吴瀛先生的4首诗，其一曰：

> 洪业堪称第一篇，乾清门内忆流连。
>
> 波云诡谲几多事，须借如椽史笔传。

指的是他的《故宫博物院五年经过记》一书。其三曰：

> 迻水迤山写雅怀，长生殿曲喜而哀。
>
> 谢家玉树风流在，不负崚嶒一代才。

说的是吴家几代在文学艺术上所富有的成就。

南迁壮歌

当年故宫文物南迁，是迁到南方，后在南京建了库房。抗日战争全面爆发后，又有了"西迁"或称"疏散"。但相对于北平故宫来说，都算在南方。现在人们所说的文物南迁，一般统指故宫文物在南方包括"西迁"的整个期间。

故宫文物南迁培育和形成了以"视国宝为生命"为核心的典守精神。在这一漫长的典守过程中，故宫同人尽管备尝艰难，险象环生，有的工作人员还付出了自己的生命；但他们无怨无悔，忠于职守。故宫文物西迁三路的办事处主任庄严、欧阳道达、那志良无疑负有更重要责任，而梁匡忠一家因南迁造成的悲欢离合，则成为镌刻在两岸故宫博物院的集体记忆。

庄严先生的故宫"服务证"

庄严

庄严（1899—1980），名尚严，号慕陵，河北大兴（今属北京）人，出生于吉林长春。1924年北京大学哲学系毕业，在北大国学门担任考古学会的助教，因而和考古结下了深厚缘分。他在北大金石学的导师马衡，同时也是考古学会的会长，日后又将他带往清室善后委员会及故宫，成为影响庄严一生最重要的人。庄严说："宣统出宫我入宫。"他自1924年12月进入清室善后委员会，从清宫物品点查到故宫博物院肇建、中国艺术品赴英展览、古物南迁等故宫博物院历史上的诸般大事，无不参与。

　　1937年"七七事变"发生后的8月14日，故宫就以赴英参展文物为主的80箱珍品文物开始转移，庄严、那志良、江湛瑶三人负责押运，由南京经汉口迁长沙，将文物暂存湖南大学图书馆。此为故宫第一批文物西迁，史称南路。1938年1月，因长沙屡遭日军空袭，又奉行政院令继续向后方转移，绕经广西桂林，2月10日将文物转移至贵阳保存。不久，以日机肆虐益深，决定寻找山洞贮放为宜，后于安顺觅得天然山洞华严洞，1939年1月这批文物遂运到华严洞保存。"并于洞内建筑板房存储箱件，以阻潮湿。嗣于夏秋雨季时，发现洞内潮气太重，爰将一部分畏潮箱件移出洞口外之关帝殿内，遇有警报时，即行移入洞内，十分钟即可毕事。洞外则由省政府派遣保安队驻守，日夜均有岗位，附近居民亦皆相安，对于空袭、盗匪及潮湿之危险皆可兼顾，无虞疏忽。"（马衡院长在1940年5月17日故宫第五届理事会上的报告）故宫博物院设立了驻安顺办事处，庄严为主任。1944年，安顺文物又迁到四川巴县（今重庆市巴南区）境内飞仙岩临时仓库。

　　庄严先生一生淡泊清高，凡事贯以国家民族为上，颠沛流离，忍饥受苦，仍不改其乐。庄严夫妇及4个儿子全家都住在贵州。贵州的资源非常贫乏，一般人的生活都很苦。庄严的儿子庄因回忆："贵州办事处的员工的月薪往往要迟到每个月的月底方可领到。先父在他的月薪未至之际，真是一贫如洗。记得那时我们全家都只能用辣椒粉与盐水调拌糙米来果腹。生活尽管艰困，先父毫无怨言。不但如此，他反以故宫博物院所藏的《袁安卧雪图》为例，而指出古代的清贫高士，能够如何安贫乐道。"

存放在贵州华严洞的故宫南迁文物，箱子上有北平的"院"字编号和上海的"沪"字编号，封条上有庄严的签字

　　庄严常用诗抒发他的观感。他的诗已辑为《适斋诗草》，收于《故宫·书法·庄严》一书（中国台北雄狮图书股份有限公司，1999年）。如《自城中归住华严洞旧居》："新来常好静，归住旧茅庐。走访东西舍，来赶马牛墟。卧听山头雨，起曝洞中书。衡门鲜人事，淡泊世情疏。"他并加了小注："安顺每十二天赶场两次，城东曰牛场，西曰马场。亦有用粤语者曰墟。"

　　台静农1946年曾有一首和申若侠及庄严的自况诗：

　　　　　　美尔公牡俩，深山好养真。

　　　　　　庋藏可敌国，贫乃到柴薪。

　　　　　　小饮三杯满，流亡百劫身。

　　　　　　明年出巴峡，依旧老宫人。

　　庄严曾在友人所绘当年存放故宫文物的华严洞图上有一跋文，记载自己在此的一些活动，我们感受到的是那一代人的风雅逸事：

居安顺时余好题名，每一登临必有爪痕，华严洞附近诸山尤多，独于是洞不著一字，人以洞主呼我，我亦暂以洞主自居，遂两忘也。今事过境迁，岂可再得乎？卅二年叔平师因事至安小住月余，一日酒后忽发逸想，老头子（按：指故宫院长马衡）竟攀梯登三丈许，亟崖大书百余字，可作纪念。

庄严画像（故宫同人刘峨士绘）

而马衡院长所题的这些字，后来居然被庄严的小儿子庄灵在华严洞打着火把找到了。2009年"重走故宫文物南迁路"活动，我在安顺华严洞也看到了这些字。睹字思人，感慨万千！

1948年12月22日，故宫第一批文物320箱从南京运台，庄严、申若侠夫妇与刘奉璋、黄坚4人押运，载运文物之海军中鼎轮26日抵达基隆港。

庄严先生是位颇富艺术气质的人，一生钟情于书画研究。后任中国台北故宫博物院副院长。他著有《山堂清话》一书，内中既有回想服务故宫一生所经历的传奇故事，亦多有关中国书画的相关思索。矢志不渝地追求中国艺术的精神世界在他的字里行间处处流露。紫禁城出版社2006年以《前生造定故宫缘》为名在大陆将此书出版。

欧阳道达

欧阳道达（1893—1976），原名欧阳邦华，安徽省黟县渔亭镇人。北京大学哲学系毕业后留校任教。1924年参加清室善后委员会的清宫文物清点工作。故宫文物南迁到上海后，他担任故宫博物院驻沪办事处主任，随后护送9331箱文物到四川乐山县（今乐山市）安谷乡

1946年，欧阳道达先生一家在乐山

保存，为乐山办事处主任。从抗战胜利一直到20世纪50年代，欧阳先生又负责南京分院的工作。1949年4月26日，中共中央宣传部电告中共中央华东局、第三野战军政治部，命欧阳道达科长保护国立北平故宫博物院南京分院的文物。欧阳先生亦不负厚望，完整地保存了这批文物瑰宝。

中华人民共和国成立后，欧阳道达任故宫博物院南京分院办事处主任。1954年调回北京，任故宫博物院档案馆主任。后故宫档案馆改为中国第一历史档案馆，设编辑研究组，由欧阳道达兼任主任。1959年退休，担任顾问。

在当年故宫同人中，欧阳道达能诗、善书，文笔也好。他的《蜀江夜泊思家》的诗我们未见到，但马衡有诗《邦华于役雅安，用其〈蜀江夜泊思家〉韵寄诗四首，以代书简》之一：

> 君昔蜚声翰墨林，久忘结习废哦吟。
> 于今无限兴亡感，聊复濡豪吐寸心。

从中可见，欧阳道达在书法、诗歌上都有很高造诣。

欧阳道达于1950年9月写了一份题为《故宫文物避寇记初稿》的报告，长达8万余字，马衡院长做了这样的批示：

> 此稿为文物播迁史料，似无印行必要，可存卷备查。

马院长当时如此批示，肯定有他的原因。2009年，当我看到这一

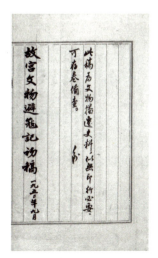

欧阳道达诗稿

在重扃密锁中尘封达59年的文稿时，则喜出望外。

　　与中华民族命运联结在一起的故宫博物院文物南迁，其中的曲折、艰辛乃至种种秘辛，一直吸引世人的关注与好奇。但遗憾的是，全面、准确地记述南迁的书籍却甚少。我国台湾出过杭立武先生的《中华文物播迁记》，重点在文物迁台上；那志良先生在《典守故宫国宝七十年》中，主要叙述南迁时自己的工作及感受；北京故宫博物院与中国台北故宫博物院也有"院史"类书籍，对此皆是梗概式的介绍，太过简略。比较起来，欧阳道达先生的书稿则填补了这个空白，是我迄今所见记述故宫文物南迁的一部最好的史料性作品。

　　《故宫文物避寇记初稿》全面记述了这10多年间文物南迁的历程，除绪言，又分阶段回顾"记南迁""记西迁""记东归""记收复京库"，脉络清晰、层次分明、详略得当、语言简朴，人们读完后对故宫文物颠沛流离的过程会有一个完整的印象。

　　欧阳道达先生亲自参与了整个文物南迁的过程，书稿中既有大事件的粗线条勾

欧阳道达《故宫文物避寇记初稿》首页及马衡院长当年的批示

277

勒，又提供了许多鲜为人知的细节，对研究文物南迁史十分重要。例如，当年故宫文物装箱的编号标识，馆处各不同；作者指出其中存在的体例稍有失当之处以及其他特殊情形，并强调"须记述者五事"。如"文献馆南迁箱数实为三七七三，而编号讫于三八六八，是因中间自三〇四六至三一四一之九五号当日未曾引用，致实际箱号有间断而非顺序联续""前秘书处之皇字第二〇一号箱，因装车时撞伤，退回本院而未南迁，是以南迁文物之皇字实际箱数为七六三，而顺序编号则讫七六四"等，"此五事，皆馆处当日筹备移运工作中参伍错综情况，事久或可淡忘，爰特记之"。此类记载不少，亦易为人所忽略，从中可见先生的有心。

本书篇幅不算长，但内容极为丰富，对四川各个库房存贮文物的具体介绍及文物运输过程中运载车辆、途中意外、文物受损等都有明确记述。例如将东归文物的三次覆车、两次淋雨、一次肩运失坠以及受损情况，一一说明。在冷静的述说中，仍可感受到作者与故宫同人视文物国宝为生命，不辞劳苦、死而后已的崇高精神。

2010年，欧阳道达的这份报告以《故宫文物避寇记》的书名由紫禁城出版社印行，我则写了《冷静的述说》一文，向读者热情地推荐。

那志良

那志良（1908—1998），字心如，北京宛平人。1925年1月入故宫，相继参与清室善后委员会点收、故宫博物院成立、伦敦艺术品展览、古物南迁疏散后方、文物精品运台等工作。

1937年11月19日，故宫文物7287箱由南京用火车经津浦、陇海线，于12月8日运到陕西宝鸡，是为北路。北路文物从宝鸡开始的转运，都由那先生主持。1938年2月，这批文物奉命运存汉中，要翻秦岭，又值隆冬，只能车辆载运，行程885里，且限当日到达，不得在中道停留。那先生便联系管所有陕甘军公商车的西安行营帮助解决车

前排左一吴玉璋，左二那志良，左五梁匡忠

辆，从2月22日至4月10日，7000余箱文物，装载305车次，经48天抢运，按时运抵汉中。

从汉中到成都，路途更为艰难。那先生回忆，运输的事虽然很苦，若把押车当作旅行，却是饶有兴趣的事。这一路古迹极多，他们走到剑阁的时候，万树丛中，远远望到栈道旧迹，顿时想起唐明皇避难到四川的事来，又想到元人曹伯启《南乡子》这首词：

> 蜀道古来难，数日驱驰兴已阑，石栈天梯三百尺，危栏，应被旁人画里看。　　两握不曾干，俯瞰飞流过石滩，到晚才知身是我，平安，孤馆青灯夜更寒。

他对词里所说"看人"和"被人看"的感受至为深刻，还托好友欧阳道达先生替他写了一幅中堂，好好地保存起来。这幅中堂，至今还保存着。那志良先生担任峨眉办事处主任，为了养家，也为了支援当地教育，他曾兼任过峨眉中学的英文教员，使得峨眉中学的英语水平在周围地区很有影响。

那志良是1949年1月随故宫第二批文物1680箱到我国台湾的，

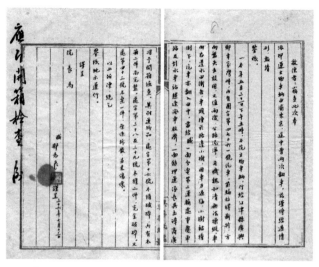

1947年5月，北路文物由重庆运往南京，那志良关于途中翻车事故向马衡院长提交的报告（部分）及马院长批示

后继续在台北故宫博物院服务。那先生研究玉器，一生未曾中断，著述很多。作为故宫发展史的见证者，他还写有《故宫三十年经过记》《故宫四十年》《典守故宫国宝七十年》等著作。

那志良先生不仅勤于书写，还保存了不少南迁史料。2009年，由其儿媳王淑芳女士把这些珍藏捐献给了北京故宫博物院。包括文书、印章、照片、书法、勋章等共计150件。这批史料非常珍贵，例如一方刻着"北平故宫博物院理事会理事长印"印文的玉印，标志着1925年至1927年间，故宫建院初期院方管理组织频密改组的历程。又如一纸《文物运台船运合约书》的手抄副本，则是1948年12月31日所立，由"交通部招商局"轮船公司与故宫代表傅斯年具名签署，是一份关于故宫文物由南京经上海赴基隆、高雄运送过程的重要契约文件；另一份则是故宫博物院院长马衡先生亲书幅条幅墨宝一幅，以嘉勉那先生担任峨眉文物管理所主任届满5年的辛劳。还有，抗战胜利时，国民政府特别颁发了两枚"胜利勋章"表彰护持故宫文物有功人员，其中一枚颁给了乐山文物管理所的欧阳道达主任；另一枚则颁给了那志良先生

（编号：胜字第六〇九号）。这枚颁给那先生的勋章，也是此次捐赠史料之一。

梁匡忠

梁匡忠（1924—2007），河北大城人。

梁先生于2007年辞世，告别了他一生相伴、守护的故宫国宝，也带走了一个时代。海峡两岸两个故宫博物院，最后一个见证故宫文物南迁的老故宫人离去了。

梁家与故宫颇有渊源。梁匡忠的曾祖父曾是清宫画室如意馆的掌管，祖父和父亲都在那里画画。逊帝溥仪1924年被逐出紫禁城后，清室善后委员会清点宫中物品，梁匡忠的父亲梁廷炜成为其中一名工作人员。正好在这一年，梁匡忠出生了。

梁廷炜1933年跟随文物南下，9岁的梁匡忠和母亲，还有两个弟弟则留在北平。1936年底故宫博物院南京分院成立，暂存上海的文物又分批转运到南京新建的朝天宫库房，梁匡忠一家人才在南京团聚。

"七七事变"后，南迁文物又被迫疏散到大后方，梁家人随同文物开始了动荡的迁徙生活。由于每个地方停留的时间都不长，一直在路上，梁匡忠的书念得断断续续。这批文物最终到达四川后，因家庭经济的困难，梁匡忠中断了学业，于1941年7月正式进故宫博物院工作，看管库房。这一年，他17岁。

1938年，故宫文物西迁陕西汉中，梁廷炜等在南郑文庙前合影。
左起：那志良、梁廷炜、吴玉璋之子吴振鲲、曹锦如、吴玉璋

在守护国宝过程中长大的梁匡忠，耳濡目染父辈的言行，深知肩上责任的重大。他每天都要去检查库房，看房子漏不漏雨、文物是否受潮，还要防火防虫。抗战胜利，1947年西迁文物奉命复原，分置在峨眉、乐山和巴县库房的所有文物分水、陆两线转运南京。梁匡忠也随文物回到南京。

逐鹿中原，风云再起。国民党当局因大势已去，遂将故宫南迁的部分文物运往我国台湾。运台文物共三批，梁匡忠的父亲于1949年1月7日作为第二批运台文物的押运人，乘坐着招商局的海沪轮，押送着1680箱文物在海上颠簸三天后，到达基隆港。他还带走了梁匡忠的母亲和两个弟弟，以及梁匡忠的长子。梁匡忠则留在南京看守剩下的文物。自此，海天茫茫，故宫国宝一朝分散两岸，梁氏一家人也只能隔海相望。直到20世纪80年代梁匡忠辗转打听到台湾家人消息时，才知父母已经双双去世。

梁匡忠一家的悲欢离合，见证了故宫博物院的坎坷历程，见证了国宝的命运，见证了中华民族一页悲怆的历史，它是大时代的一个缩影。

这里不能不提到梁匡忠5个子女的名字，因为这些名字，都深深地打上了故宫国宝辗转流离的历史烙印。四川峨眉是故宫文物存贮的一个重要地方，梁匡忠在这里守护文物时，娶了个川妹子，成了家，有了第一个儿子，遂取名"峨生"；后来他到乐山管理库房，第二个孩子在此出生，因为乐山古称嘉定府，便取名"嘉生"；抗战胜利后，他到南京，工作了六七年，"金生"和"宁生"两个孩子就留下了南京（金陵、江宁）的影子；最小的儿子是梁匡忠一家随南迁文物最终回到北京以后出生的，所以叫燕生。峨生、嘉生、金生、宁生、燕生，峨眉—乐山—南京—北京，真真切切地勾画出了故宫国宝南迁、部分回归北京的历史时空图。看着这些名字，我们感慨万千，怎能不深味隐藏在其中、裹挟着故宫博物院命运的历史风云？怎能不体会近代中国多舛的民族命运下以梁匡忠为代表的故宫人与故宫国宝同呼吸、共命运、悉心守护的艰难与执着？

　　中华人民共和国成立后，梁匡忠继续在故宫从事库房文物的保管，一直干到1994年70岁离休。离休后，又被院里返聘了8年，还帮助国家文物总店鉴定文物。梁匡忠的三儿子金生，后来在故宫博物院继续从事文物管理的工作。这样，从梁匡忠的曾祖父、祖父、父亲到他，还有他的儿子，一家五代都与古老的皇宫、与故宫博物院结下了不解之缘。

2005 年，故宫 80 周年院庆期间，郑欣淼看望 82 岁的梁匡忠老人

红墙大家

故宫是国宝文物荟萃之处，同时也有一批专家学者，因其精深的专业水平及杰出的贡献，成为蜚声海内外的鉴定大师、学术大家，他们也被尊为"国宝"。故宫多个专业领域都有过国宝级的大家。这是中国文博事业兴旺发达的一个反映，也是故宫博物院近百年发展积累的结果。唐兰、单士元、王世襄、冯忠莲、徐邦达、郑珉中、杨新、杨伯达、耿宝昌等，就都是这样的大家。

唐兰

唐兰（1901—1979），字立庵，浙江嘉兴人。早在20世纪20年代初，即著《说文注》四卷，后渐致力于青铜器款识及甲骨文字研究，曾直接受教于罗振玉、王国维，并获称赞。

唐兰是著名文字学家、青铜器专家，他在1935年发表的《古文字学导论》和1949年出版的《中国文字学》两书，是我国现代意义上最早的、最完整的古文字学理论著作。他于20世纪30年代与容庚同时被聘为故宫博物院专门委员会委员，1952年正式调至北京故宫博物院，曾任学术委员会主任、副院长等职。

1935年伦敦中国艺术国际博览会，中国政府决定选择"足以代表中国艺术文化"的文物参加展览，唐兰、容庚二人被聘为遴选商周彝器的专门委员。周王鈇钟旧作宗周钟，著录于《西清古鉴》，对其时

代众说纷纭，唐兰1936年
写了《周王龤钟考》，考
证宗周钟的作器者龤，就是
"周厉王胡"。当时的学
者多认为宗周钟是西周早
期器，对他的意见并不以
为然，可是1978年和1981
年陕西扶风县相继出土了
簋和五祀龤钟，器物形制是

1933年12月，唐兰被聘为故宫专门委员会委员

西周晚期的，证实了40多年前先生意见的超前性。1962年，先生发表
了《西周铜器断代中的"康宫"问题》长文。他发现的"康宫断代原
则"不断被后来经考古发掘出土的铜器所肯定，现已为学术界普遍接
受。这是继郭沫若发现"标准器断代法"之后，金文断代法的又一重
大发现。

先生重视用金文资料系统地研究古史。1986年，由他的后人整理
发表的《西周青铜器铭文分代史徵》是一部总结他一生金文研究的力
作（惜仅存未完稿），共引用西周金文资料350件，计划以此为基础
重写西周史，他的这一研究代表了这一学科20世纪后期的最高水平。
先生生前还十分重视金文研究的普及工作，写了多篇金文的"白话翻
译"，让艰深的青铜器铭文所记载的3000年前的历史故事，能为一般
来故宫的观众看懂。1999年，北京故宫博物院重新改陈的青铜器馆以
及同时编写的《故宫青铜器》一书，就是追随唐先生的学术思想而设
计的。其中铜器的断代贯彻了先生的"康宫断代原则"，铭文的释文
和白话翻译等都继承和发扬了先生的学术成果。

21世纪初，故宫博物院决定为一批国宝级的专家学者整理出版学
术全集，《唐兰全集》即其中一种。刘雨先生为项目主持人，聘请了
以国家中华字库工程首席专家、复旦大学裘锡圭教授为首的7位国内外
著名学者为顾问，聘请了院内外23位学者参加工作。唐兰先生治学志

1957年，唐兰在故宫慈宁宫接待日本考古代表原田淑人、杉村勇造、水野清一等人。左三：罗福颐；左四：唐兰；右五：陈万里

向高远，常做大的构想和写作计划，但时间和精力有限，学术兴趣又易作转移，因此留下许多未完成作品，有的只开了个头，思绪跳跃、字迹潦草；有的文章无标点，文内的层次、次序也不固定。但这些遗稿是先生学术体系中的有机组成部分，对后代学术研究也有一定的启示作用。这部分内容的整理就成了《唐兰全集》整理编辑有别于一般学术整理工作的重要不同点，也是一个难点。在院内外专家学者的共同努力下，终于完整、准确地完成了这百余万字的整理录入工作。此项目2005年正式启动，2013年完成结题报告的撰写。2015年，这部皇皇12册600多万字的《唐兰全集》由上海古籍出版社出版。这既是故宫学术积累的成果，对推进中国青铜器研究也有重要意义。

《唐兰全集》书影

单士元

单士元（1907—1998），北京人。先生自幼家贫，矢志于学。1924年11月，单先生作为北京大学的旁听生当了一名书写员，参与到当时的文物点查工作中。故宫博物院成立，单先生先后在文献馆、图书馆工作。中华人民共和国成立后，单先生以饱满的热情投入故宫博物院建设和文博事业中。1962年，单先生任故宫博物院副院长，1984年任故宫博物院顾问。从17岁投入故宫到91岁辞世，单士元先生在故宫博物院整整工作了74年。

单士元先生是中国古代建筑史研究，特别是紫禁城宫殿建筑历史研究的开创者之一，是清代历史档案研究的开拓者之一，也是明清历史研究领域中卓有贡献的著名学者。他的学者、专家的人生道路，起始于青年时代的勤奋。一边工作一边求学，几乎是他整个青年时代的主要生活。他在故宫博物院工作期间，于1925年进入北京大学历史系

1924年12月，进入故宫后的单士元先生

学习，1929年又考入北京大学研究所国学门，进行清代文字狱的专题研究。当时，赵尔巽等编撰的《清史稿》已问世，单先生于是对该书进行研究，利用文献馆的大量历史档案，1934年完成了《总理各国通商事务衙门大臣年表》的毕业论文；1936年经北大研究所诸教授审定，评予成绩为优良。孟森教授认为此书"可以补旧史之阙，可以拾《清史稿》之遗，可以助研讨外交史者知人论世之力"，评价颇高。自1938年起，单先生曾先后在北平师范大学、中国大学、中法大学、女子文理学院等校任教，主要讲授中国通史、明清历史、中国近代史等。单先生还撰写并发表了许多明清史方面的著作和论文，是一位学识渊博的明清史专家。

单士元先生长期在故宫博物院文献馆工作，在清代档案的编目、整理、编辑出版等方面做出了重要贡献。在我国档案学界，他是最早提倡档案目录学的学者。整理文献的同时，单士元先生参与了故宫博物院接收内阁大库流散档案，主要是军机处档案的初始整理工作，对其中明末清初档案择要写出了若干介绍文字，又将清代军机处档案、档簿等写出提要，并摘录其原文举例说明。这期间，单先生在沈兼士先生指导下，与同人一起共同编辑了《文献丛编》《掌故丛编》《史料旬刊》等民国时期故宫博物院重要出版物，并陆续撰写和发表了不少有关明清档案的论文。

单士元先生作为中国古建筑专家，更是建树颇多。1930年，由朱启钤先生发起的中国营造学社的成立，

1991年，单士元先生给青年研究工作者讲故宫文物

开始了建立在现代建筑学、美术史、文献学的基础上，对中国古代建筑作为一项专门学术进行研究。单士元先生加入营造学社，担任编纂。他以搜集和整理文献史料为开端，注重古代建筑的历史沿革、工艺材料，兼顾造型艺术、结构功能，与王璧文先生合作，1937年出版了《明代建筑大事年表》。这部书是中国人写的第一部中国建筑历史断代工具书。

中华人民共和国成立后，单士元先生以研究紫禁城宫殿建筑的深厚学术根基，开始了他参与并负责管理、保护这一重要文化遗产的使命。在20世纪50年代后期，他为故宫古建筑提出了"着重保养，重点修缮，全面规划，逐步实施"的修缮方针，并先后主持了三大殿保养油饰、角楼落架大修、高大建筑安装避雷针等重要工程。为了传承古建筑的工艺技术，单士元先生深入实际，注重传统工艺技术的研究，还聘请了一批在社会上享有盛名的匠师充实到故宫工程队伍之中。这是一个具有远见的举措，不仅可以确保工程质量，而且通过口传身授，培养出一批批技术骨干。这种古建筑传统工艺技术的有序传承已成为故宫博物院宝贵的无形文化遗产。

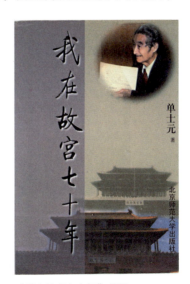

《我在故宫七十年》书影

2009年，共4卷12册的《单士元集》出版，这是单先生一生学术成就的总结，是他给后人留下的精神遗产，也是故宫博物院为著名专家学者所编印的第一部全集。

王世襄

王世襄（1914—2009），字畅安，福建福州人，生于北京，燕京大学文学院硕士。文博名家，著名收藏家。他的收藏，除舅父、先慈所作书画及师友赐赠翰墨文物外，大都掇拾于摊肆，访寻于旧家，人舍我取，似微不足道，但他却敝帚自珍。他珍藏的目的是用于研究、赏玩。正如他所说："其中有曾用以说明传统工艺之制作，有曾用以辨正文物之名称，有曾对坐琴案，随手抚弄以赏其妙音，有曾偶出把玩，借得片刻之清娱。"他由此悟得人生价值，不在据有事物，而在观察赏析，有所发现，有所会心，使其上升成为知识，有助于文化的研究与发展。他将这些藏品集中整理，印成《自珍集》，风行一时。按先生的说法，"自珍"二字，也包括他与夫人在备受磨难中所坚守的一种人生态度，即规规矩矩、堂堂正正地做人。

我读《自珍集》时，对此情趣很有感受，曾在一首赠先生的《贺新郎》中写道："掩卷寻思久。算方知、物皆有道，物皆能究。原本人生多趣味，直待搜求参透。这玩字、天机当有。总总林林窥胸臆，自能珍、人更珍情愫。雅俗韵，运斤手。"

王世襄著《自珍集》书影

2003年王世襄先生获荷兰"克劳斯亲王奖"，荷兰驻华使馆12月30日为先生举行授奖仪式，先生邀我出席，其间故宫80岁的古琴专家郑珉中先生演奏《良宵引》助兴。我以《渔家傲》一阕赠先生：

　　　　末技居然玄理酝，锦灰堆里珠玑润。通博自能游寸刃，天降任，存亡续绝刊新韵。　　五味人生齐物论，痴心未与流光泯。晚岁友邦传捷讯。调瑶轸，郑公助兴《良宵引》。

不久，我请先生为我的诗词集《紫垣集》题签，他写了两幅，让我挑选。

文博界的老人都知道，世襄先生有一种很深的故宫情结。世襄先生的父亲与故宫博物院老院长马衡先生是中学同学，交谊较深。抗战时期世襄先生到重庆，马院长提出让他做院长秘书，他未就职而去了李庄中国营造学社。抗战胜利后，世襄先生从事京津地区战时文物损失的清理工作。1947年3月到故宫博物院任古物馆科长。此后于1948年7月至次年7月，在美国学习博物馆管理。中华人民共和国成立前夕，他谢绝了很多人以中国政权变更要他留在美国的劝说，毅然回到了祖国。1951年5月，故宫机构改革，设陈列、保管、图书馆、档案馆、总务、院办等部门，世襄先生任陈列部主任。

阅《马衡日记》可以看到世襄先生参与院里的各种重要活动，马院长对他十分倚重。但在"三反"运动中，世襄先生被诬为大盗宝犯，经4个月的"逼供信"，10个月的公安局看守所调查、审讯，未查到任何盗窃行为，便以"取保释放"的方式将其放回了家。他同时收到文物局、故宫博物院的书面通知："开除公职，自谋出路。"对一个把心血倾注在故宫的人来说，世襄先生认为这是奇耻大辱。

王世襄先生应郑欣淼之请，2005年1月25日为其《紫垣集》诗集题签

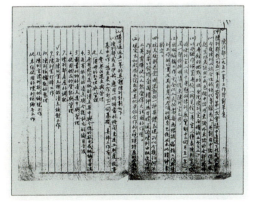

王世襄先生拟订的《故宫陈列部一九五一年工作计划草案》

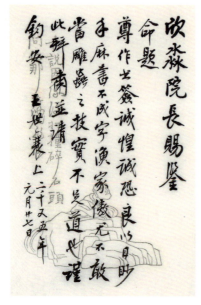

王世襄先生致郑欣淼函

郑欣淼与王世襄先生

1954年吴仲超同志任故宫院长后，发现开除世襄先生是个大错误，遂要把他调回来，但当时世襄先生所在的单位却不放他走，这事便搁置下来了。1957年世襄先生因在整风鸣放中诉说自己的不白之冤，又被打成右派，回故宫就更遥遥无期了。虽然如此，故宫的一些专门活动还是请世襄先生参加，而世襄先生的有些研究工作，也与故宫的藏品分不开，得到了故宫的支持。但在世襄先生的心里，被故宫开除的阴影一直存在着。世襄先生对故宫的感情太深了，故宫伤害了世襄先生，世襄先生也知道这是历史的原因。世襄先生一直遗憾自己未能重返故宫。这种爱恨交加的复杂感情，与世襄先生熟悉的人都是知道的。虽然未能重返故宫工作，但世襄先生却一直关注着故宫。在我多次看望他时，我们都会谈到故宫、故宫的历史、故宫的工作。2008年7月的一天，世襄先生打电话约我，说要谈有关故宫的事，我去后，他提了两个建议：一是建议故宫饲养中国传统的观赏鸽；二是建议故宫在景山修展馆，用地道把故宫与景山相连接。这都是重大的设想，需要经过认真的研究。世襄先生已94岁高龄，想着的仍然是故宫的发展，令我十分感动。

2009年初，国家文物局原局长张德勤同志打来电话，说他去看望了世襄先生，世襄先生又提到自己与故宫的一些事，希望我作为院长能为他写篇文章，有个全面的、准确的说法。德勤同志告诉我，世襄先生对我写的纪念马衡老院长的文章很满意。其实这篇文章我曾请世襄先生过目。我原来的题目是《其功甚伟其德永馨——纪念马衡先生逝世五十周年》，世襄先生建议我把第一个"其"改为"厥"。大约世襄先生看到我写这篇文章，首先是对前辈怀有敬意，资料的搜集也很认真，才希望我也能为他写篇文章。世襄先生2008年给我惠寄新春贺卡，还写了"诗如江淼　词若泉流"8字，给我鼓励。

世襄先生辞世，我写了一首小诗悼念：

锦心锦翰锦灰珍，博物风云老斫轮。

感念平生无限事，此身曾是故宫人。

冯忠莲

冯忠莲（1918—2001），祖籍广东顺德，1918年生于天津，自幼习画。1938年，她以优异成绩考入北平辅仁大学美术系，师从中国现代国画大师陈少梅先生，并与其结为伉俪，被画坛誉为"梅莲并蒂耀丹青"。

冯忠莲先生在绘画上有深厚的造诣，这充分反映在她的代表作《江南春》《涛声》等山水、人物、佛像、仕女画中。就在她的国画创作大展才华的时候，她却在1953年受聘荣宝斋，开始了古画临摹工作。她第一幅临摹的是辽宁博物馆的《宋赵佶摹唐张萱〈虢国夫人游春图〉》。

临摹是古书画复制的传统技法，临是看着原作画，摹是下面有稿子，要丝毫不差地照着稿子画下来，临摹便是两者的结合。工作要求

冯忠莲先生临摹古画

极其精细复杂，必须一丝不苟，对临摹者的体力和眼力都是严峻的考验。由于画幅大多较宽，不能坐着画，只好站着或趴在案上，有时一趴就是几个小时；一天下来，腿疼、腰酸、眼睛发胀。1956年，她被任命为荣宝斋编辑室主任。在以男性为主的国画界，一个女人能任此要职，其功力可见一斑。她还临摹、复制过宋代《洛神赋图卷》《宋人画页》，清袁耀《万松叠翠图》，明仇英《白马如风疾图》等。1973年，她还与陈林斋先生合作临摹了《长沙马王堆一号墓西汉帛画》等。

冯忠莲先生在古画临摹上的代表性成就是北宋张择端的《清明上河图》，也由此造成了她与故宫的缘分。20世纪50年代末，故宫博物院准备复制一批高水平的摹本代替原作进行展览，其中就有《清明上河图》。1960年初，荣宝斋接受了这项重要的任务，要求临摹工作在一年内完成。1962年，正处于才思焕发黄金时期的冯忠莲接受了这一重任。她全力以赴，每天早出晚归，不论刮风下雨、酷暑严寒，从不间断。后遇上"十年动乱"，被迫停工。1972年10月，冯忠莲调入故宫博物院做古书画临摹工作，直到1976年才得以继续临摹《清明上河图》。这时她已年近花甲，患有高血压和眼底血管硬化症，而且经过10年岁月，绢素、色彩以及自己的臂力都有很大变化，但她仍克服重重困难，使摹本保持了前后的一致，丝毫看不出衔接的痕迹。1980年9月，大功终于告成。摹本的艺术效果和古旧面貌，与原作极为相似。同时，她还为故宫培养了一批古书画临摹、复制的人才。

冯忠莲先生曾任辅仁大学美术研究会顾问、中国美术家协会会员、中国画研究会会员。1988年，她的学术专著《古书画副本摹制技法》由紫禁城出版社出版，她被聘为中央文史研究馆馆员，为当时仅有的两位女馆员之一，另一位是老舍的夫人胡絜青。

冯忠莲先生的一生，是艺术的一生，是淡泊名利、甘当无名英雄的一生，是传承祖国古老文化的一生。正如2001年8月31日《人民日报》刊发的题为《冯忠莲同志逝世》的新华社通稿中所说：她"在临摹复制古代书画方面有相当成就和影响"。我们将永远铭记，不能忘怀。

徐邦达

徐邦达（1911—2012），字孚尹，号李庵，又号心远生，晚号蠖叟，祖籍浙江海宁，生于上海。先生幼年聪颖、机悟，因家中收藏历代书画不少，很早就学习书画临摹，并跟从苏州老画师李涛学习山水画法和古书画鉴定，不久又先后入著名书画鉴定家赵时棡、吴湖帆之

2003年，书画专家鉴定《出师颂》。前排左起：傅熹年、徐邦达、朱家溍、启功

门继续深造，至而立之年即以善于书画创作和精于古书画鉴定闻名于时。他从年轻时起，就将学术研究与诗书画创作有机地结合在一起。

徐邦达先生的不寻常处，还表现在每当历史紧要关头都能做出坚定正确的政治抉择：1941年，他在上海"中国画苑"举办了个人画展，声誉日隆；1942年，汪精卫60岁生日，希望他能作画庆贺，被他严词拒绝，体现了一个爱国学者的民族气节。1949年初，邦达先生不为西方物质生活所惑，期待着新中国的到来；上海一解放，他就被聘为上海市文物管理委员会顾问，积极投身于新中国的文博事业，展现了一个炎黄赤子的报国情怀。

1950年，徐邦达先生奉调北上，任国家文物局文物处业务秘书，在北海团城参与征集、鉴定历代书画，使3000多件历代书画精品得到有效的保护。1954年，邦达先生随着这批历代书画精品一并调到故宫博物院，为本院古书画的收藏和研究奠定了良好的基础。1983年，受国务院委托，国家文物局组织全国文物鉴定组到各地文博单位进行历代书画甄别工作，邦达先生为该组重要成员，不仅圆满完成了国家交给的任务，还培养了一批古书画鉴定接班人。此后，无论是在两岸学术交流中，还是在国际学术讲坛上，徐邦达先生都赢得了海内外学术界的高度赞誉。

徐邦达先生是当今艺术史界经历百年沧桑的学术泰斗，是享誉海内外的中国古书画鉴定大家和著名诗人、书画家，是中国艺术史界"鉴定学派"的一代宗师。他既继承了传统的鉴定方法，又汲取了辩证唯物主义的方法论和现代考古学严谨的科学手段，将文献考据与图像解说有机地结合起来。他对数百件早期书画进行的鉴定考辨，对明清文人画

《徐邦达集》书影

鉴定进行的开拓性研究，在书画鉴定界确立了坦诚求实和科学严谨的学风。他系统地建立了古书画的鉴定标尺，真实地还原了中国书画史的发展脉络，将原先只可意会的感性认识发展成为可以传授的研究方法和学术思想。故宫出版社（原紫禁城出版社）陆续出版的16卷600万字的《徐邦达集》，就是他的古书画研究的辉煌成果，将永远灌溉艺林。

60多年来，徐邦达先生忠于人民的艺术事业，坚守博物馆的学术理念，从新中国文博事业的开拓岁月，到跨世纪中国文博事业的新征程，都为中国文化遗产的保护与研究以及国际的文化合作、学术交流做出了重要贡献。他还多次向国家捐赠书画作品和珍贵古书画收藏。他以做"故宫人"为荣，他的奉献精神和大家风范是对"故宫精神"的最好诠释。

先生大名在文博界如雷贯耳，我早就仰慕不已。2003年"非典"时期，我读了先生的书画集，很有感触，5月初写了《贺新郎·读徐邦达先生书画集，用先生七十述怀韵》一词，敬呈先生：

天独怜夫子。早锥囊、暮年庾信，盛名差比。歇浦剑箫燕市筑，狷介人生堪记。且拊掌，三千桃李。更有故宫多宝箧，毕其生，缣管云霞起。但鼎力，去遮蔽。　　书生怀抱名山事。眼过时、骊黄牝牡，探源求异。颠米揣摩成一体，写取奇峰随喜。抒感慨，吟情难已。文化神州凭重镇，晚霞飞，落落濠梁意。心自远，世尘里。

大约半个月后，我收到先生的一首《浣溪沙》。词曰：

老懒迟迟欠报书，新词诙语惭吹嘘。可怜越鸟见痫芜。　　怀抱期颐（予今年九十有三）总塞意，巍宫宝箧日心储。何时审鉴从扶趄。

右调浣溪沙奉答欣森院长政和。

2003年，徐邦达先生书赠郑欣淼《浣溪沙》

日期署为"五月廿八日"，信封上写有"即刻"二字。我也常去看望先生，对他的研究成就、艺术贡献的认识也在不断加深。

国运通，人长寿，贤者与盛世同步走。2010年7月7日在故宫博物院举办的"庆贺徐邦达先生百年寿诞座谈会"上，我又以《千秋岁》一阕向徐邦达先生祝寿：

> 声名播早，海上先知晓。米氏韵，苏公调。丹青山水远，赏鉴地天小。多少事，期颐回首堪谈笑。　只眼看玄妙，健笔解深奥。十六卷，传精要。宫城犹壮伟，桃李欣繁茂。无量寿，风华不老星辉耀。

郑珉中

郑珉中（1923—2019），字从易，晚号南郭琴叟。原籍福建闽侯，寄籍四川华阳。

2003年，中国的传统音乐——古琴艺术被联合国教科文组织宣布为"人类口头和非物质遗产代表作"，引起极大反响，使这一日渐式微的古老艺术又为世人所关注。中国在向联合国教科文组织递交的《古琴艺术申报书》中，确认了包括港、台地区在内的我国52位古琴传承人，故宫博物院郑珉中先生名列第二十七位。

郑珉中先生琴棋书画俱通，他的中国古书画鉴定及书画创作等都有一定的影响。他字写得好，是中国书法家协会会员，尤于古琴造诣颇深。故宫收藏古琴，20世纪50年代，即由郑先生同顾铁符先生一起鉴定划级，后又陆续发表了一些有关传世古琴的分期断代与具有鉴定性的论文。郑先生也是故宫当时唯一能够弹奏古琴的人。

我有幸聆听过他的演奏。2003年12月，王世襄先生荣获荷兰"克劳斯亲王奖"，我受邀到荷兰驻华使馆参加颁奖

郑珉中先生在故宫博物院建院 80 周年院庆招待会上抚琴

仪式。在使馆门口，见到了同来出席的郑珉中先生。他身背一张琴，中式的蓝布衫，神凝气闲，一副儒雅、朴质的样子。在颁奖仪式上，郑先生操一曲《良宵引》，意态庄重、手势优美、稳健细腻、声情并茂，获得阵阵掌声。王世襄先生对古琴的研究也是颇有成就的，他能请郑先生演奏，固然有情谊因素，但郑先生的琴技当是公认的。

郑先生1946年进入故宫，将届一甲子，虽退休多年，仍坚持上班。他家住北京鼓楼北的小石桥，每天骑着自行车，穿过地安门，风雨无阻。院里为他配了车，他坚辞不要。他对我说："如果我连自行车都骑不动了，那可能就真不行了。"我每天中午去单位食堂吃饭的路上，常看到他在红墙下骑着自行车的身影。

2003年，也是郑珉中先生的八秩大寿，我写了一首《浣溪沙》祝寿：

> 五十余年岁月侵，红墙日日意不禁。骑车穿巷白头吟。　　豪气亦曾舒剑胆，柔情且自展琴心。挥毫依旧字如金。

郑先生写了一本《故宫工作回忆录》，4万多字，其中记述他能到故宫工作，就与弹琴有关：

1946年夏，琴师管平湖先生推荐我去王世襄先生家，为其夫人袁荃猷作练琴辅导，因得拜识其尊翁王述勤先生。王老先生与先父熟识，乃得世襄引见先父挚友营造学社负责人朱桂辛（朱启钤）先生，得朱桂老垂爱，遂把我介绍给故宫博物院马衡院长，因得任用我为故宫博物院办事员，10月1日报到，分配在总务处第四科。

他的婚姻，同样是以琴为媒。1947年，他做了北京辅仁大学美术系主任溥雪斋先生家的琴师，但谢绝了教琴报酬。他提出跟溥先生学画山水、兰花，溥先生很高兴地接受了。溥先生家除夫妇外有子女9人，7个女儿曾经在家中请启功先生教读旧书。第五个女儿芸嘉专门侍候书房，与郑珉中见面机会较多，不论郑教琴还是学画，她都在旁边，郑走时她送出去关大门。她除跟父亲学画外，还得到本族叔父溥心畬和族人启功的不断指教。郑珉中说自己没有上过学堂，故不想找一个女学生为妻，便一心想找这样一个能弹琴、绘画的女士为对象。在1950年他27岁时，由袁荃猷女士出面提亲，溥先生夫妇立即应允，二人随即在欧美同学会举行了婚礼。这些都给郑先生留下了美好而浪漫的回忆。

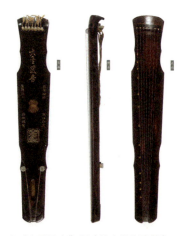

唐"大圣遗音"琴（故宫博物院藏）

郑珉中先生又主持编写了《故宫古琴》一书，并嘱我作序。故宫博物院现收藏古琴46张，其中33张为明清两代宫中古琴收藏的遗存，见证了历史的沧桑。不仅数量上在全国博物院中居于首位，而且属于唐、宋、元三代的典型器就占藏琴的1/3，即在质量上也是最好的。

《故宫古琴》中对20张古琴测绘了线图和可以窥见其内部构造特点的

CT平扫图像，可供海内外制琴家观察研究，从而仿制出更多音韵绝伦的七弦琴。郑珉中先生的《前言》是其终生研究古琴的心得集成，具有很高的学术价值，对古琴产生、发展的历史，对湖北、湖南古墓出土的琴与传世古琴的关系，对唐以后七弦琴能够传世的原因以及唐宋元明清各个时代古琴的发展状况，特别是对传世古琴的断代，都有缜密而认真的考辨，都有自己的见解。该书的问世是古琴保护与古琴艺术传承的一件幸事。

杨伯达

杨伯达（1927—2021），生于辽宁省大连市。1949年毕业于华北大学美术系，1956年由中央美术学院调故宫博物院，曾任陈列部主任、故宫博物院副院长。在长期的陈列工作和文物管理中，杨先生练就出文物通才的鉴定研究能力，在书法、绘画、陶瓷、珐琅器、玻璃器、玉器、清宫史、地方贡品等领域都取得了既独到又系统的研究成果。

杨伯达1987年离休后，又开始了新的人生起点。他集中精力专攻玉器，在玉器研究中发表了许多富有真知灼见的专著和论文。他对玉器的鉴定研究不拘泥于一事一物，而是从玉文化的高度来进行科学探索，最终形成了为学界认同、被大众接受的"玉学"，构建了相当完整的理论框架和学术体系，推动了学术界对玉器的深入研究。

2005年一天，我在一阕《西江月》中记述了他招收一位女士为徒的仪式：

> 后学拜师敛手，先生设帐开颜。漱芳斋里玉为缘，古道盎然再现。　　自是耳提面命，尤当心悟神谙。何须试玉烧三天，衣钵相传不断。

2007年是杨伯达先生80寿诞，正是从这一年开始、从杨先生开始，故宫博物院决定要为每一位在学术上做出重要贡献的耄耋专家、学者祝寿，让每一位有志于博物馆事业和学术研究的中青年们从中受到良好的教益。我在庆祝他的祝寿会上作了"如玉人生"的祝词："君子比德于玉。"我们在玉石中感悟到文物工作者应有的冰清玉洁般的品格，在玉石中体味到专家学者必有的坚如磐石般的恒心，在玉石中领会到仁贤睿智者才有的温润柔美的品性，这就是我们常常赞美的"如玉人生"。从玉文化里走出来的贤者，是长寿的、幸福的、睿智的和成功的！

他的90岁华诞，我与单霁翔同志都出席了。我们围着红围巾与老寿星合影，记下了这一温馨的时刻。

2021年5月21日，杨伯达先生在北京家中平静地谢世。25日，我与许多同人一起，在八宝山革命公墓兰厅向先生遗体告别，献上我们的礼敬，表达我们的哀思。

2017年12月18日，郑欣淼庆贺杨伯达先生90华诞

杨新

杨新（1940—2020），湖南湘阴人。1965年从中央美院分配到故宫博物院工作。杨新作为新中国培养的第一批接受现代史学教育的美术史学者，又得到徐邦达、启功等大师的悉心传授，重视将古书画鉴定与美术史研究相结合，同时借鉴了美学、历史学、考古学、文化史学、科学检测等方法，取得了重要的学术成就，为学界所瞩目。他的文章论述严谨、论证充分，又有着宏观的视角和眼光；而扎实的文史哲功底与艺术家的特色，又使得他的思想的凝重与文笔的灵动相结合，文章不古板、有趣味、耐读。杨新先生撰有百余篇研究论文，《书画鉴定三感》《项圣谟》《清初四僧》《中国绘画的得意、写意和会意》等为其代表作。

杨新先生治学严谨，尊重科学，不拘泥于前人之说。徐邦达先生持《女史箴图》为唐摹本说，杨新则将《女史箴图》的创作年代提前到北魏时代，并认为是创作原本，获得了徐先生的赞赏。

杨新先生曾担任故宫博物院副院长14年，主管全院业务，在提升和促进博物院的业务方面也同样做出了贡献。他注重学术建设，积极推动故宫文物的整理与出版，大力宣传故宫。

我到故宫博物院工作时，杨新先生已退休，像许多故宫老专家一样，他仍然积极地参加院里的学术活动及有关工作。特别是1997年开启的故宫与香港商务印书馆合作出版的《故宫博物院藏文物珍品全集》，他作为主持者与总主编，继续认真负责，前后10余年，直到2010年方才完成这项跨世纪的文化工程。

杨新先生曾嘱我为他的两本书作序。

一本是2006年的《故宫联匾导读》。在有些人看来，杨新先生作为一个严谨的学者，这似乎只是信手拈来的一本普及性小册子。我不这样看。我认为这也可见作者的才、学、识，书小，但内涵不小。杨新先生翻阅大量典籍资料，对这些联匾认真地加以注释，除弄清成句及典故的来历外，又结合宫殿特点或作者情况，对联匾的深层或多重意义加以阐发，而对一些相关背景材料的介绍，对联匾的理解更有裨益。

另一本是《杨新诗书画集》。杨新先生画既不保守，也不追求时尚。其画风写实，格调清新，富于诗意。其书法擅长行书，不专学哪家哪法，尚意、唯美而已。至于写作旧体诗，遵守格律，感事抒怀，寄情山水，以诗论画、评画，均能传情达意。杨新先生的画，是传统的文人画精神的继承，可以说是新文人画。文人画讲求自娱、高雅、适意、纵情、放逸。生活在今天的杨新先生，虽受传统文人画影响，尚意、自娱、唯美，但又在创作中自觉地注入新时代的内容，反映着特有的感受，寄托着自己的情感和理想，因此又在继承中有所发展。

诗书画是杨新先生文化艺术素养的重要组成部分，与其学术活动有着密切的、不可分割的关系。对杨新先生来说，诗书画不只是一种技艺，更是一种修养，一种人生的境界，对他的人格形成产生过相当影响。

追求诗歌、书法、绘画兼擅的艺术活动，是中国传统文人的生活方式、艺术素养和审美情趣，也是中国艺术特有的奇葩。在当代中国，诗、书、画兼擅者当不在少数，但既事艺术创作又攻艺术研究者则不多，成就斐然者更是寥寥，启功、谢稚柳、徐邦达诸先生卓成一家，堪为此中代表。杨新先生的诗、书、画成就很值得关注。

杨新先生晚年古书画鉴定研究不辍，时有新成果问世。不幸的是，2010年他突发脑出血，愈后又未注意保护，2013年复发，遂长年辗转病榻，并多次告危。2015年2月17日晚上，我依约去杨新先生家中看望他。他这天精神很好，坐在轮椅上，与我长谈一个多小时；主要是他谈，谈他的经历、谈故宫，特别谈到他对《雍正十二美人图》的考证。这套美人画像图久已名声在外，但很少有人对此做进一步的研究。杨新先生首先发现"美人图"后的题诗和书法都是雍正帝所为，署名却是米元章或董其昌。如右图，美人身后挂着一件书画条

幅，上半截是展开的山水画，下半截是画出的
一片树叶，其上题云：

> 樱桃小口柳腰肢，斜倚春风半懒时。
> 一种心情费消遣，缃编欲展又凝思。

　　其落款"米元章"，钤"米芾元章之印"
朱文方印。查雍正《文集》卷二十六，有《美
人展书图》二首，其中一首与此诗只有个别字
的差异。杨新先生通过多方缜密的考证，指出
这套画像是雍正帝和画家一起构思并亲自参与
制作、创造出来的，其用意是借传统的"香草
美人"的象征寓意手法，以抒发心中的郁闷。
我分享着他的快乐。

《雍正十二美人图·读书》，画中托名米元章（米芾）的诗，经杨新先生考证，其实是雍正帝自己的作品，也由其本人所书写

　　那个晚上他兴致颇高，使我再一次感受到他所流露出的童心和率
性。我也很有感触，赠他一首《浣溪沙》：

> 谁解紫垣一种痴？烟云早
> 染鬓边丝。潇湘山水总依依。
> 回味世间儒释道，展舒笔
> 底画书诗。勃然劫后傲霜枝。

　　2017年春，杨新先生的女公子
杨丽丽在微信上发来她父亲给我画
的一幅画的照片，墨笔勾皴的老梅
树，花朵怒放，分明是他自己"烈
士暮年，壮心不已"的心境写照。
虽是病中所作，带有斜构图的特

杨新先生病中画梅赠郑欣淼

点，但笔法苍劲、风韵宛然，仍可见其功力。右下方题写着"郑欣淼院长请指导　杨新病中　丁酉年"。我万分感动。

苏轼词作追求豪放的风格，杨新先生还为我绘过一幅《东坡词意图》，吐露了他虽卧病在床但未曾消沉的一腔豪气。而我所期望的"傲霜枝"，杨新先生自己期望的"老梅吐艳"，终于没能抵御住肆虐的病魔。庚子年之初，他永远离开了我们，离开了他所挚爱的故宫和事业。但他的学术遗产永在，他的精神也融入了故宫博物院的传统之中。

耿宝昌

耿宝昌（1922—　　），生于北京，祖籍河北省辛集市。1956年应聘到故宫博物院工作。长期从事中国古陶瓷及其他古代工艺品研究，重点为历代陶瓷。先生是蜚声海内外的古陶瓷研究鉴定大师，尤精于明清瓷器，其撰写的《明清瓷器鉴定》为中国首部古陶瓷研究鉴定学专著。

耿先生善书，2010年曾以"博爱"二字惠赠。我以为有深意焉，在《浣溪沙》中赞叹：

> 埏埴风云一柱擎，人生有幸对青莹，依依弥老故宫情。　　眼底功夫惊禹甸，腹中锦绣岂明清？但怀爱意自如冰。

词的意思是，在古陶瓷界，耿先生似擎天一柱，是一面旗帜。他有幸此生面对、摩挲这些精美的瓷器，感受着创造之美，心灵也得到净化。而当晚景暮岁，更增强了对故宫的深情厚谊。耿先生的鉴赏功力为世所公认，他的精深造诣，不仅体现在已发布的《明清瓷器鉴定》一书。他澄怀达观、为人笃厚，就是因为心底存有"博爱"二字。

2012年是耿先生90岁华诞，故宫博物院为其举办了隆重的祝寿

会。单霁翔院长与张忠培先生都希望我代表故宫博物院学术委员会讲几句话,我不便推辞,便讲了以下的意思:

　　故宫是中华传统文化最重要的一个结晶与载体,是中华古代艺术品的宝库。故宫以及丰富的文物藏品的内涵需要研究、发掘、整理,这也是文化传承、扬弃的过程。我们的工作人员,尤其是专家学者,从事的就是这一重要的工作。专家学者因此发挥着特殊的作用,其中专业水平极其精湛并做出杰出贡献的一些人,也被称为"国宝"。我院多个专业领域都有过"国宝"级的大家,在古陶瓷研究领域,冯先铭先生是"国宝",孙瀛洲先生是"国宝",耿宝昌先生也是"国宝"。"国宝"难得。他们受到社会的尊敬,在海内外都享有崇高的地位。这是我们文博事业兴旺发达的一个反映,也是故宫博物院近90年发展积累的结果,是故宫的"软实力"。

　　在当今古陶瓷界,耿宝昌先生的地位与影响是人所共知的。可贵

2012 年 7 月 16 日,耿宝昌、杨新先生与郑欣淼在故宫御史衙门

的是先生既具有真才实学，为世共仰，为人却十分谦和、低调。他经常受邀到全国各地包括港澳台的许多博物馆，帮助鉴定，出席学术研讨会，进行学术交流，都严谨认真、一丝不苟。1980年1月，国家文物局应中国银行美国分行邀请，派耿先生赴美，鉴定清皇室抵押在美国花旗银行的瓷器，先生很好地完成了任务，驻美中国银行向故宫博物院赠送康熙冬青瓶一个。此后数十年来，先生又受外交部邀请，先后到我国30多个驻外使馆进行古陶瓷鉴定。他努力地去完成这些任务，且从不张扬。特别是在当今市场经济大潮中，文物市场混乱，耿先生则守身如玉，从不参加那些不符合国家规定与要求的活动，不说违心的话，更是受到业界、学界的高度赞扬。耿先生所坚守的这些原则，其实也是故宫博物院学术队伍的优良传统。

　　故宫博物院的特殊地位以及故宫学术水平的整体实力，使故宫专家在文物鉴藏界享有盛誉，具有相当的话语权。"故宫专家"4个字也因此成了金字招牌，影响巨大。在当前市场经济条件下，许多名为"鉴宝"及其他文物鉴定等活动，都可能与商业利益有关，布设了陷阱，充满着名与利的诱惑。希望我们的专家学者向耿宝昌先生学习，发挥故宫的优良传统，遵守有关科研人员的规定，坚持学术精神，坚守学术底线，爱惜自己的羽毛，抵制诱惑，不做任何影响、亵渎"故宫专家"名号的事，静下心来，好好做学问，好好做人，为故宫学术的繁荣继续努力，为中国文博事业的发展做出贡献！

　　2020年，新冠肺炎疫情骤起，5月20日下午，我向耿先生问安，拨打电话，第二遍铃声响起时他便亲自接了我的电话，而且思绪清晰，当那带有冀东口音的话从百里外的京城传来时，那种疫情下的久违之感，真令我感慨万端，也受到强烈的震撼。这说明老先生平安，也说明手机就在手边，他们随时准备与外界交流，他们关心着室外的世界。在他们身上，我似乎看到了中国人必将战胜疫情的民族精神、文化精神。

　　2021年4月30日，故宫改陈的新陶瓷馆在武英殿开馆，我受邀出席开馆式，很高兴见到了坐着轮椅的耿宝昌先生。他仍然思维清晰，在会上讲了七八分钟，一再地说陶瓷馆"旧貌换新颜"，并受王旭东院长之托，大声宣布："故宫武英殿陶瓷馆开馆！"

2021年7月14日，故宫博物院在建福宫花园敬胜斋举办了庆贺耿老百岁诞辰的座谈会，耿老一口气讲了20多分钟，表示还要继续努力，跟上"新时代"！

2021年7月14日，庆贺耿宝昌先生百岁华诞留影。左起：王旭东、郑欣淼、耿宝昌、单霁翔

故宫留芳

90多年来，一批海内外专家学者参与故宫建设事业，对学术研究，或文物保护，都做出了重大贡献，成为故宫发展史上不可缺少的一页。钢和泰、沈从文、罗哲文、饶宗颐、谢辰生，都是其中有代表性的人物。

钢和泰

钢和泰（Alexander von Stael-Holstein，1877—1937），著名东方学家、汉学家、梵语学者。生于俄属爱沙尼亚，获德国哈勒－威登伯格大学博士学位，后游学英法各国。历任彼得格勒大学助理梵文教授，北京大学梵文与宗教学讲师、教授，清华大学国学研究院讲师，哈佛大学教授。他还是北京大学研究所国学门导师、中研院史语所特约研究员、北京故宫博物院专门委员。钢和泰是蜚声国际的著名学者，并对中国学术界产生过积极影响。

1923年，钢和泰在《国学季刊》第一期发表《音译梵书与中国

钢和泰先生

古音》（这篇英文文章由胡适译成中文），首先在中国提出应仿照西方学者推求印欧原始语言的方法，用比较语言学推求中国原始语言，并提出三条研究途径，提示中国学术界注意欧洲学者伯希和、高本汉等人的研究进展，强调研究古译音对中国音韵沿革史、印度史、亚洲史的重要意义，成为中国语言学史上一篇划时代的学术论文。

1926年，钢氏所著《大宝积经迦叶品梵藏汉六种合刊》由商务印书馆出版，此书将大宝积经迦叶品的梵本、藏译本和4种汉译本进行逐段排列比较对照。这是一种看似简单实则需要深厚的学术功力的研究方法。这种文献对勘研究是一切相关研究的基础，对厘清文献的版本和内容的真伪、沿革等都是必不可少的。推荐此书的梁启超在序中说："很盼望他的精神能间接从这部书影响到我们学界。"1934年，钢和泰集中精力研究藏文《甘珠尔》，对藏、汉、梵等经咒的音写材料一直具有浓厚的兴趣，并做了大量的研究工作。

1926年7月，钢和泰受聘为清室善后委员会顾问，并得到庄蕴宽允许进入故宫慈宁宫花园的宝相楼，拍摄了700多幅佛像及带有题记的佛像基座，这些图像后来交由哈佛大学图书馆保管，并由哈佛大学语言系主任、梵文教授克拉克（Waltre Eugene Clark）将该部分图像与钢和泰所发现复制的《诸佛菩萨圣像赞》等一起整理，也得到钢和泰的指导，出版了 *Two Lamaistic Pantheons*（《两种喇嘛教神系》），于1937年收入哈佛大学"哈佛燕京学社丛书"之卷三、卷四（1965年出版该书的合订本）。《两种喇嘛教神系》成为藏传佛教研究领域的经典著作。钢和泰开故宫藏传佛教研究之先河，其成就至今

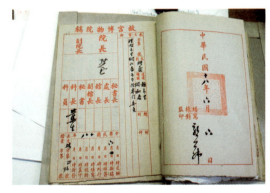

1929年6月4日，钢和泰被故宫聘为专门委员，序号为三十六

仍有着重要的价值。

钢和泰又于1928年7月被聘为故宫博物院古物馆宗教部审查员，1929年7月受聘为故宫专门委员；直至1937年3月16日去世，他一直参与故宫博物院文物审查及咨询等工作，并居住于离故宫不远的奥国使馆。

在与故宫博物院结缘的10年间，钢和泰除了参与故宫博物院文物审查鉴定及咨询指导等工作外，借助其对故宫藏传佛教遗址及佛像的考察研究，在清代宫廷宗教研究上取得了重要成果，如论文《两幅班禅达赖喇嘛先世图影评述》《乾隆皇帝与大首楞严经》，以及对《诸佛菩萨圣像赞》的发现等。其中《诸佛菩萨圣像赞》的发现是钢和泰对清代宫廷藏传佛教研究的又一个重要贡献。1930年11月20日，钢和泰还在北京大学研究所国学门做过题为《故宫咸若馆宝相楼佛像之考证》的演讲。

钢和泰认为世界各国博物院所藏的佛像，唯慈宁宫花园各佛殿所藏最为精美，对藏传佛教图像研究具有重要意义，但这些佛殿却因年久失修而破败不堪。因此，由他牵线，1929年7月4日，美国洛克菲勒基金会捐资5000美元维修慈宁宫花园。故宫博物院成立了慈宁宫花园工程委员会，并聘任钢和泰、安纳、汪申、马衡与俞同奎为委员。在慈宁宫花园修缮期间，钢和泰除了参与工程委员会的有关决策以外，还对慈宁宫花园建筑修缮前和修缮后的情形做了影像拍摄记录工作。为方便其进出故宫，故宫博物院向钢和泰赠送了徽章。可以说，钢和泰引介洛克菲勒基金会捐助故宫古建修缮，开创了故宫博物院利用国内外资金进行维修的新路子，也加强了故宫博物院与外界的

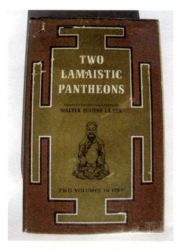

沃特·尤金·克拉克：《两种喇嘛教神系》，1965年再版

联络和影响。

沈从文

沈从文先生

沈从文（1902—1988），湖南凤凰县人，中国著名作家、历史文物研究者。

关于沈从文先生是否在故宫工作过，有关书籍记载不一。为此，我便认真地查阅了故宫博物院的人事调动档案，发现一份调沈从文到故宫的档案。1956年5月9日，故宫博物院收到文化部文物管理局5月7日《调沈从文到故宫博物院工作通知》，该通知"主致"历史博物馆，"抄致"故宫博物院。通知说：

> 你馆沈从文同志业经部同意调故宫博物院工作。接通知后，请即办理调职手续为荷。

随通知还附有沈从文、丁玲、刘白羽、王冶秋及中国作协党组的信函6件。看完所附信函，才知沈的这次调动是由他一封致丁玲的信引起的。他在1955年11月21日信中说：

> 丁玲：帮助我，照这么下去，我体力和精神都支持不住，只有倒下。感谢党对我一切的宽待和照顾，我正因为这样，在体力极坏时还是努力做事。可是怎么做，才满意？来帮助我，指点我吧。

丁玲（时任中国作协副主席）并未见沈从文，而是立即把沈的信

文化部文物局调沈从文来故宫博物院
工作的通知

转给了刘白羽（时任中国作协书记处第一书记）、严文井（时任中宣部文艺处处长），并写了一封信。刘白羽收到丁玲的信后，遂给周扬（时任中宣部副部长兼中国作协党组书记）做了报告，并附送沈致丁、丁致他和严文井的信。这样批来转去，中国作家协会党组于1956年2月16日致函文化部党组，对沈的工作安排提出了建议：

> 关于沈从文先生的工作问题，经我们几次和他本人及夫人接触，最后他夫人表示还是去故宫博物院主持织绣服饰馆，同时进行写作为好。……他的待遇以专家兼行政工作的办法解决。

1956年5月7日，文物管理局便正式下发了调沈从文先生到故宫博物院工作的通知。调令已发，沈从文先生到故宫博物院工作应是不争的事实；但再细一看，这张调动通知的右边竖写着"没有来"三个字。在所附的中国作协党组致文化部党组的函件上，故宫博物院人事科注写了一段话：

> 因本人不愿来院工作，现征得组织仝（同）意来我院陈列部兼研究员工作。

时间是1957年1月23日。这说明，虽然1956年7月就下了调动通知，但沈并未到故宫报到，这半年多，他的工作大约仍在协商之中，最后还是没有离开历史博物馆。就是说，沈从文先生并未正式调入故宫博物院。

但关于沈从文先生曾在故宫博物院工作的说法，并非无稽之谈，而是事出有因。沈先生虽未正式调入故宫博物院，却实实在在地在故宫上过班，神武门内东侧大明堂原织绣组办公室有他的办公桌。他不只从事研究，还做了大量的实际工作，就连故宫博物院的一些人也理所当然地以为沈先生就是故宫的工作人员。

沈从文先生的文物研究兴趣广泛，涉及玉工艺、陶瓷、漆器及螺钿工艺等多个方面，但用力最勤、成就尤为突出的是织绣服饰的研究。他在故宫博物院做兼职研究员期间，受到了故宫领导和职工的尊重和支持，不仅取得了显著的研究成果，而且为故宫织绣馆的建立以及人才的培养付出了大量的心血，做出了突出的贡献。

沈从文先生当时在北京历史博物馆工作，任"设计员"，从事陈列设计、撰写说明的工作，也经常担当说明员的任务。历史博物馆就在午门及两侧的朝房。这就为沈先生与故宫博物院的联系提供了方便条件。

故宫有着大量丰富的宫廷织绣服饰，沈从文到故宫兼任研究员后，参与并指导了对这些藏品的整理。正如他所说："故宫藏上万种绫罗绸缎，我大抵都经过手。"不只是织绣，他通过努力钻研，对故宫的绘画等多种藏品也极其熟悉。1973年，沈从文先生曾为安徽省马鞍山市恢复太白楼草拟陈列方案和参考资料，在《历代绘画和李诗有关材料》中，共提供了与李白诗歌有关的40件绘画，其中28件是故宫藏品。他在提到每件画作时，或注明在《故宫周刊》某期，或注明"故宫"，或注明"故宫单印过，可用"等。

沈从文对故宫有着很深的感情，曾把自己花钱买的不少织绣样品或其他藏品

《中国古代服饰研究》书影

捐献给故宫。1963年全国政协会议时,他提案建议,将京郊上方山庙宇中所存明代《大藏经》用织锦装裱的经面、经套调来北京。此提案通过后,故宫博物院派人挑选了约1700多种并保存在织绣组。故宫博物院对沈从文的研究工作及他承担的其他工作,始终给予热情支持。1960年,沈从文先生协助工艺美术院校编写、校订专题教材,向故宫求助,故宫即在北五所库房里找了几间房子,提供陈列院藏的一些文物供编写者观看,又提供了大量有关图录、文献和图像资料。

故宫博物院丰富的织绣藏品为沈从文先生的研究工作提供了难得的实物资料,他如鱼得水,潜心研究,写出了一批很有价值的论文,有的生前未曾发表。1956年秋,他撰写了长达18000字的《中国刺绣》一文,运用院藏文物、历史资料和出土实物,全面论述了中国刺绣的发展历史以及不同时代在艺术和技术上的特色,并对"琐丝法""铺绒法""洒线绣""平金绣""缂丝"等现仍常用的几种技法的历史及艺术特征做了详细介绍。故宫博物院织绣组于1956年10月28日将此文作为《中国织绣参考资料》之一种,油印45份供内部交流。1959年,沈从文先生发表《清代花锦》一文,以清宫藏品为基础,研究了整个清代锦缎的内容及与明代艺术特点的不同。他还发表了《介绍三片古代刺绣》《谈皮球花》《谈挑花》《谈广绣》《谈杂缬》《谈锦》《蜀中锦》《花边》《从文物中所见古代服装材料和其他生活事物点点滴滴》等文章。这是沈从文学术生涯中一个十分重要的时期,为他以后的进一步研究打下了良好的基础。

故宫织绣馆是1959年中华人民共和国成立10周年时与青铜器馆、陶瓷馆、历代艺术馆同时对外开放的。沈从文先生1959年为织绣馆拟写了11000余字的《织绣陈列设计》,分"前言""陈列目的""主题结构"三个部分。这一缜密而系统的陈列设计得到批准后,沈从文又与故宫同事一起布展,使这个专馆向群众开放,达到了预期目的。

沈从文先生一直认为,明清丝绸中的精美图案是能直接为生产服务的。送文物上门到工厂、学校,便于生产或教学工作的同志——特别是丝绸设计师傅看看，作为学习和参考，启发生产设计，丰富新品种内容，并解决民族形式的要求。出于这一目的，他于1958年夏秋带故宫博物院和中国历史博物馆部分馆藏明清绸缎、刺绣，先后到杭州、苏州、南京三地，贴近我国丝绸织绣生产基地做巡回展出，历时3个月。

清宫遗存的服饰织绣品相当丰富，研究力量在当时却十分薄弱。1956年，故宫博物院从社会上招收了一批高中毕业生，沈先生亲自指导织绣组的年轻人进行织绣服饰的整理、分类、排架，为他们讲课，买经书皮子，出外考察也常带着他们。在沈先生的指导和扶持下，这些人进步很快，有的后来成为这方面的专家；如陈娟娟，后来成长为故宫博物院研究员、国家文物鉴定委员会委员、中国丝绸文物复制中心副主任，出版了多种著作。

在查阅故宫档案及翻看《沈从文全集》的基础上，我于2005年写了长达12000字的《沈从文与故宫博物院》一文，《新文学史料》2006年第一期转载。因为同时公布了沈从文、丁玲、周扬等人的信函影印件，在文学界还产生了一定影响。不久，丁玲的先生陈明因我发现了这批难得的史料，在原《人民文学》杂志负责人、我的陕西乡党周明陪同下，还专门到故宫博物院向我表示谢意。

罗哲文

罗哲文（1924—2012），四川宜宾人，中国古建筑学家，国家文物局古建筑专家组组长，原中国文物研究所所长。

2010年是罗哲文先生从事文物工作70年，我曾以《鹧鸪天》一阕为贺：

罗哲文先生

皓首回眸履迹深，李庄风雨北京尘。冲冠一怒遗珍护，凝目三思

文脉存。　　　欣摄影，喜长吟，人生况味自缤纷。八旬犹负千钧
重，时现神州不老身。

　　通过这首小词，我想大致勾勒出罗老的人生踪迹。中国营造学社
是朱启钤先生倡导、于1930年成立的研究中国古代建筑的专业学术
团体。学社的宗旨，是以现代科学方法与现代科学技术对我国博大精
深的古代建筑进行整理和研究，其精神实质是保护与传承中华优秀的
传统建筑文化。抗战时期，这一学术机构迁到了四川宜宾李庄。与此
同时，历史也把机遇赐给了宜宾一个16岁的年轻人。他抓住了这个机
遇，遇到了许多好人、有学问的人，他一点一滴地学习，学习营造技
艺，学习对传统文化的热爱，更学习如何做人。这个年轻人在岁月的
消磨中成长、成熟，也渐渐地有了成就。从长江边的李庄到共和国首
都北京，历史的风雨烟云、人生的雪泥鸿爪，整整70年，回首似乎在
弹指之间，但其中况味，又岂是几句话能说得清楚？
　　罗老懂得，营造学社的理念在于保护优秀的文化遗产。遗产中蕴
含着中华文化的精神。遗产是珍贵的、脆弱的，也是不能复制的，因
此对其保护永远是第一位的。重点文物保护单位、世界文化遗产、历
史名城、文化名村，罗老和一批文物界老专家一起，总是四处呼吁，
奋力保护。这个平素温和的老人，为了古建保护，常常疾言厉色、怒
不可遏。他们的努力也收到明显效果，中国文化遗产事业也在争辩
中、斗争中发展。可谓"冲冠一怒遗珍护，凝目三思文脉存"！
　　罗老又是个多才多艺的人。建筑是一门艺术。当年能够踏入营造
学社的大门，从众多的应征报名者中脱颖而出，他的绘画天赋起了很
大作用。艺术是相通的。从我认识他起，就见他每次开会总是带着相
机，常常从主席台上走下，选择着不同角度，忘情于拍摄之中。他又
喜欢作诗，大凡与文物有关的、大的活动，他都会赋诗，或祝贺，或
纪念，感情真挚。他还擅书法，他的墨宝在许多遗产地都能看到，而
书写自己的诗作，诗书相映，更是一种乐趣。他的生活缤纷多彩，饶

有趣味。

2010年4月的一天，中国紫禁城学会在武当山召开学术研讨会，作为顾问的罗老欣然出席。从北京坐飞机到襄阳，再坐汽车到武当山，已是夜晚24时左右；第二天上午开会，晚上返回北京，又是深夜。这次与罗老同去同回，我已感到有些疲累，而86岁的罗老却始终精神振作，令我感佩不已。我知道，支撑他的是一个信念、一种责任、一股力量，是肩上的遗产保护的千斤重担。

从2002年以来，遵照国务院的决定，故宫开始了百年大修工程，为此成立了由古建、考古、博物馆、文物保护等多方面专家组成的专家咨询委员会，由罗老担任主任。这是很高的荣誉，也是一份沉甸甸的责任。这次故宫大修，我与罗老一样，都有着一个美好的梦——故宫梦——完整地保护故宫之梦，我们与故宫同人、社会各有关方面走过了10年历程，共同筑建着这一美梦，也在努力让梦想变成现实。

故宫、颐和园、天坛，三个明清皇家建筑、三处世界文化遗产的同时维修，引起海内外的高度关注，也引来一些争议。故宫博物院受到空前的压力，作为专家咨询委员会主任的罗老自然首当其冲。2007年5月，三个国际遗产组织在北京联合举办了"东亚地区文物建筑保护理念与实践国际研讨会"，现场的考察、认真的研讨，澄清了事实，统一了认识，肯定了故宫维修的做法，通过了具有历史意义的《北京文件》。在那一段压力巨大的情势下，罗老与我们都未消沉，仍然坚持并坚信中国传统的建筑工艺，仍然继续努力。罗老对那种脱离中国古建实际的教条主义不以为然，始终澄怀达观，不为所动。

《罗哲文全集》书影

2012年的3月末，故宫博物院

举办《明代宫廷建筑大事史料长编——洪武建文朝卷》新书发布会，罗老亲临会场。这部系列图书是故宫博物院委托中国紫禁城学会编撰的，对故宫保护以及中国古代官式建筑的研究和保护都有重要作用。罗老对这部书的出版给予很高评价，希望继续完成全编，不幸竟成绝响。

罗老谢世，霁翔同志与我曾联名撰文，以《永远留在故宫的学者》为题，怀念罗老为故宫保护做出的重大贡献，表达了我们的共同崇敬与怀念。

还真是有缘，2016年，中国文物保护基金会拟设立罗哲文专项基金管理委员会，基金会理事长励小捷要我做主任，我觉得义不容辞，就答应了。这属于全国性公募基金会，主旨是推进中国文化遗产和非物质文化遗产保护事业，弘扬罗老的精神，整理罗老生平收集的文献

2016 年 10 月，罗哲文基金管理委员会在恭王府成立。持牌者为郑欣淼与原文化部副部长、国家文物局原局长、中国文物保护基金会理事长励小捷

资料等。自成立以来，管委会通过社会募集渠道获得了各界不少资金捐赠，现正在积极开展各项文化遗产保护学术活动和宣传推广活动。

饶宗颐

饶宗颐（1917—2018），字伯濂，号固庵，又号选堂，生于广东潮安（今潮州）。一生致力于中华传统学术文化研究，涉及领域广阔，经史、礼乐、哲学、宗教、文学、艺术、文字、古籍、目录、甲骨、简帛、敦煌、石刻、碑帖以及中外关系诸学，无不深耕细作，有著作约80余种，论文及其他文章逾千篇，成就卓越、贡献突出，为国际汉学界所公认，有"汉学大师"之称。

20世纪末，我在国家文物局工作，因文化遗产的保护与研究，与先生相识，常有机会向先生请益；特别是我到故宫博物院工作后，与先生来往更多。故宫是中国第一大综合博物馆，藏品丰富，与先生的研究多相契合。先生的甲骨名著《殷代贞卜人物通考》，从郭沫若《卜辞通纂》、罗振玉《殷虚书契续编》、胡厚宣《战后京津新获甲骨集》中转引的马衡、谢伯殳旧藏甲骨，就藏在故宫。先生引述古籍，常用的《武英殿聚珍版丛书》，原版也在故宫。先生研究书画，

饶宗颐先生的画作

推崇倪（云林）、黄（公望）和以八大山人为代表的明遗民，他们的作品，也以故宫收藏最为宏富。故宫的学术工作，需要先生指导，自是必然。

我于2003年10月18日在南京博物院的一个论坛上正式提出"故宫学"的学术概念。先生对"故宫学"曾给予充分关注与殷切期望。

香港大学于2004年7月31日在香港成立"饶宗颐学术馆之友"，适值先生米寿，我受邀出席开幕式并在会上致贺，且以《踏莎行》抒写感想：

> 简帛寻幽，梵音探奥，中西今古融神妙。迩来高论亦惊人，童心未共流光老。　　绝学薪传，斯文克绍，几多求友嘤鸣鸟。先生莞尔盛门墙，香江自有山阴道。

这次我专门拜谒先生，以初步拟定的"故宫学"构想及故宫博物院学术发展规划向先生请教，获得先生的肯定与鼓励。过了10天，8月11日，我意外地收到先生托人捎来的一副草书对联：

> 于文献丛开新格局；
> 为故宫学成一家言。

上款为"欣淼院长雅教"，落款为"甲申选堂一笔书"，又钤有两方朱印。这是学术泰斗对后学晚辈的厚爱和鞭策，殷殷之情，溢于纸上，令我惊喜万分。饶公善写大字，草书不多，这幅作品，自然十分珍贵。

2006年12月在香港举办的"学艺兼

饶宗颐先生赠郑欣淼草书联

修·汉学大师——饶宗颐教授九十华诞国际学术研讨会"上，我做了《故宫、故宫文化与故宫学》的演讲，论述提出了故宫学的目的与意义。先生说，故宫学确实是一门大学问，大有可为。

我很喜欢先生的绘画，他的宗教画，他的荷花，都有独到之处。2001年10月，当时的中国历史博物馆曾举办"饶宗颐教授书画作品展"，展品中的《布袋和尚》及《青城山水》尤见先生特色。我写了《儒生本质释道情怀》一文对这两幅画进行评析（刊载于香港《文汇报》2004年10月9日），也得到先生的首肯。2006年，香港有关方面拟将先生70余年来在书画方面的艺术成就，编辑一套皇皇12册的《饶宗颐艺术创作汇集》，笔者不才，有幸受邀，成为《饶宗颐艺术创作汇集》推荐人，为其中第四册《腕底山川》撰写了名为《贯通融汇领异拔新》的代序。

2008年，故宫博物院举办了"陶铸古今——饶宗颐学艺历程"展览，共有书画展品108件，释道书画不少，尤见先生"不古不

2007年，饶宗颐先生与郑欣淼在香港

今""亦古亦今"之陶铸"古今"特色。其中10件捐献故宫,成为永久的珍藏。我受邀为《陶铸古今:饶宗颐书画集》撰写了名为《不古不今亦古亦今》的代序。

2018年2月7日凌晨,先生在香港家中安详仙逝,噩耗传来,不胜悲痛。香港的饶宗颐先生治丧委员会,我也忝列为委员。回想与先生20年的交往,感触良多,祗撰挽联一副:

> 文明巨匠,接武而兴,不吝指归开后学;
> 天地士夫,忘年之契,同持心丧哭先生。

以此遥表不尽的哀思!

谢辰生

谢辰生(1922—2022),江苏武进人。曾任郑振铎业务秘书,我国著名的文物专家。

中华人民共和国成立以来,谢辰生先生一直在国家文物行政管理机关工作,参与、经历或见证了文物战线的一系列重大事件。《谢辰生先生往来书札》和《谢辰生文博文集》两书不仅是谢先生个人关于文物保护理论和实践的记录与总结,凝结着他的心血汗水,是他的成果贡献,而且从一个方面反映了中国文物保护事业的不平凡历程,从中可见时代风雨、历史烟云,具有重要的文献史料价值和借鉴启示意义。

2010年9月16日上午,这两本书的首发式暨座谈会在故宫博物院漱芳斋及兆祥所隆重举行,我在会上谈了谢老在文物保护上的4个突出特点:

其一,谢辰生先生对中华民族的历史文化有着无比的敬畏感与自豪感。对民族的文化遗产有着深厚的感情,对这些遗产的价值和意义有着充分的认识。他给"文物"一词赋予了符合时代精神的科学含义。他懂得这些文物是民族历史文化的载体和积淀，是文明的见证，是我们与祖先联系沟通的渠道，是中华民族的文化根基。因此，他由此有了一种保护文物的使命感，这是支撑他坚持保护信念的巨大的内在动力。不管在什么时候，什么情况下，或是新旧鼎革的20世纪50年代，或是"横扫一切"的"文化大革命"期间，或是"城市改造"的现代化建设之中，他都没有动摇对民族文化遗产的热爱。因此，他对文物保护始终都有一个坚定的立场。

其二，谢辰生先生对遗产本身、对文物本体的性质和特点有着深入的研究和全面的掌握。他深知文物是不可再生的，文物是脆弱的，文物本体与环境风貌是不可分割的，文物是需要整体保护的；文物修复要修旧如旧，要努力保护遗产的真实性和完整性，反对对遗产进行商业性开发，反对将文化遗产简单地当作生财工具，疾呼制止文物走私、盗掘等。这种基于对文物特点认识的文物保护理念和主张，符合中国文物保护事业的实际，因而收到了积极效果。

其三，谢辰生先生对文物保护事业事无巨细，都很关心在意，但他最为关注的是一些带有倾向性的重大问题，这些问题往往与一些地方政府的指导思想有关，带来的危害大，纠正起来难度也大。中央领导同志对他的一些建言的肯定和支持，也基于这些问题具有代表性。这是谢辰生先生为中国文物保护事业做出的重大贡献。

其四，谢辰生先生具有一种坚定的原则精神、一种顽强的抗争精神，为了文化遗产的保护，不畏权势，不受利诱，不怕得罪人，在自己身患重病之后、年届耄耋中，仍坚持这种浩然正气，到处奔走，不屈不挠，为文博界树立了典范。

正是出于对文化遗产的热爱，对故宫价值的充分认识，谢老对故宫的保护、对故宫博物院的发展，始终给予关心和支持。谢老与故宫也有缘分。1950年2月1日，一个微雨的天气，28岁的谢辰生拜谒了故宫博物院院长马衡。马衡当天在日记中写道：

谢辰生来谈。彼为刚主之从弟，对旧学颇有根底。嘱开示甲骨、金文书目。

20世纪50年代初，谢辰生先生奉文物局局长郑振铎之命到上海将鹿文波开文制版所和戴圣保申记印刷所的职员与设备全部迁入京城，成立故宫博物院印刷所，使故宫拥有了高水平的彩色铜版与珂罗版印刷设备，后来在故宫印刷所基础上组建了文物出版社印刷厂。进入新的时期以来，谢辰生先生与许多文博界老专家一起，为故宫的保护做出了极大的努力。特别是在故宫维修以及故宫文物保护中，谢先生作为顾问，多次拖着病躯，刚拔下输液针头就来参加会议，令我们十分感动。

谢辰生先生是我在文博界唯一的常有诗词往还的人。2007年8月，他以《步鲁迅七律〈自嘲〉》示我，抒文物保护之心志，诗曰：

而今垂老尚何求？维护原则敢碰头。
污吏奸商榨民脂，精英文癌泛浊流。
群邪肆虐犹梼杌，正气驱霾贯斗牛。
蒿目层楼忧社稷，坚持信念度春秋。

我步韵奉和：

皤然一叟复何求？为续文明敢碰头。
古物保全誉侪辈，名城守护抗凡流。
人生风雨识途马，世事苍黄孺子牛。
春草池塘思小谢，登高自是笑清秋。

谢辰生诗作《七律》手迹

他88寿辰又逢两本新著出版，我赋《千秋岁》祝寿，其中有云：

真卫士，痴心叟。正颜陈病弊，薄海蒲牢吼。

2014年元月一天，92岁的先生走过高高低低的不少台阶，来到我所在的故宫清稽查内务府御史衙门办公室，畅谈甚欢。他赠我刊有他《不能把文化"化"没了》一文的报纸，言及当时城镇化名义下破坏文物建筑的弊端，慷慨激昂，我深为感动，遂写了《谢辰生先生寒日衙门见过，谈文物保护，感而记之》的古风，诗的最后几句是：

时下竞言城镇化，慎防文化化中失。
古建不是无情物，浮生何觅灵明宅？
殷殷野老心如焚，察察中枢有明识：
望中应见山与水，心底自可乡愁忆。

2005年3月，先生将其兄刚主的《谢国桢全集》10卷惠赠，我喜吟：

野史尽藏瓜蒂庵，金针每见放心谈。

2014年，谢辰生先生与郑欣淼在故宫清稽查内务府御史衙门

　　先生提议编印《新中国捐献文物精品全集》，首批书面世时，他赋诗一首并以见示，我当然要奉和。2018年初，我曾到北京五环拜望先生并贺乔迁，有诗曰：

　　　　　　五环堪放目，郊野已春归。
　　　　　　覃思犹持管，徐行不杖藜。
　　　　　　平生气常壮，盛世语多危。
　　　　　　四代同堂乐，期颐自可期。

景仁荣榜

　　故宫博物院的藏品在不断地增多和充实，与社会各界人士的踊跃捐赠密不可分。从1939年至2020年9月，社会各界向故宫博物院捐献文物的人士共793位，捐献文物等共19550件。在这一串长长的名单中，有国家领导人，也有普通民众；有海外侨胞，也有外国友人。每位捐献者几乎都有令人感动的事迹。他们献出的不只是一器一物，更从中体现了爱我中华的仁心义举，展示了天下为公的嘉德懿行。

　　为了表达对捐献者的崇敬之情，并彰显其事迹、弘扬其精神，故宫博物院于2005年建院80周年院庆之际，特在内廷东六宫之一的景仁宫专设"景仁榜"，将捐献者的名字按年份镌刻于墙上，以作永久纪念，出版了

景仁宫内的景仁榜

记述捐献者的《捐献铭记》一书，并在景仁宫有计划地举办捐献文物展览。

　　以下介绍张伯驹、孙瀛洲、郑振铎、周绍良、李敖5位。

张伯驹

张伯驹（1898—1982），字家骐，号丛碧，河南项城人。张伯驹先生是我国老一辈文化名人中集收藏、书画、诗词、戏剧于一身的奇才名士，著名爱国民主人士。曾任故宫博物院专门委员、国家文物局鉴定委员会委员，吉林省博物馆副研究员、副馆长，中央文史馆馆员。他一生苦乐兼备、命运多舛，富不骄、贫能安，心怀坦荡超逸，性情慷慨率真，堪为名士典范。特别是他不顾身家性命，抢收中华稀世文物，后来又将所藏部分珍贵文物无偿捐献给国家的爱国之举，更体现了一代名士的大德懿行。

20世纪三四十年代，国家积贫积弱，大批祖国历史文化瑰宝和珍稀文物遭到破坏，甚至被盗卖出境。基于强烈的民族爱国热情和对民族文化遗产的沉浸酷爱，张伯驹先生和夫人潘素一起，不惜以祖传和多年积蓄的巨额家财，尽可能多地购藏珍稀国宝，使之不至于流落海外。在几经周折购入《平复帖》并捐献国家后，先生释然道："在昔欲阻《照夜白图》出国而未能，此则终了夙愿，亦吾生之一大事。"（《春游社琐谈·陆士衡平复帖》）在那个动荡的年代，张伯驹先生以一己之力阻止了许多珍贵文物流往国外，显得尤为悲壮。一件《游春图》使他从豪门巨富变为债台高筑，不得不变卖在弓弦胡同的一处宅院。

张伯驹先生慧眼识宝，所藏书画几乎件件堪称中国艺术史上的璀璨明珠。陆机的《平复帖》是我国传世文物中最早的一件名人手迹；展子虔的《游春图》则为传世最早的一幅独立

张伯驹先生与夫人潘素女士在品评画作

的山水画，在中国书法、绘画史上，均为开篇述祖之作。其余收藏，如唐杜牧的《张好好诗》、李白的《上阳台帖》也都是传世孤品；宋黄庭坚的《诸上座帖》、赵佶的《雪江归棹图》等，也都是在我国艺术史上占有独特地位的重要文物。为保护这些珍贵文物，先生费尽波折，早已将生死置之度外。在西迁入秦途中，他将国宝《平复帖》缝入衣被，虽经跋涉离乱，未尝去身。更有甚者，1941年，当遭受非法绑架，被索以300万巨资，并以"撕票"相威胁时，先生仍然关照夫人：宁死魔窟，决不许变卖所藏。这些往事，都已成为文化艺术界久传不衰的佳话，其遭际亦为古今收藏家所未有。

对于斥巨资购藏并用心血保护的法书名画，张伯驹先生并不视为一己所有。人生有限，文物永生，以往的收藏家也许有这种认识，将个人收藏视为"烟云过眼"，或认为自己的收藏只是"暂时"的。此论自与"子孙永宝"之辈别如天壤，然亦只是个人修养而已。而张伯驹先生之初衷就是为国家、为民族而保护这些国宝，将其看作全民族的文化遗产。先生曾言："予所收蓄不必终予身为予有，但使永存吾土，世传有绪。"（《丛碧书画录·序》）在先生看来，自己所藏首先属于国家、民族，只要国家能留住它们，代代流传，他付出多大代价也在所不惜。所以先生虽与苏东坡等同有"烟云过眼"的感觉，内涵却大有区别。

和每一个收藏家一样，张伯驹先生所收藏的国宝书画最终的归属，一直是他思考的问题。他很早就打算将这些国宝还之于民。什么时候捐赠？捐赠给谁？对他来说无疑是一次政治选择。中华人民共和国成立后，张伯驹夫妇积极投身于文化教育事业，和许多民主人士一

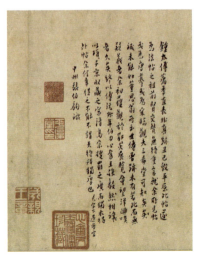

《平复帖》张伯驹识

样，对新中国有了深刻的认识和理解，与党和国家领导人建立了深厚的感情，遂将"一生所藏真迹，今日尽数捐献国家"。他的这个选择是经过郑重考虑的，也经过了时间的考验。1956年，张伯驹先生夫妇将包括《平复帖》在内的8件书画精品，无偿捐献国家。时任文化部部长的沈雁冰为张伯驹颁发了褒奖状，状曰：

> 张伯驹、潘素先生将所藏晋陆机《平复帖》卷、唐杜牧之《张好好诗》卷、宋范仲淹《道服赞》卷、蔡襄《自书诗》册、黄庭坚《草书》卷等珍贵法书共计八件捐献国家，化私为公，足资楷式，特予褒扬。

当国家欲重金奖励之时，先生断然不取分文。

其中宋范仲淹《道服赞》卷，故宫博物院1947年就拟收购，可是已由张伯驹先生议价定为黄金110两，而行政院拨款仅5000万元，不敷支付，在平理事会拟再呈请行政院续拨2亿元，故宫博物院第七届理事会第一次常务会议（1947年11月29日）的决议是"价过高，暂不收购"。

文化部颁发给张伯驹、潘素的褒奖状

其后，先生又将宋杨婕妤的《百花图》等捐献给吉林博物馆。这批珍贵文物现已成为国有博物馆的镇馆之宝，为中华民族所共享。

先生无私奉献的精神，高山景行，千秋永志！

孙瀛洲

孙瀛洲（1893—1966），河北冀县（今衡水冀州市）人。早年在北京的古玩店当学徒，后独立开办了敦华斋古玩店，成为当时著名的古董商和鉴定家。1956年3月，应邀到故宫博物院参与古陶瓷鉴定工作，同年成为故宫博物院正式职工，在陶瓷研究室工作。

孙先生捐献给故宫博物院的文物共计3000余件，包括陶瓷、青铜、珐琅、漆木、雕塑、文具等诸多器类，其中尤以陶瓷为主，占2/3以上，包括晋、唐、宋、元、明、清各代名窑珍品。

《捐献大家孙瀛洲》书影

在孙先生捐赠的2000多件陶瓷中，不乏宋代官窑盘、官窑葵瓣口洗、哥窑弦纹瓶、哥窑双耳三足炉、汝窑洗、定窑白釉划花葵瓣洗，元代红釉印花云龙纹高足碗，明代永乐青花折枝菊纹折沿盘、宣德青花折枝花纹执壶、成化斗彩三秋杯，清代康熙釉里红加彩折枝花纹水丞、康熙斗彩雉鸡牡丹纹碗、雍正仿成化斗彩洞石花蝶纹盖罐、乾隆粉彩婴戏纹碗、乾隆炉钧釉弦纹瓶等稀世珍品，其中有25件被定为国家一级文物。而且在这些瑰宝中，许多当初就是专门为皇家宫廷烧造的，入藏故宫可谓物得其所。我曾请教一位故宫专家，如果只选两件，您认为孙先生所捐瓷器中最重要的是什么？他说，他个人认为，

明宣德青花折枝花纹八方花盆

明永乐甜白釉暗花龙纹碗

明永乐甜白釉暗花龙纹碗的内底锥拱"永乐年制"4字

333

一件是明永乐甜白釉暗花龙纹碗，此件制作精美，永乐官窑瓷器署年款者极少，此碗不但署款，而且款字清晰，更显弥足珍贵；另一件是明宣德青花折枝花纹八方花盆。这两件具有标准器价值，可以说对书写陶瓷史和填补故宫瓷器空白具有不可替代的作用。

孙先生的鉴定知识涵盖众多领域，而尤以陶瓷鉴定为最。他不仅是公认的明清陶瓷鉴定大家，享有"宣德大王"的美誉，还是宋、元陶瓷研究的开创者和奠基人。20世纪50年代至70年代，孙瀛洲先生主持并参与对故宫博物院所藏瓷器的整理、编目与鉴定，以及藏品等级的划分等，亲自编目制卡，扎扎实实地做基础工作。他还从院藏陶瓷中鉴别出了过去一直未被认识的汝窑罐盖及多件官窑、哥窑瓷器等稀世珍品。他为故宫和全国陶瓷界培养出了耿宝昌先生等一批陶瓷鉴定大家，为故宫博物院的陶瓷研究奠定了坚实基础。

孙先生发表的《谈哥汝二窑》《明嘉靖青花加彩鱼藻罐》《成化官窑彩瓷的鉴别》《我对早期青花原料的初步看法》《试谈永乐、宣德景德镇官窑瓷年款》《元卵白釉印花云龙八宝盘》《瓷器辨伪举例》《元明清瓷器的鉴定》《元明清瓷器的鉴定（续）》等论文，其所得出的一些有关鉴定的理论与经验，至今对古陶瓷鉴定仍具有重要的指导意义。

孙先生曾当选第四届全国政协委员，这在与孙先生类似背景的同时代人中是不多见的。这既是政府和社会对孙先生所做贡献的褒举，其实也是对以孙先生为代表的一大批人士的重视和肯定。

孙瀛洲先生的道路是他同时代许多人共同历程的缩影。从学徒到经营者，从经营者到收藏家，从收藏家再到文物鉴定专家，从文物鉴定专家再成为文物捐赠大家，这是一条自学成才的道路，也是由小我到大公的升华过程。这既具有中国的时代特色，也符合世界文物大家的养成规律。

郑振铎

郑振铎（1898—1958），字西
谛，笔名郭源新、西谛等，出生于浙
江温州，原籍福建长乐。曾任中央文
化部文物局局长、中国科学院考古研
究所所长、文化部副部长，1958年因
飞机失事遇难。

郑振铎先生是新中国文物事业的
奠基者。他在负责新中国最初近10年
的文物保护和考古发掘研究工作中，

郑振铎生前最后一张留影，摄于
1958年

筚路蓝缕，功德永垂。这近10年也是故宫博物院发展的关键时期，对
这座中国最大的国家博物院，郑先生从新中国文化建设和祖国优秀传
统文化继承的高度，以政治家的高瞻远瞩与艺术家的精到见识，从厘
清指导方针到理顺发展思路，从充实文物藏品到确定展陈方案，都倾
注了大量心血。郑振铎先生向故宫捐献陶俑，也是值得大书特书的一
件大事。

1952年，故宫接收了郑振铎先生个人收藏的全部陶俑（其中包括
一部分建筑模型和唐三彩器皿），计655件；后郑先生又向故宫捐献了
两件南宋时期的泥塑罗汉像，总数达657件。这批陶俑主要是1947年
春到1948年冬两年之间从上海的古董市场收购的。鉴于国内从未有系
统地介绍这类古代殉葬物的图录，而他所收藏的明器陶俑又有某些是
过去所未发现的，他就在收藏的同时，着手编印《中国古明器陶俑图
录》。其中除一小部分见诸著录，其余都是他自己的收藏。图版已由
上海出版公司制就印成，但因"说明"未撰，迟迟未能面世。此书直
至1986年才由上海古籍出版社出版，虽然是件憾事，但毕竟了却了郑
先生的夙愿。

这批陶俑是郑先生殚精竭虑搜罗而来，多为精品，如他说："其

郑振铎为捐献陶俑致周恩来总理信。周恩来总理在此信上批示："送郭副总理、周扬副部长商办。"

中有绝精者，足为我国雕塑艺术的最好的代表作。"其巨大的艺术价值，使这批藏品本身有着很高的地位，与其他艺术珍品相比毫不逊色。这批文物被评为一级品的就有18件之多，涵盖汉唐，而唐俑尤多。郑先生认为，在"俑"的历史上，唐代乃是一个黄金时代，最突出的是马俑和男女俑的制作。中国各时代没有比唐代的雕塑者对马匹的塑造更为活泼、更为全面、更为出奇制胜的了，而人物的创作也更是观察细腻、洞悉人性，显示出了他们的不同的性格。郑先生捐献的精华，主要是唐代的人物俑，尤其是一组持乐器的女俑，形神兼备、姿态各异；而对称伴舞的两件女俑，双角高髻，描眉点唇，长裙曳地，手臂甩动开合，动作优美、舒缓，艺术水平极高。那唐三彩骆驼在丝绸之路上长途跋涉、昂首长鸣的神态栩栩如生，背负的生丝、兽腿、鸭子、水壶等物生动清晰，釉色鲜明、形象传神的唐三彩马，更是难得的佳品。当时各公私博物馆这类藏品多不超过二三百件，首都各博物馆亦多贫乏，雕塑尤少。郑振铎确信这批文物在故宫展览中会引起轰动，在给友人的信中说："'故宫'正缺这一类东西。此次陈列出来，当大可轰动。因北京方面，亦久无好的陶俑出现了。"（《郑振铎书简·1952年8月30日》）1953年故宫博物院成立陶瓷馆，他捐献的一些陶俑陈列在内。从两位医生手中购回的唐三彩骆驼和马，后配置了座架，曾安放在故宫太和殿内展出，见者无不称美。

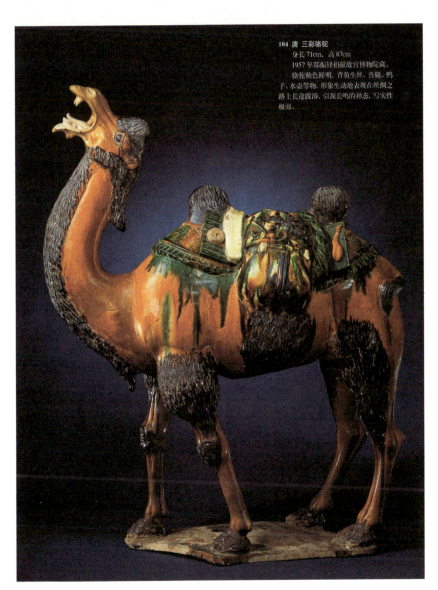

104　唐　三彩骆驼
　　身长 71cm，高 87cm
　　1957 年郑振铎捐献故宫博物院藏。
骆驼釉色鲜明、背负生丝、兽腿、鸭
子、水壶等物，形象生动地表现在丝绸之
路上长途跋涉、引颈长鸣的神态，写实性
极强。

郑振铎捐献的"唐三彩"骆驼

郑振铎捐献的"唐三彩"马

　　郑先生的捐品完善了故宫艺术藏品的种类，促进了雕塑艺术的
陈列和研究。从传统的文物观念以及藏品的实际状况看，故宫博物院
过去珍重的主要是铜、瓷、书、画等，雕塑等艺术品则没有受到足
够的重视，雕塑中的陶俑类更没有地位。在郑振铎先生捐献这批陶俑
之前，陶俑是阙如的。作为集各种艺术类大全的博物院，没有陶俑这
一重要艺术品种，故宫的艺术门类显然是不完整的。郑先生捐品的意
义，就在于推动故宫包括陶俑在内雕塑类艺术的展出和研究。正如郑
先生所说，一方面补充其"不足"，一方面也提供了研究古代社会生

活及衣冠制度的最真实可靠的材料。故宫早就有陶瓷馆，1958年则筹办雕塑馆。我查阅了当时的会议记录，此事由唐兰先生主持，考古学家阎文儒、雕塑家刘开渠等参加；他们认真讨论了雕塑馆的主题思想，统一了对雕塑艺术地位的认识。《雕塑馆总说明》中写道：

> 在过去的时代里，雕塑艺术不为统治阶级及士大夫所重视，没有人去保护和研究，近百年来，帝国主义分子又乘机进行盗窃与破坏。只有在今天党的领导下，我们才能把历来不为人重视的雕塑艺术，初步收集并陈列出来，与广大群众见面，供给大家欣赏和观摩。

雕塑馆陈列品共计337件，其中复制品56件，有砖雕、画像石、泥塑及石刻佛造像，时代从商代到清季，而其中陶俑（包括铅俑、木俑、银俑）达到1/3，这里面就有郑振铎先生所捐献的精品。尔后故宫又接受捐赠或购买了一批陶俑，总数量已达两三千件。故宫博物院古器物部亦成立了雕塑组，有专人整理、研究陶俑，进行深入研究，当然任务还很艰巨。

周绍良

周绍良（1917—2005），原籍安徽建德（今东至梅城镇）。其祖父是著名实业家周学熙，父亲是著名佛学家周叔迦。周绍良先生是学术大家，也是收藏大家，而且是善于把收藏与研究结合起来的成果卓著的大家。

周先生的学术研究，徜徉于中国古典文学、佛

周绍良先生

学、古文献学、红学、敦煌学等诸多领域且颇有造诣。他勤于著述，出版专著20多部，发表学术论文数百篇，其学术思想和研究方法独树一帜，影响甚大。先生亦以收藏闻名于世，他有着独特的收藏视角，多着眼于藏品的历史文化内涵，而未走一般正宗正统的"古物""古董"收藏的路子。周先生搜求的许多藏品，当时似乎并不怎么名贵，但到今天，亦为难得的珍品，使人不能不佩服其目光的敏锐。在学术研究上，周先生继承和发展了乾嘉学派的研究方法，注重考据，这就使他把收藏与做学问结合了起来，做到寓学于藏。丰富的收藏品往往成为他学术研究的对象，因研究的深入又致力于进一步的收藏，学与藏促进，相得益彰。例如，他的《红楼梦》各种版本的收藏与研究、古籍善本的收藏与研究、清墨的收藏与研究等，俱成就斐然，为世称道。

先生在清墨的收藏与研究上，独树一帜。笔墨纸砚是中国传统的书写工具，被称为"文房四宝"，其中墨更为中国所独有。周先生说："我过去对于墨的收集，是相当有兴趣的，一则由于它不独具有实用价值，而且还具有艺术性，它体现了传统的木刻艺术，也体现在造型方面的艺术。如一些制墨家所制，不独在造型方面异彩纷呈，并且烟质细润，为书写者增加不少兴趣。其次是一些读书人甚或一些达官名宦，都各自有自用墨，颇具历史性。"可见，先生收藏墨，是着眼于其艺术性与历史性；而收藏的重点，则是清代有干支纪年及具有名款之品。经过几十年的不懈努力，先生收藏了1000余笏、200多种年号墨（其中大多是名人自用墨），其中尤以雍正年间制墨和道光御墨最为珍贵。先生收

周绍良捐墨：清雍正年间张大有恭进万寿无疆墨

藏的道光御墨填补了清墨研究，特别是御墨研究的空白。雍正年间制墨甚为稀少，藏墨大家寿石工只有一两块，张子高仅有1块，而先生藏有9块，不同年份者达八品，不同墨作者达六七家之多，当时的藏家无出其右。

周绍良先生不仅收藏墨，而且对墨进行认真的研究，挖掘积淀在墨品上的历史，如他所说："每有所获，总喜欢为它作一点记录或考证。岁月既久，积稿颇多。"他的著作主要有《清代名墨谈丛》《蓄墨小言》《清墨谈丛》《曹素功制墨世家》等。在墨学研究上，周先生筚路蓝缕，起了开拓性的作用，做出了重要贡献。

1966年"文化大革命"爆发，周绍良先生面对横扫一切的局势，毅然将苦心搜藏的清墨及书画捐献给故宫博物院，使这些文化遗产得以完整保存。周先生捐给故宫的清代名墨共计1000件，从康熙到宣统各朝都有，均为二、三级珍贵文物，其中尤以雍正年间制墨和道光御墨最为珍贵，为研究古墨发展史的重要实物资料。其所捐书画，均为清代名人作品，法书17件，包括清代"四大家"中的刘墉、铁保以及曹寅、康熙帝玄烨等的作品；绘画11件，包括"扬州八怪"中的汪士慎和乾隆帝皇六子永瑢等人的作品。1998年，周先生又捐献绿头签两件（现定为资料）。

周先生捐给故宫的清墨，不只是丰富了故宫墨的收藏，而且弥补了故宫收藏的缺项，使本来就十分丰富的故宫藏墨更成系列、更为完整，对墨的研究也更有意义。

周先生是我所尊敬的一位学者、一位长者、一位仁者。他除把藏墨及书画捐献给故宫博物院外，还把其自己毕生收藏的文物捐献转让给国家图书馆及有的大学。

周绍良捐墨：清道光年间潘怡和千秋光墨

其通达的收藏态度，是他慈悲为怀、谦和仁厚的心田的体现。2005年8月21日，他溘然仙逝，享年88岁。因为多种原因，我与先生缘悭一面。8月25日上午的遗体告别会，我因公务而未能亲往，下午即到双旭花园先生家的灵堂致哀，向家属慰问。

2008年3月，第十一届全国政协委员会第一次会议期间，全国政协常委、中国佛教协会会长一诚法师提出在中国佛教图书文物馆基础上建立中国佛教博物馆的方案，征询我的意见，我表示完全赞同，并作为第一位联名者签了名。因为我知道，这个文物馆的首任馆长是周绍良先生。周先生凭着高深的佛学造诣及认真负责的精神，搜求了大量珍贵的佛教文物。而建立佛教博物馆，亦为先生的夙愿。

李敖

李敖（1935—2018），我国台湾著名学者、作家。

2005年9月20日，李敖先生在凤凰卫视总裁刘长乐的陪同下到访故宫，参观了武英殿的《盛世文治——清宫典籍文化展》以及太和殿、景仁宫和钟表馆。在漱芳斋欣赏了五代顾闳中的《韩熙载夜宴图》等。我向李敖先生介绍了故宫大修、文物清理和学术研究等工作。我曾在凤凰卫视上看到他讲过，北京故宫博物院有"宫"无"宝"，台北故宫博物院有"宝"无"宫"，于是便介绍了北京故宫博物院的藏品状况，他听后才知北京故宫博物院收藏的丰富与珍贵，对自己所说连声表示"忏悔"，并说要把他收藏的一幅字捐献给故宫。

2006年3月，刘长乐先生转送来李敖先生给故宫的捐献，并有他的录像录音，他说了如下的话：

> 我请凤凰卫视刘长乐先生、王纪言先生到故宫博物院去见我所佩服的郑欣森院长，履行我去北京时的一个宿诺。我在故宫博物院当场答应，将我收藏的"孤魂野鬼"——乾隆皇帝的书法捐

2005 年 9 月 20 日，郑欣淼在故宫漱芳斋会见李敖先生

出来。这是一件国宝，是乾隆皇帝在我国五代时期书法家王著的
《千字文》后边写的跋语。它与原件早已分家，流落到台湾，阴
差阳错到了我的手里。这个字本来就是在故宫写的，今天我把它
捐出来，使它回到故宫，成就了一段佳话。所以不但我回来了，
我还把"孤魂野鬼"带回来了。

最后的感想，就是再也不要去逛故宫博物院了。因为看了以
后你"天良发现"，把你手里所有的"赃物"捐出来，今天就是
个例子。我回到台湾拖了 5 个月，最后才履行这个诺言，又不甘
心，又很高兴。谢谢故宫博物院的郑欣淼院长。

李敖先生捐献给北京故宫博物院的是清乾隆帝为王著所书《千字
文》而题写的一首行书七言律诗：

考古虽然多有舛，临池何碍是其长。

一千文抚精神蕴，八百年腾纸墨光。

初仕成都遇淳化，疑摹智永识欧阳。

侍书际会传佳话，訾议宁须论米黄。

甲午新正上浣，御题。

　　下钤"会心不远""德充符"二印，右上有"见天心"半印。另外还有清代收藏家梁清标"蕉林书屋"、安岐"朝鲜人""安岐之印"以及末代皇帝溥仪"宣统御赏之宝"等鉴藏印。"甲午"为乾隆三十九年（1774），乾隆时年64岁。《王著书〈千字文〉》，作者王著，字知微，是五代至北宋初年的著名书法家，以善书事宋太宗为侍书。《宋史》记载了他巧于应对以规谏宋太宗勤习书法，为太宗所重

李敖先生向北京故宫博物院捐献的《乾隆题〈王著书千字文〉》

的故事。王著曾奉敕编刻《淳化阁帖》，但昧于考订，使帖中舛讹甚多，遭世人诟病，尤以米芾《法帖题跋》、黄伯思《法帖刊误》最为突出。王著的书法作品流传后世者极少，清代内府所编《石渠宝笈续编》卷五十三著录有《王著书千字文真迹》一卷。根据著录可知，该卷前有乾隆帝书引首，后幅有北宋周越、元代欧阳元、明代项元汴、清代于敏中等人题跋，李敖先生捐赠的乾隆帝御笔诗就题在该卷的前隔水上。该诗简略记述了王著的生平，从编订《淳化阁帖》多讹误而遭米芾、黄伯思等人诟病，到《千字文》流传800年的书法成就，以至于任侍书时巧于应对皇帝的故事等，皆一一提到，是一首言简意赅的纪事诗。

　　《王著书千字文》于1922年12月27

日（宣统十四年十一月初十日）被清逊帝溥仪以赏赐溥杰的名义盗运出宫（见《赏溥杰书画目》），在1945年伪满洲国垮台时的"小白楼事件"后就下落不明。按杨仁恺先生《国宝沉浮录》记载，

　　据当时留长春之于莲客所云，（《王著书千字文》）原件已毁。

　　值得庆幸的是，至今所知，王著所书本文、乾隆帝书引首以及部分题跋虽已不知下落，但该卷尚有前隔水的乾隆帝题诗和后幅的周越跋文幸存于世。80多年后，这段乾隆御笔题跋能够重新回到故宫，也堪称一件幸事。

　　2009年10月，我赴台湾出席雍正展开幕式，专门看望了李敖先生，感谢他的捐赠，并代表北京故宫博物院赠他《韩熙载夜宴图》的复制品；他则赠我台湾20世纪70年代影印的《山谷老人书赠其甥雅州张大同卷》与《山谷老人书经伏波神祠诗卷》（张大千藏品一函二册），并于其上题了"山谷内外，欣淼永藏"8字，暗嵌我曾赠他自

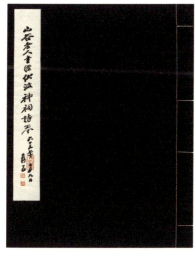

《山谷老人书经伏波神祠诗卷》　　　　　《山谷老人书赠其甥雅州张大同卷》

己所写《紫禁内外》《天府永藏》二书的书名。其才思敏捷，宝刀不老，令我感佩不已，因有诗纪事：

> 万卷琳琅绝蠹埃，久违今我进书斋。
> 咳珠唾玉幸承教，又看题词八斗才。

后来，李敖先生还曾托人将他签名的台湾版的历史小说《北京法源寺》转送给我。

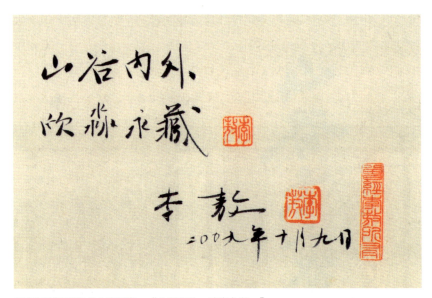

李敖在赠郑欣淼书上的题字："山谷内外，欣淼永藏。"

斯人犹忆

秦孝仪

秦孝仪（1921—2007），字心波，湖南衡山人，我国台湾政治家，并曾任台湾大学教授。从1983年1月出任台北故宫博物院院长至2000年4月离职，任职长达18年，为1965年台北故宫博物院成立后的第二任院长。

2002年岁末的最后一天，我作为在职的北京故宫博物院院长来到台湾，专门拜访了前台北故宫博物院院长秦孝仪先生。彼时台北是冬季常见的那种多云天气，颇觉宜人。在凯丽饭店，我与秦孝仪先生见了面，作陪的还有原台北故宫博物院副院长张临生女士。这一年先生82岁，刚遇丧偶之痛，所幸心情渐已平复。他面慈目祥，说着我不能完全听懂的湖南话。我送先生两册北京故宫博物院的文物图录，先生则送了我几种礼品：一套《故宫跨世纪大事录要》、以他书法作品制作的2003年挂历、先生书写的六体"千字文"及其他在大陆访问期间写的诗歌。秀美的书法、隽永的诗意，我读之再三，不忍释手。

我向秦孝仪先生介绍北京故宫博物院的情况，他听得很认真。2001年，先生回大陆，去了西安、南京、北京等地，参观名胜、凭吊遗迹，感慨处多化作缕缕诗情。在南京朝天宫，他看了当年故宫南迁文物存放的库房。在北京，"入故宫周视"，发出"十八年间柱下史，客来仿佛是黄初"的感叹。他重视两岸故宫博物院的交往。在先生任上，两岸故宫博物院合作也有了突破。1992年，两岸故宫博物院各选具有代表性的艺术珍品76件，合152件，汇编成《国宝荟萃》一书，在香港梓印；长河一脉，珠联璧合，比较全面反映了5000年中华民族历史文化的成就与贡献。他人在台湾，却时刻关注着北京故宫博物院。2002年，澳门举办北京故宫博物院的"怀抱古今——乾隆皇帝文化生活艺术展"，展出的大多为故宫一、二级文物，弥足珍贵，秦孝仪先生专程赶赴澳门观赏。有意思的是，台北故宫博物院此时也举办了"乾隆皇帝的文化大业展"。2002年11月，北京故宫博物院与上海博物馆、辽宁省博物馆联合，在上海博物馆举办"千年遗珍国宝展"，故宫拿出了晋王珣《伯远帖》、隋展子虔《游春图》、唐韩滉《五牛图》、唐阎立本《步辇图》、五代顾闳中《韩熙载夜宴图》、北宋张择端《清明上河图》、元黄公望《天池石壁图》等22件书画巨品，海内外为之轰动，先生亦专程到上海观看，并作诗纪念。故宫的渊源、故宫的事业，故宫人的责任与担当，使我与秦孝仪先生虽是初

与秦孝仪先生在中国台北广达公司相会。左起：李文儒、郑欣淼、秦孝仪、孙凤云

交，却一见如故，话颇投机。

离开台湾的前一天，细雨蒙蒙，我应邀去林百里的广达计算机股份有限公司参观。林先生是我国台湾知名企业家，也喜好文物收藏，特别是珍藏的一批张大千黄山绘画很有特色，他也藏有清宫流失出去的文物。当我到广达计算机公司珍藏室时，惊喜地看到秦孝仪先生也在这里。原来先生退休以后，任广达文教基金会荣誉董事长，做些社会文化公益事业。珍藏室在高楼上，面积也不大，但布置得很雅致，我们在这里不知不觉又谈了两个多小时。

当我与秦孝仪先生第一次见面、看到他带来自己的书法及诗作时，十分喜爱，曾不揣冒昧请先生复印一份寄我，以便慢慢地品赏。我回大陆不久，即收到了他用快件寄来的信件及一沓诗稿影印本，这令我深为感动。来函如下：

前日良晤，谭燕甚欢。紫芝眉宇，长萦梦寐。小诗原不当大雅一笑，仍如命驰陈数页，跂望指疵。高咏正切思慕，尚乞因风寄声为感。此候欣淼先生院长道荜。

孝仪再拜元·九

北京故宫博物院紫禁城出版社编印了一册2003年周历，选用清宫玺印，名曰《历史印迹》，缎面精装，典雅大方，我随即寄了一册给秦孝仪先生，他也来函致意：

远贶历史印迹，既佩护惜之殷，尤感注存之盛。拙作附请清诲，并博莞尔。

秦孝仪拜元·十一

2003年5月，我把自己所写的4首访台词寄给了秦孝仪先生。

心波先生：

年初台湾之行，枨触甚多，爰有诗词若干，现寄上四首词，两首是赠先生的，请哂正。近来两岸"非典"肆虐，望先生珍摄。专此，敬颂时祺！

郑欣淼拜

二〇〇三年五月二十七日

所寄4首词如下：

贺新郎·在台北怀故宫文物南迁

往事堪回顾。叹陆沈、国之瑰宝，烽烟南渡。万里间关箱过万，黔洞川途秦树。说不尽、几多风雨。辗转西行欣无恙，故宫人、辛苦凭谁诉。十七载、无双谱。 从来中土遗存富。更明清、琳琅内府，萃珍瑶圃。蓦地离分无限憾，默默思牵情愫。永保用，文明步武。热血殷殷浓于水，中华心、一海焉能阻。统一业、本根固。

百字令·参观台北故宫博物院

青山碧水，有高楼云耸、奇珍堆就。禁苑精华惊并世，今且匆匆消受。翡翠雕工，毛公鼎古，偿愿看琼玖。恁多书画，氤氲华夏灵秀。 遥想抗虏当年，风云变色，国宝睽离久。但有故宫名两岸，一脉相传深厚。贝库村边，外双溪畔，文教称渊薮。潇潇冬雨，却如畅饮清酎。

苏幕遮（二首）
谢先生宴请

不群才，良匠手。六体皆工，满纸龙蛇走。更有诗心如锦绣。新赋三都，个里乡情透。 杖头鸠，张绪柳。善目庞眉，且喜犹抖擞。绮席清欢元旦又。似故初逢，娄尾倾樽酒。

在广达计算机公司珍藏室遇先生

　　小庭幽，冬雨悄。偶入琅环，偶见公辛劳。题跋行行求曲奥。百面黄山，件件连城宝。　　展长才，呈雅好。效力民间，承教说玄妙。呵护珍藏忘渐老。应葆童心，缘在山阴道。

　　秦孝仪先生收到我的信及词后，于6月8日、6月16日先后两次复信，并寄来他的诗和词。

　　6月8日的信及诗如下（原信无标点，标点为笔者所加）：

欣淼先生院长道右：

　　非典肆虐，正蛰居无聊，忽奉赐视高韵，且以新词见贶，虽褒嘉过当，而安翔骀荡，自是才大如海。不图绳绝书焚之后，天尚留先生大笔支柱中兴，佩幸，佩幸！仪以眼疾，作字每如雁阵，看书则如笼纱。故医嘱少安自靖，未及结撰和韵，惭悚，惭悚！附奉小诗二绝，聊以见鄙怀耳！入夏加爱，即候着祺。

　　　　秦孝仪拜六月八日

2003 年 6 月 8 日，秦孝仪先生致郑欣淼函

行行字字尽斜斜，篆隶支吾不一家。

花笑江淹真梦笔，先生袖手看笼纱。

斗大砚红记学书，寸光老去目模糊。

平生海岳都寻遍，莫笑孤儿不出湖。乡人讥蠖屈无用者谓之不出

湖，盖湖南北限洞庭也。

病目卧磁核共振榻中三十分钟成二绝句

时年八十三。

我的诗词创作，亦为"遣兴"而已，偶一为之，缺少根基，先生

的话，足见奖掖之意。

6月16日的信及词如下：

欣淼先生院长道右：

前札计先此入察。北京台北皆陷于非典肆虐之中，莫往莫

来，念念蕴结。久不填词，奉读百字令、苏幕遮、贺新郎诸阕，

弥美清才丽句，不惭君家板桥。以眼疾习静，遂亦填鹊桥仙四

韵，自嫌荒落，聊寄左右，一博莞尔。即候着弟。

秦孝仪拜六月十六日

故都如梦，流光似水，张绪当年风柳。撼山填海亦何尝，犹

自记倚楼搔首。　　结绳中绝，余燔渐熄，谁是补天高手？几时

日月复光华，须先是河山重绣。

欣淼先生见贶新词，爰报以鹊桥仙一阕，且冀贤者为补天手

也。秦孝仪心波呈稿。

2005年暮春，我收到秦先生托人转送的他的两部作品集——《玉

丁宁馆诗存》《玉丁宁馆剩墨》。2005年10月20日，湖南省博物馆举

办秦孝仪先生诗文书法文房展览，我专程参加开幕式并与先生叙谈，

曾有小诗纪事：

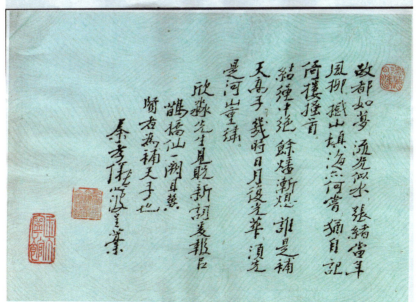

秦孝仪先生赠郑欣淼诗词

游子忽焉老，故园秋亦深。

湘分岳麓气，楚些汨罗魂。

文笔惊殊域，收藏富宝珍。

忘年情谊重，相见语谆谆。

2007年1月，秦孝仪先生病逝。不久，广达文教基金会向同先生"相交笃厚"的人士征稿，拟于先生辞世一周年之际结集印行，我有幸也在约请之列。我与先生不能说交情深厚，但那次数虽然不多却如坐春风般的晤会，那彼此间颇堪回味的文字情谊，却如何也忘不了。我写了题为《短简小诗忆旧游》的文章，曾在《紫禁城》《中国文物报》刊登，并为《新华文摘》2008年第八期转载。

2005 年 10 月 15 日，郑欣淼在长沙举办的秦孝仪文物展开幕式上致辞

后记

笔者因积习，常写点诗词。有人问，在你所写故宫与故宫博物院的作品中，最好的有哪几首？这可难住了我，因为我对自己的作品都不甚满意。一定要说，且举两首：

2012年7月，光明日报社《文荟》副刊主编韩小蕙女士邀我写一首有关北京与故宫的诗词。我觉得把故宫与北京结合在一起很有意思，为此专门登了一次景山。景山明代称万寿山，清顺治十二年（1655）改名景山。山围二里余，有峰五，最高处离地面约50米，是北京中轴线上最高和最佳的观景点。康熙帝曾登上景山，留下"云霄千尺倚丹丘，辇下山河一望收"的诗句。在高楼林立的今日北京，景山虽不再独领风骚，但放眼四周，仍颇有感受。宫阙气势与古都底蕴相得益彰，历史烟云与现实生活融为一体，于是填了首《水调歌头·景山万春亭远眺》：

> 花柳各争胜，城阙正春喧。沉沉一线中轴，气象逼云天。次第巍峨宫殿，左右堂皇坛庙，辐辏涌波澜。西北五园迹，遐思到邯郸。　　阪泉血，燕市筑，蓟门烟。几多龙虎拿掷，得意此江山。漫道金元擘划，更叹明清造建，宏构震瀛寰。总是京华好，一脉自绵绵！

2015年10月，故宫博物院成立90周年，我曾以七律一首为贺：

> 紫阙秋酣且倚栏，令辰又看碧云天。
> 九旬路远九如颂，五凤楼高五美篇。
> 今有宏谟营北院，昔曾烽火映南迁。
> 拳拳总是赓传意，回首烟尘亦斐然。

五凤楼者，午门也。午门城楼展厅是目前故宫最重要的展览场所。所谓"五美"，是指这一年举办的"普天同庆清代万寿盛典"、"石渠宝笈书画特展"、系列瓷器展等三个展览以及新开的东华门古建筑馆、慈宁宫雕塑馆两个展馆。

正如笔者在"前言"中所述，故宫是说不完、写不完的。关于故宫，只要有可能，我还是会继续写的。

《郑欣淼文集》书目